A
POEM
A
DAY

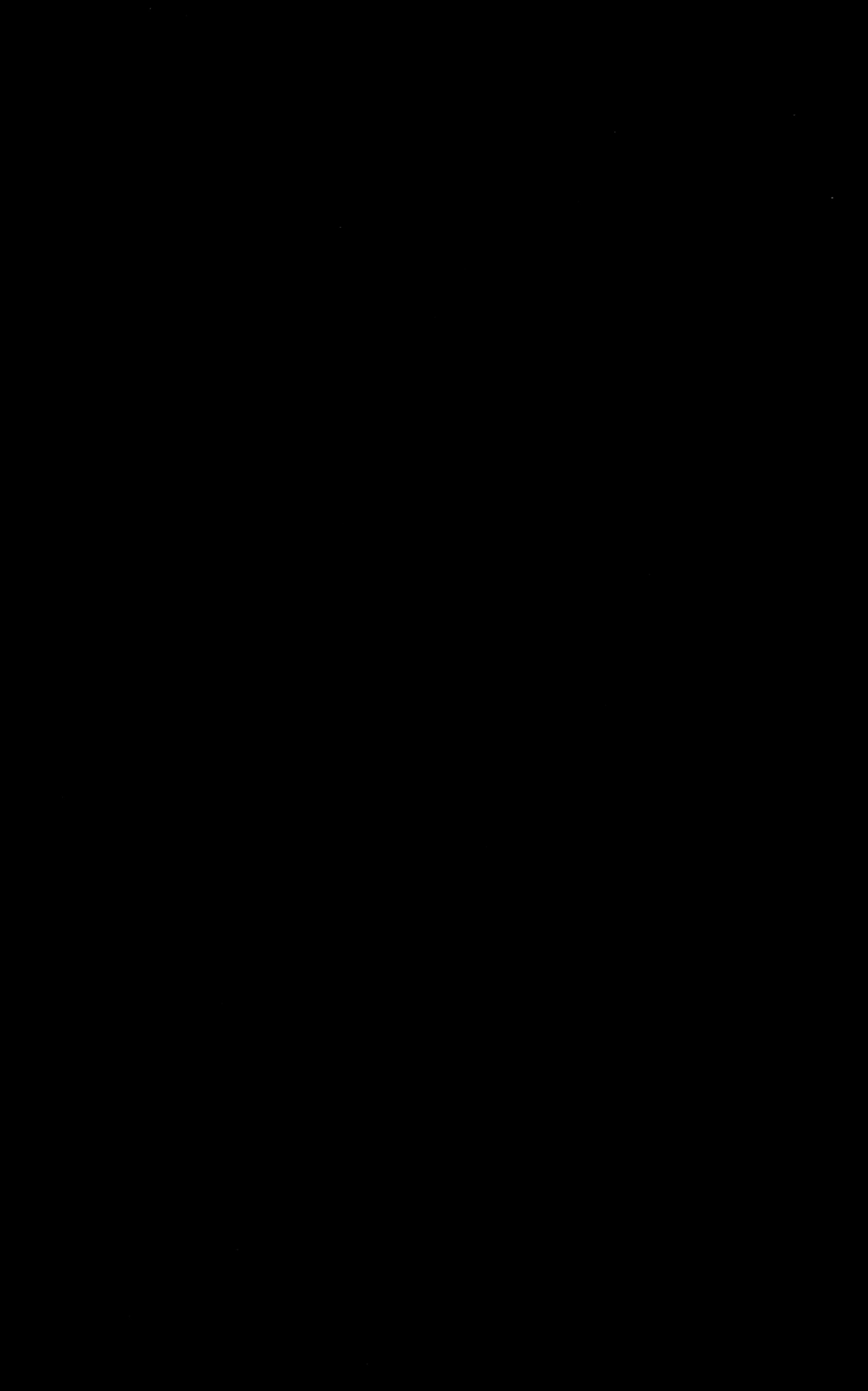

A
365
POEM
contemporary poems

A

• 34 LANGUAGES •

DAY

• 279 POETS •

selected and translated by

GULZAR

HarperCollins *Publishers* India

First published in India in 2020 by
HarperCollins *Publishers*
A-75, Sector 57, Noida, Uttar Pradesh 201301, India
www.harpercollins.co.in

2 4 6 8 10 9 7 5 3

Volume copyright © Gulzar 2020
Hindi translations and Introductions copyright © Gulzar 2020
Copyright to the individual poems in the English, Hindi and Urdu original rest
with the individual poets

Copyright to the English translations rest with the individual poets and translators

P-ISBN: 978-93-5357-590-8
E-ISBN: 978-93-5357-591-5

Typeset in 10.5/15.2 Times and 13/ 17 Shiva Medium at
Manipal Technology Ltd, Manipal

Printed and bound at
Replika Press Pvt. Ltd.

हिंदुस्तानी ज़बानों के नाम!

ये तमाम ज़बानें,
इलाक़ायी होते हुये भी,
हमारी क़ौमी ज़बानों में हैं—
इन्हीं से 'हिंदुस्तानी' ज़बान बनी है
जो कई जगह,
कई तरह से बोली जाती है!

Dedicated to the Indian languages

We speak and write in so many languages in India
That happen to be local
Yet form a part of our national identity
Which takes a different shape in every region.

Publisher's Note

A Poem a Day: 365 Contemporary Poems is a volume of modern Indian poetry like no other, selected and translated by Gulzar, one of India's most renowned and respected poets, a stalwart of Indian literature, and a towering figure on the Indian cultural scene.

This very prestigious volume showcases 365 memorable poems – a poem for every day of the year – written over the seven decades since Independence by some of the leading poets of the Indian Subcontinent. Originally written by some 279 poets in 34 Indian languages (including Hindi, Urdu and English), the poems appear in bilingual versions: in English (as previously published translations or originals) and in Hindustani, as translated by Gulzar himself (or as the Hindi and Urdu originals).

This wonderful unique selection of poems, personally chosen by Gulzar and featuring the work of poets from the north, south, west and east of India, as well as the North-East, Sri Lanka, Bangladesh, Nepal and Pakistan, presents a kaleidoscopic view of history, human experience and poetic expression since 1947.

On the bilingual nature of the collection, and why he chose to translate the poetry of his fellow Indian poets from the various Indian languages to Hindustani, Gulzar has this to say:

Angrezi tarjumon par aitraaz nahi, kyon ki gair-mulki zabanon ke liye iss waqat wohi hamari link language *hai. Apne mulk ki zabanon ke liye Hindustani zabaan ka* link *banna main lazmi samajhta hoon. Angrezi tarjumon mein* meaning *zaroor samajh mein aa jate hain. Lekin mujhe hamesha uss ahsaas ki kami mahsoos huyi jo hamare rahan sahan, hamari* culture *se judi huyi hai. Shayari sirf ek khayal nahi, ek ahsaas bhi hai. Woh ek rahan sahan aur* culture *ka hissa hai. Hum apne hi mulk mein apne hi logon ke awaaz puri tarah mahsoos nahi kar pate. Iss liye Hindustani zabaan mein (jise hum Hindi aur Urdu ke naam se bhi pukarte hain) tarjuma karna zaroori samjha.*

(I have nothing against English translations, since our access to foreign languages is at this time primarily through English – that is our link language. But for the languages of our own land I think it is fitting that Hindustani be the link language. The meaning of a poem does come across in an English translation, no doubt. But in an English translation I have always missed the cadence of our lived lives, of our culture. Poetry is not merely a thought, it is a feeling too. I have often felt that we are not able to fully feel the voices of our own people in our own land, perhaps a language that is foreign to us comes in the way. This is why I decided to translate the poems in this collection to Hindustani – a language that we also refer to as Hindi or Urdu.)

A Poem a Day is an exceptional collection of Indian poetry, paired with the translations of a very accomplished creative artist, that is a true collector's item. We at HarperCollins are privileged and proud to bring this landmark volume to all poetry lovers and litterateurs, in the hope that it will provide many hours of enjoyment, and generate new interest in the rich corpus of contemporary Indian poetry.

Every effort was made to verify the texts and titles of the poems and the spellings of the names of the poets and translators that feature in *A Poem a Day*; any inadvertent inaccuracies may please be pointed out to the publishers, so that they may be rectified in subsequent editions.

A Note from Gulzar

A Poem a Day is a project that started some eight years ago, with the idea that we could present the reader with an Indian poem for every day of the year. Instead of just collecting the available English translations of the poems, I decided to translate the poems – all except the ones written originally in Hindi an Urdu – into Hindustani myself. I also chose to limit the volume to contemporary Indian poets – rather than going back to the past masters like Ghalib, Tagore etc. What we ended up with was this volume featuring the work of 279 poets writing in 34 Indian languages, over the seven decades since Independence.

Where does one start with a project like this? Of course, having been in the Sahitya Akademi, I knew quite a few poets personally: Sunil Gangopadhyay and Sitakant Mahapatra among them. So I decided to start with the memorable poetry that I had been exposed to in my life. I started scanning the back issues of the Sahitya Akademi journal; A.J. Thomas, editor of *Indian Literature*, helped me immensely in this endeavour.

It was a very rewarding experience. The poetry of India can be truly known only if one takes into account the poetry of all its languages. I was fascinated by the task, and by what was opening up before me as I progressed. I was riding the social waves that washed over the country since 1947, trying to discover how the times had been depicted, what responses they had elicited, in different languages. In the process I found many languages without scripts of their own, with poetry written in the scripts of better-known languages. There was a distinct local flavour to much of the poetry; the poetry from the North-East, for example, I found very dynamic, as life there is so complex, and the poets articulate that. The poetry in tribal dialects was fascinating as well.

Poetry from 34 Indian languages (including poems written originally in English) is featured in *A Poem a Day*. I don't believe in borders in poetry and language. So, along with poets from Gujarat, Punjab, Kerala, Goa, Odisha, I have also have included poets writing in Tamil in Sri Lanka, in Bangla in Bangladesh and in Urdu and Punjabi in Pakistan. There are tribal poets from Gujarat, Madhya Pradesh and elsewhere who have been included too.

The process of transcreation into Hindustani was an interesting and sometimes interactive one. Where I could, I got in touch with the poet, and discussed the poem with him or her before writing my translated version. The poets often provided the English translations of their poems as well. I know seven languages reasonably well – Marathi and Gujarati in addition to Urdu, Hindi, Punjabi and Bangla, and English of course. For the South Indian languages, I took the help of K. Satchitanandan to try and understand the meaning, rhythm, the sound of the original, before translating the poem. Naturally, with languages I was not so familiar with, and with dialects, there was a lot of back-and-forth, many stages of comprehension and understanding. Actually, I fear I might have become a headache to my writer friends who know their language well: I was constantly asking them for names of poets, meanings of words... but this did help immensely. It did not always work, however. For instance, Padma Sachdev, a fine poet herself, suggested some poets in Dogri: but I did not particularly like their work; so I roamed around Chamba listening to poets, and found the ones I wanted to include. I stopped looking for poems in 2017, seventy years after Independence. But I did add a stray poem or two that I found later – such as a poem by Mamta Kalia, a prose writer whose poem I just could not leave out.

I would like to acknowledge Ananth Padmanabhan, the CEO of HarperCollins, for his faith in this project; it was courageous on his part to publish *A Poem a Day*, as no other publisher in India had done anything like this before. To my good fortune, I also had Udayan Mitra, with whom I had done a few books already, as my publisher and editor at HarperCollins.

A Poem a Day is a book for anyone who likes poetry and is interested in the use of words and language. It is a personal collection of the Indian poetry that contributed to my journey of becoming a poet, and the poetry that I have found most memorable.

(As told to Sathya Saran)

April 2020   Gulzar

Foreword

स्कूल में थे तो शायरी पढ़ते बड़ा मज़ा आता था। उस्ताद भी मज़े ले लेकर सुनाते थे और समझाते थे। शायर बहुत बड़ी शख़्सियत लगते थे। शायद तभी शायर होने का जज़्बा पैदा हुआ हो। आज़ादी से पहले के दिन थे वो। शायर आज़ादी के आन्दोलन की बात करते थे। हिंदुस्तान के लोगों की बातें करते थे। जोश दिला देते थे। शायरी में उत्साह था। एक inspiration थी।

कॉलेज तक आते-आते, शायरी सारी किताबों में रह गयी। बारी आयी क्लासिकल शायरी और दुनिया के बड़े-बड़े उस्तादों को पढ़ने की। तब शायरी में हिस्ट्री नज़र आने लगी। लेकिन पढ़ने के शौक़ ने शायरी से राब्ता क़ायम रक्खा। किताबें ख़रीदने की हैसियत कम थी इसलिये मैं अपने दौर के रिसालों में छपी शायरी पढ़ने लगा। धीरे-धीरे महसूस हुआ के textbooks में पढ़ाई शायरी और हमअसर 'contemporary' शायरी में बहुत फ़र्क़ है। Textbooks में सिर्फ़ तालीम देने वाली शायरी ही पढ़ाई जाती है। और ज़्यादातर पुराने गुज़श्ता वक़्तों के बारे में होती है। या वो Homer, कालिदास और Shakespeare की तरह क्लासिकी फ़न का ज़ख़ीरा हैं। ग़ालिब और इक़बाल और टेगौर textbook में पढ़ाया जा रहा था, पर Auden और Sholokhov, नाज़िम हिक्मत और फ़ैज़ अहमद फ़ैज़ को पढ़ना, अपने वक़्त को पढ़ना था। अपने दौर की बात लगती थी। और identify करने में शायरी का बड़ा लुत्फ़ आता था। Pablo Neruda कभी foreign नहीं लगा। Octavio Paz हिंदुस्तानी लगा। अंग्रेज़ी, उर्दू और पंजाबी से वाक़िफ़ था। आज़ादी आ चुकी थी। हिंदी भी पढ़ने-सुनने लगा। बंगला पढ़ने का शौक़ लगा तो हमअसर बंगाली शायरों ने चौंका दिया... सुभाष मुखोपाध्याय और जीवनानन्द दास को पढ़ कर, उंगली दांतों में कट गई—तब लगा हिंदुस्तानी शायरी के और कितने नाक-नक्शे हैं। सिर्फ़ एक या दो ज़बानों से वो चेहरा मुकम्मिल नहीं हो सकता। तब महाराष्ट्र में रह रहा था। कान खोले तो बेशुमार बड़े-बड़े शायर सुनाई दिये। मराठी दोस्तों के लिये मैं मुसीबत बन गया—कुसुमाग्रज की किताबें उठा लाया। सुनता और समझता। ज़्यादा अच्छी तरह जानने के लिये उनके तर्जुमे करने लगा। फिर सामने बैठ कर सुना उन्हें। (सुनाया भी।)

यही कुछ करते-करते उर्दू के एक बड़े उस्ताद और स्कॉलर—गोपीचंद नारंग—की बदौलत नेशनल साहित्य अकादमी में शामिल होने का मौक़ा मिल गया। मेरे सामने

ज़बानों की पिटारी खुल गयी। साउथ से लेकर, नॉर्थ-ईस्ट तक। शायरों के वफ़्द दुनिया में जगह-जगह जाते तो नारंग साहब मुझे भी शामिल कर लेते थे।

ऐसे ही कुछ दौरों पर, दिलीप चित्रे के साथ लम्बी सोहबतें हुईं। बम्बई, पूना और साथ-साथ, जर्मनी और अमरीका में आवारागर्दी भी की। कई रातें वहां की सड़कों पर घूमे। फिर कई बार, पी.एल. देशपान्डे को सुनने चला जाता। वो मराठी के मुख़्तलिफ शायरों के बारे में बैठक करते थे। अरूण शेवटे एक दोस्त फंस गये। मेरी मराठी की लाठी बन गये। विंदा करंदीकर अपने आप में एक दौर लिये हुये थे। बम्बई में रहते हुये (उन दिनों वो मुम्बई नहीं थी) दूसरी ज़बानों के शायर भी मिले ख़ूसूसन गुजराती के यशस्वंद्र शीतांशु भाई।

एक जज़्बा, जो हर दौर में, सदियों से, शायरी में रवां रहा है, वो रोमांस है। इश्क़ है। और शायद शायर की शुरुआत है। इब्तदा का सिरा तो नहीं ढूंढा जा सकता, न इन्तेहा का, लेकिन दौरे हाज़िर में जितना पढ़ा उस में ये नूर की बूंद बहती नज़र आयी है। जो सदियों बहती है।

नॉर्थ इंडिया में ख़ूसूसन हिंदी, उर्दू के लिखने-पढ़ने वालों को, बहुत कम मौक़ा मिलता है कि साउथ की ज़बानों की शायरी को हिंदुस्तानी में सुन सकें। मलयालम और तमिल में ख़ासतौर पर एक बिछड़े हुये कल्चर का एहसास होता है। जो बहुत ख़ालिस हिंदुस्तानी लगता है। हालांकि West का असर उन पर भी उतना ही है जो नॉर्थ इंडिया पर—लेकिन लगता है वो अब भी अपनी रिवायत से घने तौर पर जुड़े हुये हैं। इसलिये उनकी images भी घनी और रिवायती लगती हैं। मन्दिर, मस्जिद, नॉर्थ की शायरी में ज़्यादा सुनाई देता है लेकिन गिरजे का ज़िक्र साउथ की ज़बानों में ज़्यादा अक्सरियत के साथ मिलता है। या कहीं-कहीं नॉर्थ-ईस्ट की शायरी में।

अगर मैं सन् 1947 को आग़ाज़ मान लूं, जहां से मैं शायरी में बालिग़ होना शुरू हुआ, तो हिंदुस्तानी आवाम पर गुज़रे हुये सारे मूड नज़र आते हैं। आज़ादी और तक़सीम के साथ-साथ और उम्मीद और मायूसी और protest का उभरता हुआ दौर नज़र आता है। बेरोज़गारी और सियासत की तानाशाही भी उभरती हुई नज़र आती है। एक मुक़ाम पर communal disharmony सर उठाने लगती है और violence की चिंगारियां नज़्मों में नज़र आती हैं।

HarperCollins के publisher उदयन मित्रा के साथ मिल कर नज़्मों को उसी तरीक़े से तरतीब देने की कोशिश की है, कि हिंदुस्तान के बदलते हुये सारे मूड हिंदुस्तान की शायरी में नज़र आ जायें।

कुछ नज़्में नक्सलवादी दौर की हैं। बिना कहे या कोई इशारे किये बग़ैर पहचान में आने लगती हैं। एक कैफ़ियत का ज़िक्र है। अन्दरूनी ही अन्दरूनी! बाहर का कोई ज़िक्र नहीं– 'अड़तालीस घन्टे' उन्हीं में से एक नज़्म है।

कुछ दहाईयों के बाद महिला शायरों की गिनती बढ़ने लगी हैं। जैसे मलयालम में कमला दास, मराठी में मलिका अमर शैख और असामिया में नीलिमा ठाकुरिया हक। पता चलता है कि हिंदुस्तान में feminist मूवमेंट ज़ोर पकड़ने लगी। बुज़ुर्गों की पीढ़ी थकने लगी है। नयी नसल का जोश-ख़रोश बढ़ गया है। सियासत और मुल्क के हालात में वो ज़्यादा हिस्सा लेने लगे हैं। जैसे तिब्बत के तेनजिन सुन्दु, उर्दू में अब्दुल आहद साज और अंग्रेज़ी में ताबिश खैर।

इस मजमुये में मैंने कोशिश की है कि वो ज़बानें भी शामिल कर सकूं जिनका ज़िक्र कम होता है, लेकिन उनके वजूद से इन्कार नहीं किया जा सकता। वो अक्सर अपने-अपने इलाक़ों में महदूद रह जाती हैं। लेकिन वो उन महदूद इलाक़ों की बुलंद आवाज़ें हैं। जैसे नॉथ-ईस्ट से, आदी, खासी, मणिपुरी, इनके इलावा जम्मू से डोगरी, राजस्थानी, मगधी, अर्द्धमगधी, सिंधी। इन ज़बानों के लिखने और पढ़ने वाले कम ज़रूर हुये हैं लेकिन वो ज़बानें छोटी नहीं हुईं। एक काम ज़रूर हुआ है कि उनकी शायरी अंग्रेज़ी तर्जुमों के ज़रिये बाहर आने लगी हैं। और बहुत से शायर तो अपनी मादरी ज़बानों के इलावा सीधा अंग्रेज़ी में लिखने लगे हैं। उन तक पहुंचने के लिये मेरे पास वही एक रास्ता था। और इस काम में साहित्य अकादेमी ने सबसे ज़्यादा मदद की। श्री ए. जे. थॉमस ने चालीस-पचास सालों के तर्जुमे, छान-छान कर, ज़ीरोक्स करवा के मुझ तक पहुंचाये। मैं उनका बहुत मशकूर हूं। बहुत से अदीबों ने और शायरों ने अपने-अपने इलाक़ों से भी मदद की। उन तक पहुंचना, ढूंढ़ना और फिर अंग्रेज़ी तर्जुमे करवाना एक बड़ा काम था। इन सब कामों को जमा करना और तरतीब देते रहना, एक और काम भी था, जिसमें फ़रहाना महमूद ने बहुत साथ दिया। उनका भी मशकूर हूं। इन तमाम ज़बानों के तर्जुमे अंग्रेज़ी में हासिल करने के बाद उनका हिंदुस्तानी में तर्जुमा करना मेरा मक़सद था।

अंग्रेज़ी तर्जुमों पर एतराज़ नहीं। क्योंकि ग़ैर मुल्की ज़बानों के लिये इस वक़्त वही हमारी link language है। लेकिन अपने मुल्क की ज़बानों के लिये हिंदुस्तानी ज़बान का link बनना, मैं लाज़िम समझता हूं। अंग्रेज़ी तर्जुमों में मानी ज़रूर समझ में आ जाते हैं। लेकिन मुझे हमेशा उस एहसास की कमी महसूस हुई जो हमारे रहन-सहन और कल्चर से जुड़ी हुई है। शायरी एक ख़्याल नहीं। एक एहसास भी है। वो एक रहन-सहन और कल्चर का हिस्सा है। हम अपने ही मुल्क में अपने ही लोगों की आवाज़ पूरी तरह महसूस

नहीं कर पाते। इसलिये हिंदुस्तानी ज़बान में, जिसे हम हिंदी और उर्दू के नाम से भी पुकारते हैं, तर्जुमा करना ज़रूरी समझा। जैसे, घाट, पनघट, तंदूर, सिंदूर, गजरा, कलसी, मंगलसूत्र—सारथी, अर्जुन या द्रौपदी का हवाला अंग्रेज़ी में समझा तो सकते हैं, महसूस नहीं कर पाते। इसीलिये हिंदी और उर्दू शायरी के तर्जुमे सिर्फ़ अंग्रेज़ी में किये या हासिल कर लिये। ओरिजनल ज़बान को वैसे ही रहने दिया।

सरहदें यानी सियासी बॉर्डर, जैसे हवा, धूप, बादल, ख़ुशबू नहीं रोक सकते, वैसे ही वो आवाम की आवाज़ को भी नहीं काट सकते। शायरी क्योंकि आवाम के जज़्बे हैं, इसलिये मैंने बॉर्डर खोल दिये, और हिंदुस्तानी ज़बानें जो हम अपने आस पड़ोस के मुल्कों के साथ बांटते हैं, उनके नुमाइंदे भी शामिल कर लिये। ताकि आर्ट, फ़न में कोई सियासी सरहद ना रहे।

एक और शख़्स है जिनका शुक्रिया कहना बहुत ज़रूरी समझता हूं—HarperCollins के अनंत पद्मनाभन। उनकी सहमति से ये कई बरसों की मेहनत, किनारे तक पहुंची और छपने के लिये तैयार हो गयी। उनका जितना भी शुक्रिया अदा करूं, वो कम है।

गुलज़ार

चंद साल पहले—इस मजमुये के, आख़िर आख़िर में, मुझे अव्वल अव्वल की नज़्म मिल गयी—हिंदुस्तान का एक मासूम इन्सान और शायरः

'मैं तुम्हें ख़त लिख रहा हूं हालदार!'

सिम्बलपूर की मिट्टी से उगा हुआ ये आदीवासी कवि कोसली ज़बान में कविता लिखता है।

सन् 2016 में इसे पद्मश्री अवार्ड से नवाज़ा गया था। सम्मानित किया गया था। ये कवि जब अपने गांव की ज़मीं पर चलता है, तो लगता है पूरे ग्लोब पर चल रहा है।

और जो ख़ुद से कहता है, यही लगता है इस ग्लोब पर बसे हर इन्सान से बात कर रहा है। कहता हैः

समन्दर से निथारी,
मां की छाती से बही
अमृत की बूंद,
कवि की क़लम पर उतरी है

मैं—तुम्हें ख़त लिख रहा हूं हालदार!

गुलज़ार

Nectar

Let the seven seas
across the world
yield only nectar.

Let the moon in the sky
pour down
only nectar.

Let the elixir of life
drip from the
mother's breast.

Let the nectar flow down
from within the noble act
of human goodness.

Let the nectar
trickle down also from
the poet's soft words.

Haldhar Nag

Translated from the Sambalpuri by Durga Prasad Panda

1

अमृत

सातों समन्दर
सारे जहां के
सिर्फ़ अमृत निथारें
चांद उड़ेलें
आसमान से,
तो भी सिर्फ़ अमृत!

मां की छातियों से टपके
जीवन की,
अमृत धारा!

नेक इन्सान के,
नेक कर्मों से,
बहने दो अमृत!

और शायर के,
नर्म अल्फ़ाज़ से,
अमृत बहा करे!

A Letter to Haldhar

Here's a letter to you, O Haldhar
Evening light goes through the pains of labour
Creative poetry you should deliver
Here's a letter to you, O Haldhar

If you want to clean the society,
First clean your own self
If you wish to pull someone higher,
First climb a couple of steps
Seeing the attractions of the world
Don't let greed put you to bother
Here's a letter to you, O Haldhar

The greatest of all creations—mankind
Is now groping in the darkness
He is harassing others to no end
For his own happiness
Dharma, Karma and Shame renounced
He is heading to hell further
Here's a letter to you, O Haldhar

Consider sorrow as happiness
A blessing as Mother's reproach
Where there is poison, there is also nectar
Passionately go and search
Take poison yourself but distribute nectar—
If needed carry on your head the river Ganga
Here's a letter to you, O Haldhar

हालदार के नाम एक चिट्ठी

चिट्ठी लिख रहा हूं तुम्हें 'हालदार'

शाम की शफ़क़ है दर्द में
जन्म ले रही है नज़्म—ओ 'हालदार'
चिट्ठी लिख रहा हूं तुम्हें 'हालदार'

समाज साफ़ करना है तो पहले, ख़ुद को साफ़ कर
दूसरे का दर्जा गर उठाना है

दो क़दम पहले ख़ुद उठो
देख कर ये रौनक़ें जहान की
लालची नहीं बनो
चिट्ठी लिख रहा हूं तुम्हें 'हालदार'

अँधेरे में है सृष्टि ये महान, जो इन्सान की,
दुख बना है सबका, सिर्फ़ अपने सुख के वास्ते—
धर्म, कर्म, शर्म, खो चुका,
नर्क की तरफ़ रवां है 'हालदार'
चिट्ठी लिख रहा हूं तुम्हें 'हालदार'

आशीर्वाद मां का ले,
दुख को सुख समझ,
ज़हर है जहां वहीं,
अमृत भी मिलेगा
ढूंढ़ और तलाश कर!
ज़हर पीना पड़े, पर अमृत बांटना
सर में गंगा बहती रहे—
चिट्ठी लिख रहा हूं तुम्हें 'हालदार'

GULZAR

Make everyone in society your own
By speaking words sweet
Make the whole world
A single home in that family you inhabit
Use your pen with all your might
Your society to set an order
Here's a letter to you, O Haldhar!

समाज के हर बन्दे को,
अपनी मधुर बोली से
अपना बनाओ—
सारा जहान एक हो,
और उसमें अपने घर को बसाओ
चिट्ठी लिख रहा हूं तुम्हें 'हालदार'

The End of the Day

At last I am sitting on the pyol
Of this house that's falling apart,
Nursing the wounds my soul sustained
From lost battles all throughout
Like a soft voice that's heard separate
From the fierce chants of the madding crowd.

Like a tiny drop of rain that parted from
A torrential downpour and had
Fallen on a humble blade of grass,
Like the speck of water left in the breast
Of the shell, by the wave that swept the shore,
Like a tiny bell fallen off the anklet unawares
As the dance's rhythm rises,

I am sitting here all alone, all sounds
And movements subsided
As what Time has written in the Book of Life
Till now, comes waxing before me from the first
Chapter, though I can't change even a letter of it,
I'm writing something with words
Turned into golden specks by the slanting
Rays of the setting sun.

O.N.V. Kurup

Translated from the Malayalam by A. J. Thomas

2

आख़िरकार

आख़िर इक दिन आकर बैठ गया मैं ड्योढ़ी पर—
इस घर की—जो टूट रहा है,
सहलाता हूं, आत्मा ने जो घाव सहे हैं
हारी हुई सब जंगों में!

हल्की एक आवाज़ सुनाई देती है जो
भीड़ के शोरगुल से अलग—
छोटी-सी इक बूंद की मानिंद बारिश की,
जो मूसलाधार से अलग-थलग
इक मासूम-सी घास की पत्ती पर जो आकर बैठ गई है
पानी के क़तरे जैसी—
सीपी के सीने में छूट गया उस लहर से
साहिल तक जो उसको लेकर आई थी,
घुंघरू की तरह जो पायल से गिरा है
रक़्स में, जब वो अपनी पूरी ताब पे था,

आके अकेला बैठा हूं जब,
तहरीकें और आवाज़ें सब
मद्धम पड़ने लगी हैं
वक़्त ने अब तक जो भी लिखा है 'ज़िन्दगी नामे' में
और बड़ा होकर आता है सामने पहले बाब से मुझ तक
हालांकि कोई हर्फ़ उसका मैं, बदल नहीं सकता
फिर भी लफ़्ज़ों में सब कुछ लिखने बैठा हूं—
डूबते सूरज की किरनों में, जो
ज़र्रों को सुनहरी करने लगी हैं!

Today, I Call Waris Shah

Today, I call Waris Shah,
'Speak from inside your grave'
And turn, today,
The book of love's next affectionate page

Once, one daughter of Punjab cried;
You wrote a wailing saga
Today, a million daughters,
Cry to you, Waris Shah

Rise! O narrator of the grieving,
Rise! Look at your Punjab
Today, fields are lined with corpses,
And blood fills the Chenab

Someone has mixed poison
In the five rivers' flow
Their deadly water is, now,
Irrigating our lands galore

This fertile land is sprouting,
Venom from every pore
The sky is turning red
From endless cries of gore

The toxic forest wind,
Screams from inside its wake
Turning each flute's bamboo shoot,
Into a deadly snake.

Amrita Pritam

Translated from the Punjabi

आज आंखा
वारिश शाह नूं

आज, कहूं मैं वारिश शाह से
'बोल क़ब्रों से बोल'
और किताबे इश्क़ का,
कोई अगला सफ़ह खोल!

रोई थी इक पंजाब की बेटी;
और तू लाखों बैन लिखे
अब लाखों बेटियां रोती हैं,
कोई वारिश शाह दिखे

तू हमदर्द है दर्दों का
उठ देख अपना पंजाब
सब खेत भरे हैं लाशों से
और लहू भरा चनाब

किसने पांचों पानियों में
ये ज़हर घोल दिया है
ज़हरीले उन पानियों को
धरती पे खोल दिया है!

ज़रख़ेज़ ज़मीं के पोर-पोर से
ज़हर फूट रहा है
बालिश्तों चढ़ रही है लाली
क़हर टूट रहा है!

ज़हरीली हवायें जंगल-जंगल
चीख़ पुकारती हैं
बांसों से निकली बांसुरियां
सांप फुंकारती हैं!

Human

Water seeped into the boat
constantly.
We bailed out the water as we moved,
we couldn't guess in the dark
where lay the land.
Needles of rain pierced a thousand holes
into our lungs.
Even though the cold froze our limbs,
we didn't stop.

And then?

Then, the sun smiled in the sky
and we came up to the landing.
This is how it happens.
This is how it must happen.
Otherwise, why be alive?
Why be human?

Subhash Mukhopadhyay

Translated from the Bengali by Himani Bannerji

4

इन्सान

मुसल्सल—
भर रहा था पानी कश्ती में।
निकाला पानी बाहर, जैसे-जैसे बढ़ रहे थे,
हमें अन्दाज़ा न था उस अँधेरे में
ज़मीं अब किस तरफ़ है?
हमारे फेफड़ों में सूईयां बारिश की चुभती थीं
हज़ार सूराख़ पड़ते थे।
अगरचा ठंडे यख़ भी हो रहे थे हाथ-पांव
रुके न हम!

और फिर?

निकल कर मुस्कुराया आफ़ताब जब आसमां में
ज़मीं पर आ गये हम।
यही होता है।
ये होना चाहिये भी।
अगर न हो तो, क्यों ज़िन्दा हैं हम?
इन्सान क्यों हैं?

Freedom's Dawn
August 1947

This dawn that's marked and wounded
This dawn that night has nibbled on—
It's not the dawn we expected;
It's not the dawn we were looking for.
Hoping we would find it somewhere,
Friends, comrades set out thinking
Somewhere in the desert of the sky
The stars would halt
Somewhere the night's slow waves
Would find a shore
Somewhere the ship of our heartaches
Come to rest
When we set out on youth's mysterious journey,
So many hands reached out to lure us back!
From the restless bedrooms in love's palace,
So many embraces beckoned, bodies called!
But so much dearer was the face of dawn,
The dress of morning's maiden;
Our dreams were stronger than our weariness.

But what is this we hear?
That all the battles have been fought
That the destination has been reached!
It's all changed, our leaders' struggling zeal;
Celebration is the order of the day, mourning forbidden.

सुबह-ए-आज़ादी

ये दाग़-दाग़ उजाला, ये शब गुज़ीदा सहर
वो इन्तज़ार था जिसका, ये वो सहर तो नहीं
ये वो सहर तो नहीं जिसकी आरज़ू लेकर
चले थे यार कि मिल जायेगी—कहीं न कहीं
फ़लक के दश्त में तारों की आख़री मन्ज़िल
कहीं तो होगा शबे सुस्त मौज का साहिल
कहीं तो जाके रुकेगा सफ़ीना-ए-ग़मे दिल
जवां लहू की पुरइसरार शाहराहों से
चले जो यार तो दामन पे कितने हाथ पड़े
दयारे हुस्न के बेसब्र ख़्वाब गाहों से
पुकारती रहीं बांहें, बदन बुलाते रहे
बहुत अज़ीज़ थी लेकिन रुख़े सहर की लगन
बहुत क़रीं था हसीनाने नूर का दामन
स्बुक-स्बुक थी तमन्ना, दबी-दबी थी थकन

सुना है हो भी चुका है फ़िराक़े ज़ुलमत-व-नूर
सुना है हो भी चुका है विसाल मन्ज़िल-व-गाम
बदल चुका है बहुत अहले दर्द का दस्तूर
निशते वसल हलाल-व-अज़ाब हिज्रे हराम

Yet anguish of the heart, unfulfilled desire,
Nothing is cured by this false dawn.
When did it come and where has it gone?
The lamp still waits for the morning breeze,

The night weighs on us still
This is not the moment of our freedom
Keep moving, keep moving!
We have not arrived!

Faiz Ahmad Faiz

Translated from the Urdu by Mahmood Jamal

जिगर की आग, नज़र की उमंग, दिल की जलन,
किसी पे चारा-ए-हिज्रां का कुछ असर ही नहीं।
कहां से आये निगारे सबा, किधर को गई?
अभी चिराग़ सरे राह को कुछ ख़बर ही नहीं,

अभी गिरानी-ए-शब में कमी नहीं आई
निजाते देदा-व-दिल की घड़ी नहीं आई
चले चलो कि वो मन्ज़िल अभी नहीं आई!

Original text of the poem written in Urdu

Spine

'Do you recognize me, Sir?
I was a student of yours, years ago,'
said someone through the blur
of rain, with wet clothes
and dripping hair.
He sat a while, and then looking up with a smile
he said:
'The River Goddess was the guest
and here she sojourned in my nest;
Like a newly-wed girl in her parents' home
within four walls she gaily roamed.
Would she go empty-handed?
My wife alone safely landed—
the wall buckled, the hearth was cold,
whatever was there, out it rolled.
Left behind were a few drops
in my eyelids, as a token of bliss.
Now, Sir, my wife and I
are up and fighting back,
rebuilding all that has gone amiss.'

As I reached for my wallet
He got up, grinning,
'No, Sir, I don't want your money.
I just felt a little lonely—
my world lay ravaged
but I didn't let go
just pat my back and say, Good show!'

Kusumagraj

Translated from the Marathi by S.A. Virkar

रीढ़

'सर, मुझे पहचाना क्या?' बारिश में कोई आ गया,
कपड़े थे मुचड़े हुये और बाल सब भीगे हुये।
पल को बैठा, फिर हंसा और बोला ऊपर देखकर
'गंगा मैया आई थीं, मेहमान होकर
कुटिया में रह कर गईं!
मायके आई हुई लड़की की मानिंद
चारों दीवारों पे नाची
ख़ाली हाथ अब जाती कैसे?
ख़ैर से, पत्नी बची है
दीवार चूरा हो गई, चूल्हा बुझा,
जो था, नहीं था, सब गया!
'पर्साद' में पलकों के नीचे चार क़तरे रख गई है पानी के!
मेरी औरत और मैं, सर, लड़ रहे हैं
मिट्टी कीचड़ फेंक कर,
दीवार उठा कर आ रहा हूं!''

जेब की जानिब गया था हाथ, कि हंस कर उठा वो—
'न न', न पैसे नहीं सर,
यूंही अकेला लग रहा था!
घर तो टूटा, रीढ़ की हड्डी नहीं टूटी मेरी...
हाथ रखिये पीठ पर और इतना कहिये कि लड़ो... बस!''

Daybreak

The sky at day break
like a blue conch;

the sky at day break
like a wet kitchen floor freshly coated with coal ash,
or
like a black stone slab
with red saffron washed,
like a slate rubbed
by someone with reddish chalk,
like a fair body slowly
moving in blue water
and … then
the magic of this daybreak now ends.
The sun rises.

An Evening Pale

An evening pale
like a yellow leaf, of fall,
still on its branch.
Calm
in my mind your lotus face
learn and tired a little lost
(or is that me reflected
in your silent looking glass?)

उषा

प्रातः नभ था बहुत नीला शंख जैसे
भोर का नभ;
राख से लीपा हुआ चौका;
अभी गीला पड़ा है
बहुत काली सिल ज़रा से लाल केसर से
कि जैसे धुल गई हो
स्लेट पर या लाल खड़िया चाक
मल दी हो किसी ने
नील जल में या किसी की
गौर झिलमिल देह
जैसे हिल रही हो।
और...
जादू टूटता है इस उषा का अब
सूर्योदय हो रहा है।

एक पीली शाम

एक पीली शाम
पतझड़ का ज़रा अटका हुआ पत्ता
शांत
मेरी भावनाओं में तुम्हारा मुखकमल
कृश म्लान हारा-सा
(कि मैं हूं वो
मौन दर्पण में तुम्हारे कहीं?)

In that fatigued moment
after the lusts' dip,
full of amazing gentle beauty
the collerium of feeling
a tear about to fall … about to fall
like an evening star,
shooting, into bottomless depths.

Shamsher Bahadur Singh

Translated from the Hindi by Sunita Jain

वासना डूबी
शिथिल पल में
स्नेह काजल में
लिये अद्भुत रूप कोमलता
अब गिरा, अब गिरा वो अटका हुआ आंसू
संध्या तारक-सा
अतल में।

Original text of the poem written in Hindi

Anomalies

Find me a tailor whose needles can mend
the sky's ripped tent.
Or find me a mimic who can report
the taste of sugar on his dry tongue.

I was a simple basket maker
until, one day, a lion roared
through my mouth and my fingers bent
into claws around the cane.

The lion now learned to cleave and rein
the rattan staves to fit a bright ring
in his head: the lion has learned
to finger a rosary, wear a green robe.

He is turning into a saint, this lion.
He is learning to weave the perfect basket,
a basket that can hold

The water that homes in to thirst.

Ranjit Hoskote

Written originally in English

8

फ़र्क़

कोई दर्ज़ी तलाशो, जिसकी सूई-सी सके
ये ख़ैमा ख़स्ता आस्मां का
नक़लची ढूंढ़ कर दो,
बताये ज़ायक़ा चीनी का, जो सूखी ज़बां पर!

बड़ा मामूली-सा मैं टोकरियां बुनने वाला था
मगर इक दिन मेरे जबड़े से बब्बर शेर दहाड़ा, और मेरी
उंगलियां मुड़ कर—
वो पंजा बन गईं उस बेंत पर, मैं जिसको बुनता था

उसी ने, शेर ने अब सीख लिया है
पकड़ना डन्डा और पट्टी बना कर सर पर फ़िट करना
अब उसके हाथ में तसबीह है और इक सब्ज़ चोग़ा
उसके कन्धों पर—

वो अब एक संत बन कर, शेर वो
बनाने लग गया है एक पुख़्ता टोकरी
एक ऐसी टोकरी जिस में—
वो पानी भर सके, और रख सके, जब प्यास लगती है!

City

The city jostles me,
like a stranger,
threatens to rob me,
shoves me
daily
to the railway station
along with all the spat-outs
of the city—the insiders and outsiders,
like me.
Beggars licking mudguards of cars,
a bunch of tribals fluttering like moths,
cooking supper into night's tunnel
after the daylong toil of spraying tar
dissolve in smoke and sweat,
pimps fondling private parts
under the guise of massage,
hawkers blaring like butchers
buses goats dogs cows clerks squalor
sots with reddened eyes
and bloated cheeks
lepers (the split image of the broken head
of the Mathura Buddha!).
As I unshackle my bicycle
from the heap stacked like ant-rows, to flee,
the city like a caged lion
keeps roaring from behind.

Gulam Mohammed Sheikh

Translated from the Gujarati by Hemang Desai

शहर

मुझे झंझोड़ते है शहर ये
कि जैसे अजनबी कोई
डराता है मुझे कि लूट लेगा
धकेला है मुझे, हर रोज़, स्टेशन की तरफ़, इसने
मेरे जैसे सभी थूके हुये लोगों की मानिन्द
शहर के बाहरी... अन्दरूनी, मुझ जैसे
भिखारी कारों के 'मडगार्ड' चाटने वाले
क़बीले वाले मुट्ठी भर, पतंगों की तरह जो
रात की लम्बी सुरंग में
पकाने के लिये चूल्हे जलाते हैं
जो दिन भर, तारकोल बिखराये सड़कों पर
धुयें में और पसीने में पिघलते हैं

शहर के भड़वे मालिश के बहाने जिस्म के
पोशीदा हिस्सों को दबाते हैं
कसाइयों की तरह चीख़ते हॉकर
ख़राब होते हैं बस में,
बकरियां और कुत्ते, कलर्क और गायें सब

शराबोर आंखें और सूजी हुई गालें
शिकस्ता, 'मथुरा' के बुद्धा के जैसे, कोढ़ी सारे!

मकोड़ों की तरह के ढेर से, मैं खोलता हूं अपनी साइकिल
भाग जाने के लिये...
तो पिंजरे में पड़े इक शेर बब्बर की तरह ये शहर मुझ पर,
मेरे पीछे से, गुर्राता है और चिंघाड़ता है!

Days

These days.
They are long and don't end.
I pretend.
If the days had only robbed me
I would have been in a rage,
but where's my anger now?
The days merely contain.

Come, wave to me, I coax my day,
the way one waves to a little child.
But it doesn't seem to go away.
The days are not even in the way.

Leaning against a tree
I am one with the sky.
There may have been days
I followed for a while
as they softened in the light,
those I found among the shadows of my life.

A day behind the door,
one keeping watch;
another a ghost
wandering in the garden.
And one probably anxious to return.

ये दिन

दिन ये–
लम्बे हैं और ख़त्म होते ही नहीं
सोचता हूं–
लूट लेते गर मुझे ये दिन–
गुस्सा करता मैं बहुत
वो ग़ुस्सा पर कहां गया मेरा?
दिन गुज़र रहे हैं बस!

आओ पास, आओ मेरे–
फुसलाता रहता हूं मैं दिन को,
हाथ हिला के जैसे छोटे बच्चे को।
जाता भी नहीं मगर।
रास्ते में भी नहीं पड़ते ये दिन!

टेक लेके पेड़ की
आस्मां में जाके गुम होता हूं मैं!
ऐसे दिन भी थे कभी
थोड़ी दूर जिन के साथ मैं चला
जैसे-जैसे रौशनी मद्धम हुई,
ज़िंदगी की छांव में मिले थे वो।

एक झांकता रहा दरवाज़े से,
मुझको देखता रहा;
एक भूत की तरह
बाग़ में टहलता था।
एक, शायद जिसको लौटने की जल्दी थी

These days.
Sometimes they just move my mind
a little.
Like cattle crossing a road,
they pause without knowing
and stare beyond them,
then walk on.

Jayanta Mahapatra

Translated from the Odiya by the poet

दिन ये—
मेरे ज़हन को चलाते हैं कभी
जैसे 'गाय गोरू' को सड़क से पार करते हैं
अनमने से रुक के पार देखते हैं कुछ
और फिर—
चल भी देते हैं!

The Character I Created

A character in my play
climbed down the stage,
came directly to me
and took a chair next to me.

I was looking at the play,
he was looking at me.
His looks, like arrows,
pierced my heart.

If I shifted my legs
so that they should not touch his,
his legs wantonly brushed mine.
His hands fell heavily on my shoulder.

When the audience was silent,
he burst out in laughter.
When he clapped, it was unnecessary.
All eyes were on him
and his were on me.

It was not just right.
I stood up and walked out.
He followed me.

11

मेरे किरदार

मेरे ड्रामे का इक किरदार
उतर कर स्टेज से सीधा,
वो मेरे पास आया
और साथ की कुर्सी पे आ बैठा।

मैं ड्रामे देख रहा था,
वो मुझको घूरता था।
निगाह के तीर उसके,
मेरे दिल से गुज़रते थे।

हटाता मैं अगर टांगें
लगें न उसकी टांगों से,
तो वो मस्ती से छूता था।
मेरे कन्धों पे उसका हाथ मुझको भारी लगता था।

जहां ख़ामोश हो पब्लिक,
वो हंसता खिलखिला कर।
जहां ताली बजाता वो,
बड़ी ही बेवजह होती।
सही न था मगर मैं—
बस उठ कर चल दिया बाहर
मेरे पीछे चला आया था वो भी।

As I opened the door
he went in before me.

Smiling a familiar smile
he stood—a mirror before me.

Why do these many characters
educated by me in civility
behave like this?

Chandrasekhar Kambar

Translated from the Kannada by O.L. Nagabhushana Swamy

GULZAR

जो खोला मैंने दरवाज़ा
वो दाख़िल हो गया पहले।
लिये पहचानी-सी इक मुस्कुराहट
वो मेरे सामने— आईना खड़ा था।
ये सब किरदार क्यों
जिन्हें तहज़ीब सिखलाता हूं मैं
वो यूं बर्ताव करते हैं!

Another Poem about the Birth of Verse

1
We dug up a little dirt, stuck time in a bottle,
and hid it—remember?
Wasn't youth such fun
even if you don't quite remember!

2
Isn't a poem just like that?
Not able to write, not even a word—it happens
to you, to me, likely to all
like the homework you can't stand
like the syllabus you'll never love
and it's not because it's painless!
Without some pain
there's no writing;
just crying with borrowed eyes,
running with wooden legs.

And a wooden leg isn't enough for that poem inside.

3
It's not that it's strange or personal—but how
long has it been since you last wandered in your own
body? Come on, tell me!
Even your skin seems like a stranger's shirt now.

Truth or untruth, one of them will float on the word.

12

नज़्म का जन्म

1

थोड़ी सी मिट्टी खोदी थी,
वक़्त को बन्द कर के बोतल में
छुपा दिया था याद है ना?
क्या बात थी जो जवानी की
याद नहीं?– कोई बात नहीं!

2

नज़्म ऐसी ही होती है ना?
जो लिख न सकें–इक लफ़्ज़ नहीं!
होती है तुमको, मुझको भी, शायद सबको होती है
'होमवर्क' जैसे बर्दाश्त नहीं होता
कोर्स की किताबें अच्छी नहीं लगतीं
इस लिये कि उनमें दर्द नहीं कोई
कोई दर्द बिना
लिखना भी क्या?
जैसे आंखें मांग के रोना
लकड़ी की टांग लगा कर दौड़ लगाना

लकड़ी की टांग लिखने को काफ़ी नहीं!

3

ऐसा भी नहीं कोई अजब बात है
लेकिन कितना अरसा हुआ हैं अपने बदन में–भटके तुमको?
बोलो ना सच बोलो!
अपनी खाल भी ग़ैरों की क़मीज़ लगती है!

सच हो, या न सच हो!
एक तो लफ़्ज़ों पर तैरेगी!

4

Sure, we've found the dredger, but
we called that the poem—
you and me both.
We keep digging inside and outside, but
if you dig where there's nothing, will you find a poem?

Have you any memory of the birth of a verse?
Even if you don't quite remember,
wasn't youth such fun?

Afsar Mohammad

Translated from the Telugu by Jamal Jones

4

माना, छन्नी मिल भी गयी, पर
उसको नज़्म कहेंगे क्या?
तुम और मैं—हम दोनों,
अन्दर-बाहर खुदाई करें, पर
वहां जहां पर कुछ भी नहीं, क्या नज़्म मिलेगी?
याद है कोई नज़्म की पैदाइश तुमको
याद नहीं?—कोई बात नहीं
क्या बात थी वो जवानी की!

The River

Do not stay too long by the river
The river is a wayward god
it is an elephant, a lion,
sometimes they call it a horse;
one summer we thought it was a peacock
turning in the yellow dust
that filled our eyes with gold.

I saw a woman floating in a lily pond
in a mountain of mist, wrapped in a cloud
streaming with tendrils and pollen dust.

I thought the river is a woman
a country, a name,
a note of music trapped in the white current,
a sheet of paper carrying a secret map,
the skyline is where it begins
between the darkness and the summit
in the birthplace of thirst.

Do not stay too long by the river
It is a drowning spirit,
a strong-armed god
drawing and withdrawing such seasons,
flowing river, standing still
river sea. River ocean.
River of all our summers
collecting the salt of our lives.

Mamang Dai

Translated from the Aadi by the poet

13

दरिया

दरिया किनारे ज़्यादा दिन तक रहना मत
दरिया इक भटका भगवान है
हाथी है, ये शेर भी है
और कभी-कभी घोड़ा भी कहते हैं
इक मौसिमे गर्मा में हम मोर भी समझ बैठे थे
पीली धूल में बदला तो,
आंखों में सोना घोल गया

मैंने इक औरत को देखा, कंवल तालाब में तैर रही थी
एक पहाड़ की धुंध में थी लिपटी हुई, बादल में
सब्ज़े और फूलों की गर्द में बहती हुई।
मैं समझी दरिया औरत है
एक देश! एक नाम!
संगीत का सुर है, एक सफ़ेद लहर में अटका हुआ है
काग़ज़ का इक पन्ना, कोई ख़ुफ़िया नक़्शा लिये जाता है।

उफ़ुक़ से खुलता है
तारीकी और चोटी के बीच, जहां पर
प्यास की जन्म भूमि है!
दरिया किनारे ज़्यादा दिन तक रहना नहीं
ये रूह डुबो देगा
इक शक्तिमान भगवान है ये!
मौसम देता, और लेता है
बहता दरिया, रुका हुआ—
दरिया सागर—दरिया समन्दर
हर मौसम गर्मा का दरिया
हम सब के जीने का नमक इकट्ठा करता है!

I Was One of Them

I was one of those
who started their day
shouting for tea in the morning;
then running and panting,
elevating the blood pressure,
reached their office.

I was one of those
who religiously cherished the principle of time;

but every principle
made their existence more hollow and potholed.

I was one of those
whose veins never vibrated
but made the sounds of grrr… grrr…
like a machine,
and experienced the rugged feeling of existence.

I was one of those
for whom the question of life and death
was something ordinary and prosaic.

I was one of those
who never knew
why, for what reasons they existed.

I was one of those
who never knew they were dying
and then died.

Vasudev Mohi

Translated from the Sindhi by P.A. Abichandani

मैं उन में एक था

मैं उन में एक था
शुरू करते थे दिन अपना
सुबह उठते ही चाय के लिये चिल्लाते थे;
दौड़ते थे, हांफते थे,
दबाव ख़ून का अपना चढ़ा कर,
पहुंच जाते थे दफ़्तर में!

मैं उन में एक था
जो अपने वक़्त के पूरे उसूलों के लिये पाबंद रहते थे;
मगर उन ही उसूलों ने—
उन्हीं की ज़िंदगी को खोखला करके, गड्ढे खोदे हुये थे

मैं उन में एक था
रगें जिन की कभी कांपीं नहीं
मशीनों की तरह आवाज़ें करती थीं—घर्रर... घर्रर...
और उनकी खुरदुरी-सी ज़िंदगी को पीस डाला था
मैं उन में एक था...
जिन्हें कि ज़िंदगी और मौत पूछो तो
सवाल मामूली लगता था!

मैं उन में एक था
जिन्हें मालूम ही न था
वो क्यों और किस लिये सब जी रहे हैं

मैं उन में एक था
जिन्हें मालूम ही न था, वो मरते जा रहे हैं
और मर गये आख़िर!

Open Door

I haven't closed the door
If some passer-by comes in
Let him enter,
Just as voices enter
Or the breeze from the hills enters
And enter on its wings
Fragrances, messages.
Through open doors

Enter dried leaves.
Lost dreams and memories gone by
Sometimes the wind brings together
The two frames of the door.
Then the two become one in intimate embrace
I have neither bolted the door
Nor locked it.

My doors are open
Even though the threshold is empty
I do not sit there any more
I do not wait these days.

Padma Sachdev

Translated from the Dogri by Shivanath

15

दरवाज़ा खुला है

मैंने दरवाज़ा नहीं बन्द किया
रहगुज़र कोई अगर आये तो...
आने दो!
जैसे आवाज़ें चली आती हैं
या पहाड़ों से हवा आती है
और उसके परों पर,
ख़ुशबुएं, संदेशे–
चले आयें तो दरवाज़ा खुला है!

ख़ुश्क पत्ते चले आते हैं
गुमशुदा ख़्वाब, और बीती हुई यादें
और हवा आके मिलाती है कभी
मेरे दरवाज़े के दो पट!
एक हो जाते हैं दोनों गले लग कर
ना कभी कुन्डी लगाई–
ना कभी ताला उस पर

मेरे दरवाज़े खुले हैं
गरचा दहलीज़ है, ख़ाली पड़ी है
अब मैं बैठा नहीं करती यहां
इन्तज़ार अब नहीं कोई मुझको!

Stars of Death

In me, hotly glowing
was an ember, smouldering
to kindle a little fire,
a poem to warm.

Just myself, was my desire
so I spent the whole night blowing;
blowing uselessly on my poem.

By dawn, when my eyes were drooping,
the spark had come of age, and swollen
with light enough for everyone.
A Sun.

Ilayabharati

Translated from the Tamil by Vasantha Surya

16

एक सुलगती आंच

एक सुलगती आंच थी मेरे अन्दर
आग हो ज़रा सी तो–
ख़्वाहिश एक नज़्म की
खुद को गर्म रखने के लिये

सारी रात फूंकता रहा–
फूंकता रहा फ़जूल नज़्म को

सुबह तक मैं ऊंघने लगा
आंच भी दहकने लग गई थी, फैल कर
काफ़ी रौशनी थी अब सब के लिये
एक सूरज था!

The Storm

All the flower beds
Had one signboard
Visibly warning that
The 'Plucking of flowers is prohibited'.
One day, however,
An illiterate storm
Entered the garden.

Shadow

My own shadow
Overshadows my size,
Do I have a size?
I ask myself;
Does a migrant have some size?
I doubt it.

Brij Nath Betab

Translated from the Kashmiri by poet

17

तूफ़ां

क्यारियों में फूलों की
एक 'साइन बोर्ड' था
एक तंबीह थी!
'फूल तोड़ना मना है यहां!'
एक दिन किसी तरह
एक तूफ़ां, अनपढ़ा
बाग़ में आ ही गया!

साया

मेरा साया—
मेरे क़द से बड़ा है
मेरा क़द है भी कोई क्या?
मैं ख़ुद से पूछता हूं
कोई क़द होता है परदेसियों (migrants) का?
मुझे शक है!

The Season of the Wind

I hate this season when the wind
guzzles up our springs
to quench its own greed.

When it throws dust into our eyes
and goes into young girls' skirts.

When it lashes out at the pines
and they wail in vain.

I hate this season when my thoughts
bend to leaders like the wind.

Kynpham Sing Nongkynrih

Translated from the Khasi by the poet

18

मौसम हवा का

मुझे अच्छा नहीं लगता ये मौसम—
हवा आकर निगल जाती है जब
हमारी ये बहारें—प्यास अपनी बुझाने के लिये!

मुझे अच्छा नहीं लगता ये मौसम—
हमारी आंखों में जब धूल झोंके
हमारी लड़कियों के लहंगे पकड़े

हमारे पाइन के पेड़ों पे जब कोड़े लगाये
और वो चीख़ा करें!

मुझे नफ़रत है इस मौसम से, जिसमें
झुकानी पड़ती है राय,
मुझे नेताओं की चलती हवा पर!

How Thick Is Darkness

How thick is darkness
one hears only the sound
of the flowing brook.

Everything is dark and thick;
heart and blood sink in the dark.
Only the beat of blood in the
veins is rhythmic.

Shadows and pendulous cobwebs
all around;
life also leans in the dark … it tilts.
But the mind spreads fragrance
as it burns like camphor.

When will light rise up from
this darkness like boiling milk?

When will the brook flowing gently
through the pitch-black darkness
get the brilliance of resplendent light?

Paresh Narendra Kamat

Translated from the Konkani by Damodar K.K. Ghanekar

19

अँधेरा कितना गहरा है

अँधेरा कितना गहरा है
बहते चश्मे की आवाज़ आती है बस

हर चीज़ है अँधेरे में, और गहरी है
दिल भी और लहू भी अँधेरे में डूबे हैं
सिर्फ़ रगों में, लहू की धड़कन लय में है

हर जानिब जाले परछाइयां लटके हुये हैं
अँधेरे से टेक लगाये ज़िंदगी ऊब गई है
सोच मगर काफ़ूर की मानिंद जलती है तो
खुशबू फैलाती है!

रौशनी कब निकलेगी अँधेरे से जैसे दूध उबलता है
गहरे काले अँधेरे से, धीरे-धीरे
कब चश्मा फूटेगा?
जग-मग करता नूर बहेगा?

Dali, Hussain, or Odour of Dream, Colour of Wind

My Uncle from Wangu asked me;
How many bushels of paddy
Have you stored for this season?
I asked my friend Kesho again:
How many kgs of poems have you written for this month?
Write and then tear up, write and then tear up;
A cashier again and again counts old notes of one rupee
One thousand…
Seven hundred…
Only eleven…
Spending one hour two minutes and fifteen seconds.
Then after the final count, washing hands clean with Dettol
He eats up the notes one by one.

Thangjam Ibopishak

Translated from Manipuri by the poet

20

Dali, Hussain, or Odour of Dream, Colour of Wind

अंकल वांगू ने पूछा मुझ से
कितने टोपे भात के तुमने
अब के साल बचाये हैं?
मैंने अपने केशव दोस्त से पूछाः
'कितने केजी (Kg) अब के महीने
तुमने नज़्में लिखीं?'

लिख के फाड़ीं, फाडीं लिख के
कैशियर भी तो बार बार गिनता है,
एक रुपये के बोसीदा से नोट
सड़े गले नोटों के बन्डल
एक हज़ार... और सात सौ... ग्यारह बस!
एक घन्टा, दो मिनट और पन्द्रह सैकन्ड लगा कर
आख़िरी बार फिर गिन के, जाकर, डिटॉल से धोकर हाथ
एक एक कर के सारे नोट खाने लगता है!

Ghazals

I

What is it that keeps me restless nowadays
Although I'm oblivious of her winsome face?

Why should the world give me eerie dread?
I'm now in love with you, so I hear them say.

What a queer fire this is, sans flame or smoke,
It's the cunning mischief of her furtive gaze.

The veins of the universe are a shiver with fright,
Imminent, it seems, is the doom's day.

Never before did you sit so dumb, and mute,
What has caused Firaq, this, your sorry state?

II

It has sense, it has madness, meeting, parting, joy, dismay,
Who says the world is not a proper place to stay?

Whither has the amorous glance carried you away?
None can recognize you even from your face.

ग़ज़ल

1

क्यों बेक़रार मेरी तबीयत है इन दिनों
भूली हुई अगरचा वो सूरत है इन दिनों?

क्यों मुझको इक जहान से वहशत है इन दिनों?
सुनता हूं मुझको तुझसे मुहब्बत है इन दिनों

वो आग लग गई कि धुआं है न आंच है,
दर पर्दा इस नज़र की शरारत है इन दिनों।

यूं थरथरा रही हैं रगें कायनात की,
गोया क़रीब रोज़े क़यामत है इन दिनों।

बैठे बिठाये चुप नहीं लगती थी यूं तुझे,
क्यों फ़िराक़ क्या तेरी हालत है इन दिनों?

2

रंज-ओ-राहत, वस्ल-ओ-फ़ुर्क़त, होश-ओ-वहशत क्या नहीं?
कौन कहता है कि रहने की जगह दुनिया नहीं?

ले उड़ी तुझको निगाहे शौक़ क्या जाने कहां
तेरी सूरत पर भी अब तेरा गुमां होता नहीं

It's the feeling deep within that causes calm or discontent,
The ache of love neither increases, nor ever abates.

Welcome are the folks depressed to make a bid for suicide,
But to cast away your life is not the only test of faith.

Now the spirit of annihilation, now the vibrant breath of life.
I'm not the one to lie static in the same state, Firaq.

Firaq Gorakhpuri

Translated from the Urdu by K.C. Kanda

हैं फ़रेब एहसास-ए-पनाह के सुकून-ओ-अज़्तराब
इश्क़ है वो दर्द जो घटता नहीं बढ़ता नहीं

अहले ग़म तुमको मुबारक ये फ़ना आमादगी
लेकिन ईसार-ए-मुहब्बत जान दे देना नहीं

मैं अदम अन्दर अदम हूं मैं जहां अन्दर जहां
एक ही दुनिया हो मेरी ऐ फ़िराक़ ऐसा नहीं

Original text of the poem written in Urdu

The Jungle Story

My exile is over, Mother,
No more living in the jungle for me
Come, Mother, underneath this matted beard
Feel the familiar cheeks of your child
Open up your breasts, Mother, and watch how
The seven streams of milk
Gush towards my parched tongue

Look at these feet, Mother, the tiny feet
Where your golden bells had jingled
Look at this arm
Upon which you had tied your talisman
When I was born
Now look at this chest where you had planted
The sapling of a heart
In a soft green stretch of sun
In the hidden mesh of this dark jungle
Impenetrable
Has grown a hungry tree

With toothy leaves and sharp claws
And fierce flowers
It chews on other hearts
A fine flesh-eater

My time in the jungle is over, Mother,
Now the jungle lives in me.

22

Nabaneeta Dev Sen

Translated from the Bengali by the poet

कहानी जंगल की

जिला वतनी मेरी पूरी हुई मां
मुझे जंगल में रहने की ज़रूरत अब नहीं है
तुम अपने बच्चे की मानूस गालों को छूके देखो—
तुम अपनी छातियों को खोल कर देखो तो कैसे
सातों धारा बह रही हैं दूध की
मेरी सूखी ज़बान पर—

ज़रा देखो तो पांव, नन्हे पांव, मां
सुनहरे घुंघरू बजते थे जहां
ये बांह देखो—
उन्हीं पर तुमने, जब पैदा हुई थी

तिलस्मी 'गंडे' बांधे थे
ज़रा देखो तो सीने पर,
जहां इक दिल की कोंपल तुमने बीजी थी
बड़ी ठंडी हरी-सी धूप में रख कर
इसी तारीक जंगल की किसी जाली में रखा था
जहां कोई न पहुंचे
वो बढ़ कर एक भूखा पेड़ निकला है

हैं पत्ते दांतों वाले, तेज़ पंजे हैं
ग़ज़बनाक फूल हैं उसके
चबाता है वो दिल अब, दूसरों के
है मांस ख़ोर पक्का

मुझे जंगल में रहने की ज़रूरत अब नहीं है मां
मेरे अन्दर ही जंगल है!

Behind the Door

A corpse puts on my clothes
A dead man fills my shoes
with his infected feet.
My spectacles can't see.
I stand before a door
hewn out of blackened stone
to which I hold no key.

The friends I made when young
patrol the western shore.
They call me to betray
All that I have, and come.
Maybe I will, some day,
but this has tired me out,
this trip to who I am.

The ratchets of the dark
shriek, and the time arrives
for opening the door.
Time not to be afraid.
For whatever stands behind
—angel, monster or me—
took many years to find.

Dom Moraes

Written originally in English

23

दरवाज़े के पीछे

इक लाश ने पहने कपड़े मेरे
इक मुर्दे ने बूट भरे अपने आलूदा पैरों से,
ऐनक है मेरी नाबीना है
मैं खड़ा हुआ हूं सामने इक दरवाज़े के
काले पत्थर से तराशा हुआ
जिसकी कोई कुंजी मेरे पास नहीं।

नौउम्री के सब दोस्त मेरे
पच्छिम की सरहद पर,
तायेनात हैं!
कहते हैं सब छोड़ो, और आ जाओ
हो सकता है ऐसा करूं इक दिन
लेकिन मैं अब थकने लगा हूं, –
इस सफ़र से, जिसमें हूं!

चीख़ रही हैं, गरारियां अंधेरे की
और दरवाज़ा खोलने का वक़्त आ पहुंचा है
वक़्त नहीं अब डरने का
चाहे उसके पीछे अब कोई खड़ा हो
कोई फ़रिश्ता, राक्षस हो, या मैं–
कितने साल लगे हैं इतना जानने में!

Madhushala

Listen, the bubbles are bursting.
The goblets are being filled with drinks.
Listen, the sounds of tinkling bells
tied around the barmaid's feet.
We are now near, not far,
only four steps away.
Listen, the drunkards' laughter.
See, how fragrant smells the tavern!

He whose inner flames
have burnt down the holy texts,
he who has deserted and tore down
temples, churches and mosques,
he who has broken bonds with
pundits, mullahs and priests,
only him will I welcome in my tavern today.

Only once a year,
the fires of Holi go up in flames,
and the rows of lit lamps like
garlands are displayed like chains.
But folks, come to the tavern any time
to see the Holi celebrations all day
and jubilations of Diwali all night.

24

मधुशाला

सुन कलकल, छलछल मधु
घट से गिरती प्यालों में हाला
सुन, रुनझुन रुनझुन चल
वितरण करती मधु साक़ीबाला
बस आ पहुंचे, दूर नहीं कुछ
चार क़दम अब चलना है
चहक रहे, सुन पीनेवाले
महक रही, ले मधुशाला।

धर्म-ग्रंथ सब जला चुकी है
जिसके अन्तर की ज्वाला
मंदिर, मस्जिद, गिरजे... सबको
तोड़ चुका जो मतवाला
पंडित, मोमिन, पादरियों के
फंदों को जो काट चुका
कर सकती है आज उसी का
स्वागत मेरी मधुशाला!

एक बरस में एक बार ही
जलती होली की ज्वाला
एक बार ही लगती बाज़ी
जगती दीपों की माला।

Serving me drinks only for two days,
the bar maid has now grown sullen of me,
after filling the goblet,
she slides it in front of me.

All that dalliance and charm
in serving me has now gone.
She only fulfills her duties
when she fills the glass for me.

O dear, if you'd like to pay homage to me,
please call all those who love to drink,
and open a tavern for them
on behalf of me.

Harivansh Rai Bachchan

Translated from the Hindi by Ravi Kopra

दुनियावालों, किन्तु, किसी दिन
आ मदिरालय में देखो,
दिन को होली, रात दीवाली,
रोज़ मनाती मधुशाला।

दो दिन ही मधु मुझे पिलाकर
ऊब उठी साक़ीबाला,
भर कर अब खिसका देती है,
वह मेरे आगे प्याला।
नाज़ अदा, अंदाज़ों से अब
हाय, पिलाना दूर हुआ
अब तो कर देती है केवल
फ़र्ज़... अदायी मधुशाला!

प्राणप्रिये, यदि श्राद्ध करो तुम
तुम मेरा, ऐसा करना -
पीनेवालों को बुलवाकर
खुलवा देना मधुशाला।

Original text of the poem written in Hindi

Again, Snowfall

A poet who used to write
Poems about snow
Went to the capital
To recite the poems about snow.
It is not known
When he will return to the hills
Because the snowfall has started again.
The roads are empty,
The paths and corners are desolate.
Walking down the same roads and paths
The poet had walked to the hot plains.
In search of him, a poem has set out alone
In the snowfall of this year.

Jiwan Namdung

Translated from the Nepali by Jas Yonzon Pyasi

25

बर्फ़ों में

वो शायर—बर्फ़ पर
जो नज़्में लिखता था
गया था राजधानी में
सुनाने बर्फ़ की नज़्में!
ख़बर कोई नहीं, कब लौट कर
         आये पहाड़ों पर!
यहां तो बर्फ़ फिर गिरने लगी है
हैं सड़कें ख़ाली और सब रास्तों के
         चौक सूने हैं,
इन्हीं सड़कों से, रस्तों से
गया था गर्म मैदानों में वो शायर
अकेली नज़्म इक निकली है उसकी जुस्तजू में
इस साल बर्फ़ों में!

The Taste of Earth

I am the desert
dreaming of the oasis.
This dream of mine
is for those who condemn
the scorching desert.

When the forests bloom
and rain arrives on the green earth,
when snow covers the mountains,
I remain the burning earth.

I am the fever of the sun
not cooled by moonlight.

I am the laughter of the butcher
who remembers the rain.
I too love flowers;
I don't want rain.
Its chill is a curse
that will put out my fire.

Those who have travelled
from the Sahara to the seas
know the taste of my heat.

26

A.Ayyappan

Translated from the Malayalam by Bhoomiyde Ruchi

ज़मीन का स्वाद

मैं रेगज़ार हूं
सराब सोचता हूं मैं।
ये मेरा ख़्वाब–
उनके लिये है कि जो तपते रेगज़ार
की बुराई करते हैं!

बनों पे जब बहार आती है
हरी-हरी ज़मीं पे बारिशें बरसती हैं,
पहाड़, बर्फ़ें ढांप देती हैं
मैं वही–तपती ज़मीन रहता हूं!

बुख़ार हूं मैं आफ़ताब का
जो, चांद ठंडा कर नहीं सका!

कसाइयों का क़हक़ह हूं मैं
जो बारिशों को याद करता है,
पसंद करता हूं मैं फूल भी;
नहीं पसंद बारिशें–
नमी ख़राब लगती है–
उस से मेरी आग बुझने लगती है!

'सहारा' सहरा से,
गुज़र चुके हैं जो समन्दरों तलक
वो मेरी आग का स्वाद जानते हैं!

Five Seer Wheat

Big people need bigger grindstones,
My little hands cannot cope, O God!
My little hands…

Handfuls of grain thrown in take hours to grind
Full five seer is the wheat, O God!
My little hands…

Drop by drop, I sweat every day,
I cannot maintain myself yet, O God!
My little hands…

My roof has collapsed, my dreams are shattered,
The burden of my life has mounted, O God!
My little hands…

Had my husband been here, he would have shared my agonies,
So aches my heart every moment, O God!
My little hands…

Bhola Nath Gahamari

Translated from the Bhojpuri by Prabhat K. Singh

27

पांच सेर गेहूं

लोग बड़े जो चक्की भी हो उनकी बड़ी
मेरे छोटे हाथ हैं, पूरे नहीं पड़ते, भगवन!
मेरे छोटे हाथ....

मुट्ठी भर दाने पीसूं तो घंटों लगते हैं
पांच सैर है गेहूं भगवन...
मेरे छोटे हाथ...

क़तरा-क़तरा घाम, घटूं रोज़ाना
मैं अपनी सुध रख सकूं न भगवन...
मेरे छोटे हाथ...

छत मेरी ढह गई है, मेरे सपने टूटे
जीने के लाले पड़ गये हैं, भगवन
मेरे छोटे हाथ...

मेरा गभरू होता, मेरे दुख बटवाता
दिल की पीड़ा बढ़े हर पल, भगवन
मेरे छोटे हाथ...!

Refaced

After Imtiaz Dharker's 'Canvas'

Do I want another face?
Sometimes I do.

A face no longer disfigured
by need. A face you can turn
inside out like a sock,
never knowing the difference
between surface and interior,
soft as old wool, implacable
to concavity,
to disuse. Accustomed
to my absence.

Arundhathi Subramaniam

Written originally in English

28

दूसरा चेहरा

इम्तियाज़ धारकर के 'केन्वस' पर

मुझे क्या चाहिये इक दूसरा चेहरा?
कभी लगता तो है!
वो चेहरा जिस पे कोई सिलवटें न हो ज़रूरत की
जिसे उलटाया जा सकता हो मोज़े की तरह से।
पता न चल सके पर फ़र्क़ अन्दर और बाहर का,
पुरानी ऊन जैसा नर्म,
मुड़े न ख़म खाये
जिसे आदत मेरे न होने की हो!

Salt

Salt and sorrow, two sisters
Without them no joy is a joy

Melancholy is my daughter
She cleanses my veins of toxins.

Poets are fated to be poets to wash
The filth away from human history

Love is the last legal alien to joy
Before we all vanish to nowhere.

Subodh Sarkar

Translated from the Bengali by the poet

29

नमक

नमक और ग़म दो बहनें हैं
बग़ैर उनके नहीं होती ख़ुशी कोई ख़ुशी!

उदासी बेटी है मेरी,
रगों से ज़हर सारे साफ़ कर देती है वो।

मुक़द्दर ये शायर का, कि शायर हो के वो—
        इन्सान के इतिहास की सारी ग़लाज़त
        साफ़ कर दे!

मुहब्बत, एक जायज़ अजनबी है, हर ख़ुशी
ख़ला में सब के गुम हो जाने से पहले!

Taj Mahal

It may be for you a great shrine of love.
It may be for you an enchanting garden.
My Love, why don't we meet somewhere else!

Why should the poor walk in these royal precincts?
Why should the path of love have to lie through
A highway marked with signs of royal power?

My Love, from behind your faithful veil,
You should have seen these signs of royal pomp,
You, so beguiled by these dead kings' tombs,
Should have remembered our own darkened houses.

Countless persons in the world have been in love.
Who can say their sentiments were not true?
But they didn't have the means for advertisement
Because they too were poor, like us.

This edifice, tomb, and these encircling ramparts—
All manifestations of tyrannical grandeur—
These are but running sores on the earth's breast
In which is mixed the blood of our ancestors.

My Love, the workers whose great skill endowed
This place with beauty were surely themselves lovers.
But their beloveds' graves remain unmarked;
No one has ever lit a candle on them.

30

ताज महल

ताज तेरे लिये इक मज़हर-ए-उल्फ़त ही सही
तुमको इस वादी-ए-रंगीं से अक़ीदत ही सही
मेरी महबूब कहीं और मिला कर मुझ से!

बज़्म-ए-शाही में ग़रीबों का गुज़र क्या मानी?
सब्त जिस राह पे हों सतवते शाही के निशां
उसपे उल्फ़त भरी राहों का सफ़र क्या मानी?

मेरी महबूब पस-ए-पदर्आ तशहीर-ए-वफ़ा
तू ने सतवत के निशानों को तो देखा होता
मुर्दा शाहों के मक़ाबिर से बहलने वाली
अपने तारीक मकानों को तो देखा होता।

अनगिनत लोगों ने दुनिया में मुहब्बत की है
कौन कहता है कि सादिक़ न थे जज़्बे उनके?
लेकिन उनके लिये तशहीर का सामान नहीं
क्योंकि वो लोग भी अपनी ही तरह मुफ़लिस थे—

ये इमारतों व मक़ाबिर ये फ़सीलें, ये हिसार
मुतलक-उल-हुक्म शहंशाहों की अज़मत के सुतूं
दामन-ए-दहर पे उस रंग की गुलकारी है
जिसमें शामिल है तेरे और मेरे अजदाद का ख़ूं

मेरी महबूब! उन्हें भी तो मुहब्बत होगी
जिनकी सन्नाई ने बख़्शी है इसे शकले-जमील
उनके प्यारों के मक़ाबिर रहे बे-नाम-व-नमूद
आज तक उनपे जलाई न किसी ने क़ंदील!

These grand gardens on Yamuna's bank, this palace,
These well-wrought doors and walls, this arch, this niche—
An emperor, exploiting his wealth,
Has mocked the love of all us poor folk.
My Love, why don't we meet somewhere else!

Sahir Ludhianvi

Translated from the Urdu by Harish Trivedi

GULZAR

ये चमनज़ार ये जमुना का किनारा, ये महल
ये मुनक़्क़श दर-ओ-दीवार, ये महराब, ये ताक़
इक शहंशाह ने दौलत का सहारा ले कर
हम गरीबों की मोहब्बत का उड़ाया है मज़ाक़।

मेरी महबूब कहीं और मिला कर मुझ से!

Original text of the poem written in Urdu

Rain

Rain.
that is,
near the temple,
near the platform,

Rain.
that is,
beyond the temple,
beyond the platform,

Rain.
the entire

Rain.
on the streets,
that is, beyond the street,
in the street,
in the entire darkness,
in the colonies,

in the life,
in the lanes,
in the bygones,
in the memories that lie deep,
in the lamp,

Rain
in the eyes
the entire.

Grace

Translated from the Marathi by the poet

बारिश

बारिश...
मन्दिर के नज़दीक,
चौपाल के पास,

बारिश...
बारिश मन्दिर पार
चौपाल के पार,

बारिश...
हर सू... बारिश!

रस्ते-रस्ते पर
रस्तों के पार
बारिश
बारिश रास्तों पर
सारे अँधेरों में
बस्तियों में!

ज़िन्दगी में,
गली-कूचों में
और गुज़श्ता—
यादों के पाताल के अन्दर—
चिराग़ों में!

बारिश
आंखों में,
तमाम बारिश!

The Guest

His face is long familiar
I have seen it at the station,
in the bus, on the street,
in the library, and, sometimes
alone on an evening in the park.

Suddenly, one day last autumn,
he had come to this inn,
at the master's insistence,
I had given him the room in the south
and opened the window, long since kept closed
which opens on to the crowded street
and the lake beyond
where the swans come flying every autumn
and the rustle of wind merges with the yellow of mustard.

I know my master as I know myself
feel him, and look for him in loneliness,
the guest is company for my master,
they have reached out to each other's heart,
trust, and friendship
I wouldn't know what it is they talk about
so rapt and deeply engrossed,
I often find them both grave and distracted,

32

मेहमान

चेहरा उसका, मुद्दत से पहचाना लगता है
स्टेशन पर देखा है ये
बस में और गली में भी!
लाइब्रेरी में भी कभी
शाम के वक़्त अकेला पार्क में!

पिछली पतझड़ में इक रोज़ अचानक
आया था वो सराय में,
मालिक के कहने पर मैंने,
पच्छिम की तरफ़ इक कमरा खोल दिया
मुद्दत से जो बंद थी, वो खिड़की भी खोली
भीड़ भड़क्के वाली गली पर खुलती थी
उसके पीछे एक झील थी
जिस में हंस उड़-उड़ कर आते थे हर पतझड़ में
और हवा की सर-सर घुल जाती थी सरसों की पीलाहट में!

जानती हूं अपने मालिक को, जितना खुद को जानती हूं
महसूस भी करती हूं उसको
और ढूंढ़ती हूं तन्हाई में उसको
मेहमान मेरे मालिक का हमदम है,
दोनों इक दूजे के दिल को छूते हैं,
ऐतबार है, दोस्ती है
मालूम नहीं क्या-क्या वो बातें करते हैं—
गुम रहते हैं, गहरी तरह डूबे-डूबे
संजीदा नज़र आते हैं दोनों मुझको

and sometimes I catch the hum of poems
that, too, must be echoing life.
Between these varied moments,
through autumn and winter,
I, too, begin to feel one with the guest.
I know or can guess what he'd say
as he paces about, distraught,
see those things that move,
and would reach your heart—

the vision of flowers blooming,
of gathering the harvest,
in such moments alone.

The trees are yellowing in winter now,
the sky sombre and forbidding,
my master graver and more pensive than ever,
with winter over, the guest leaves,
leaves my master to his loneliness
the window to the south is latched
and the empty room resounds
with the hum of poems.

Anupama Basumatary

Translated from the Assamese by Pradip Acharya

गुनगुन भी मिलती है कुछ, नज़्मों की मुझको
ज़िंदगी उसमें गूंजती होगी
और उन बिखरे हुये लम्हों में
सर्दी में कभी, पतझड़ में कभी
कुछ अपना सा अब लगने लगा है, वो मेहमान मुझे!
मैं जानती हूं, अन्दाज़ा है, क्या कहता होगा
जब बेचैन टहलने लगता है
क्या करता होगा बातें—
जो दिल को छूती हैं!
फूलों के खिलने का मंज़र
काटी हुई फ़सलों का उठना
उन सारे अकेले से लम्हों में

पेड़ अब पीले पड़ने लगे हैं, मौसम-ए-सरमा में
आस्मां गम्भीर और बेगाना-सा
मालिक मेरा संजीदा है, गमगीन है

मौसम-ए-सरमा जाते-जाते मेहमान चला जाता है
मालिक के लिये तन्हाई छोड़ के!
पच्छिम की खिड़की की चटख़नी चढ़ जाती है
और ख़ाली कमरे में
नज़्मों की इक गुनगुन गूंजती रहती है!

My Mother and My Poem

My mother could not understand my poem
although it was written in my mother-tongue.

She only gathered that
there was some grief in her son's mind.

But wherefrom his grief came
while I am here.

My illiterate mother scanned my poem with great care
and said to herself: look, people, look
the sons whom we gave birth from our wombs
tell their grief to the papers
not to us.

She took the page to her breast
hoping
perhaps it is the only way
of getting close to her son.

Surjit Patar

Translated from the Punjabi by the poet

33

मेरी मां और मेरी नज़्म

मेरी मां को, मेरी कविता समझ आई नहीं
अगरचा मैंने अपनी मादरी बोली में लिखी थी
वो इतना ही समझ पाईं
मेरे बेटे के दिल में कोई ग़म है
'मेरे होते, मगर कैसे कोई ग़म लग गया उसको?'

मेरी अनपढ़ मां ने ग़ौर से देखी मेरी कविता
कहा ख़ुद से ही, देखो लोगों देखो
ये बेटे, कोख से, जन्मा है, जिनको
वो अपने ग़म बता देते हैं काग़ज़ को
मगर हम से नहीं कहते!

वो काग़ज़ छातियों पर रख लिया मां ने
इसी उम्मीद से शायद
लगा ले अपने बेटे को गले से वो!

My Pocket

Do not put your hand into my pocket,
Brother. It is mine and no one else
should meddle with it. There may be
many things in it. It is not your concern.

My bank book, my debt account, my love letters
it could be anything. But it is mine.
You cannot sort out my troubles let them
be. Give me only your friendship.

No, do not worry about the contents
of my pocket. I do not worry about yours.
Let the sky between us be clear
of clouds. That is sufficient.

G. S. Shivarudrappa

Translated from the Kannada by G.S. Amur

34

मेरी जेब

न! मेरी जेब में मत हाथ डालो तुम, बिरादर
ये मेरी है!
किसी भी और का जाइज़ नहीं है दख़ल देना
बहुत-सी चीज़ें हैं इसमें
तुम्हारा उनसे सरोकार नहीं है

मेरी बैंक बुक, मेरे क़र्ज़े और लव लेटर्स
मेरी जो मुश्किलें हैं, तुम उन्हें हल कर नहीं सकते
वो रहने दो...
तुम्हारी दोस्ती काफ़ी है बस!

नहीं तुम मेरी चीज़ों के लिये मत फ़िक्र करना
वो मेरी जेब में हैं
तुम्हारी चीज़ों की चिन्ता नहीं मुझको
हमारे दर्मियां ये आस्मां, बिन बादलों के, साफ़ रहने दो
वो काफ़ी है!

... said the Darkness

How cold is the night, said the darkness.
Of my countless enemies,
pray someone speak!
The slender moon had
dissolved in the dusk,
the stars were yet unsettled when,
dark clouds, their
flowing tresses appeared,
that should've poured down in torrents,
but not a drop, not a drop for me;
only violent gusts of frozen winds
like daggers pierced my heart.
Not a sound, not the slightest sound;
a deep silence closing in.
How agonizing, the passage of night!
I beseech you, my rivals, my foes,
for the endless grind,
the oppression I endure,
afflict my heart with a wound,
burn on my chest, a fire,
may it be that of enmity.
I have but a bond with you.

Ahmad Nadeem Qasmi

Translated from the Urdu by Yasmeen Hameed

35

अँधेरे ने कहा

किस क़दर सर्द है ये रात—अँधेरे ने कहा
मेरे दुश्मन तो हज़ारों हैं—कोई तो बोले,
चांद की क़ाश भी तहलील हुई शाम के साथ
और सितारे तो संभलने भी न पाये थे अभी
कि घटा आई, उमड़ते हुये गेसू खोले,
वो जो आई थी तो फिर टूट के बरसी होती
मगर इक बूंद भी टपकी न मेरे दामन पर;
सिर्फ़ यख़ बस्ता हवाओं के नुकीले झोंके
मेरे सीने में उतरते रहे, ख़न्जर बन कर
कोई आवाज़ नहीं—कोई भी आवाज़ नहीं
चार जानिब से सिमटता हुआ सन्नाटा है,
मैंने किस कर्ब से इस शब का सफ़र काटा है
दुश्मनों! तुमको मेरे जब्रे मुसलसल की क़सम
मेरे दिल पर कोई घाव ही लगा कर देखो,
वो अदावत का सही, तुम से मगर रब्त तो है
मेरे सीने पे अलाव ही लगा कर देखो!

Original text of the poem written in Urdu

A Young Woodcutter Speaks Out

I could never accomplish a flawless work.
Dropping the axe down, I forgot time and again to fell trees
And gazed at the beauty of wood: trees, yellow leaves;
The outcome—live unfed for long thirty years.

Coming of a woodcutter, I could yet never be heartless
Felt hurt in my heart to fell trees at ease
With the stroke of my axe
The lovely woods, dressed in foliage and flowers and I
Mingled together into nature's stream of life,
That might be a mistake on my part.

Rafiq Azad

Translated from the Bengali by Suresh Ranjan Basak

36

लकड़हारा बोला

कभी कुछ काम पुख़्ता कर नहीं पाया
गिरा के अपनी कुल्हाड़ी को अक्सर भूल जाता हूं मैं पेड़ों का गिराना
बड़ी हैरत से देखा करता हूं लकड़ी की सुंदरता,
और पेड़, उसके ज़र्द-ज़र्द पत्ते
नतीजा—मैं बिन खाये जिया हूं तीस लम्बे साल!

लकड़हारे का बेटा हूं,— मगर संगदिल कभी न था
मुझे तकलीफ़ होती थी, कुल्हाड़ी से गिराता था जो पेड़ों को,
निहायत ख़ूबसूरत लकड़ी, अपने फूलों और पत्तों में लिपटी
और उस पर यूं दख़ल देना, रवां कुदरत की अपनी ज़िंदगी में
मेरी ग़लती है वो शायद!!

Windshield Wiper

Before it could swing back
after having moved
from left to right,
a hundred raindrops fell,
obscuring—the road or my eye?

More; in that moment when
the heart was stunned, suspended
between taint and innocence,
another hundred fell similarly.
The rain hasn't let up yet.

Perundevi

Translated from the Tamil by N. Kalyan Raman

37

विंडशिल्ड वाइपर

इससे पहले लौट कर आता वाइपर
बायें से, दायें तरफ़ जाने के बाद
सैकड़ों बूंदें गिरीं बारिश की आकर
धुंधला गई रोड—या आंखें मेरी?

उसपे—उस लम्हे में जब
चौंक कर दिल बैठ जाये
शुबा और मासूमियत के दर्मियां!
सैकड़ों बूंदें गिरीं फिर से
थम नहीं पायी अभी बारिश!

Corpses in Kashi

Have you seen Kashi?
Where corpses come and go
by the same road

And what of corpses?
Corpses will come
Corpses will go

Ask then, whose corpse is this?
Is it Rohitashva? No, no
all corpses cannot be Rohitashva

His corpse, you will recognize
from a distance
and if not from a distance
then from up close
and if not from up close
then it cannot be Rohitashva

And even if it is,
what difference
does it make?

38

काशी में शव

तुमने देखी है काशी?
जहाँ, जिस रास्ते
जाता है शव—
उसी रास्ते
आता है शव!

शवों का क्या!
शव आयेंगे,
शव जायेंगे—

पूछो तो, किसका है यह शव?
रोहिताश्व का?
नहीं, नहीं,
हर शव रोहिताश्व नहीं हो सकता

जो होगा
दूर से पहचाना जायेगा
दूर से नहीं, तो
पास से—
और अगर पास से भी नहीं,
तो वह
रोहिताश्व नहीं हो सकता

और अगर हो भी तो
क्या फर्क पड़ेगा?

Friends, you have seen Kashi
where corpses come and go
by the same road
and this is all you did—
made way and asked,
Whose corpse is this?
Whoever it was
whoever it was not
what difference did it make?

Shrikant Verma

Translated from the Magadhi/Hindi

मित्रों,
तुमने देखी है काशी,
जहाँ जिस रास्ते
जाता है शव
उसी रास्ते
आता है शव!

तुमने सिर्फ़ वही तो किया—
रास्ता दिया
और पूछा—
किसका है यह शव?

जिस किसी का था,
और किसका नहीं था,
कोई फ़र्क पड़ा?

Morning

The sickle of the moon has disappeared,
mowing down the crop of the dark,
and on the crystal stream of the east,
needles of saffron float.

On the river bank begin to sway
white ears of reed and sedge;
and sparkle, too, in the early light
bright blue sarkanda tops.

Into corners the dark-faced Krishna runs hiding
having stolen the bathers' clothes,
and naked on the Jamuna's bank,
the cow girls of Gokul crouch.

On the silver screen of the east, the rays
dance to tunes not of this earth;
rises up through the heart to greet
fairy bands of memories

Ah, without your face fresh as the dawn,
how can the morning start?
You do not come, you only send memories,
what loving kindness is this!

39

Mohan Singh

Translated from the Punjabi by Sant Singh Sekhon

सुबह

दरांती चांद की ग़ायब हुई
कटायी ख़त्म अँधेरे की फ़सलों की
शफ़ाफ़ पानी में पूरब के
सलाइयां सिंधूरी बहने लग गई हैं।

किनारे पर नदी के घास और 'नर्सल' की फलियां
चमकते हैं सुबह की रौशनी में उजले-उजले
सिरे सरकन्डों के सारे!

छुपा है सांवला कृष्णा
चुरा के 'वस्त्र' दरया में नहाने वालियों के
सिमट के बैठी हैं जमुना किनारे
ग्वालन लड़कियां गोकुल की सब की सब बहन हैं।

शुआयें आस्मां के समीं पर्दे पर
ज़मीं की धुन पे ऐसे रक़्स करती हैं
कि दिल में भीड़ उठने लगती है
यादों की परियों की...!

तुम्हारे खुशनुमा चेहरे बिना कैसे
शुरू होगी सुबह आख़िर?
कि ख़ुद आती नहीं, और यादें
अपनी भेज देती हो
ये कैसा प्यारा अहसां हैं!

Old Earth in Pain

Have you ever heeded
the anguished cries of the tree
in terror of the axe
flashing in their nightmares?

Tormented by the assaults
of the axe,
do you see myriads of hands
through the shaking branches of a tree
calling out for rescue?

Do you feel stumped
inside yourself
when a tree gets cut and
falls on the earth?

Have you ever heard
the rivers weeping
under the cover of darkness
in the dense silence of the night?

Washing clothes and cattle
on this bank of the river,
have you ever thought of
the other shore where
someone could be satiating his thirst
or a woman could be making
an offering to some deity?

40

बूढ़ी ज़मीं का दर्द

सुनी हैं क्या कभी तुमने—
वो दर्द अंगेज़ चीख़ें, इन दरख़्तों की?
चमक उठती हैं, उनके ख़्वाबों में
कुल्हाड़ियों के ख़ौफ़ से अक्सर!

परेशां होके उन कुल्हाड़ियों के हमलों से
लरज़ती शाख़ों में पेड़ों की—क्या तुमको
नज़र आते हैं ढेरों हाथ
बचाओ को, बुलाते हैं!

उखड़ जाते हो क्या अन्दर ही अन्दर तुम
ज़मीं पर गिरता है जब पेड़ कट कर

अँधेरे में छुपी,
इक रात की गहरी ख़ामोशी में
कभी दरयाओं को रोते सुना है?

मवेशी और कपड़े धोना, दरया के किनारे
कभी सोचा है, कोई दूसरा, परले किनारे पर
बुझाता होगा प्यास अपनी,
या कोई औरत अपने देवता को जल चढ़ाती हो
कभी ऐसा लगा तुमको
कि ऐसे ध्यान में बैठा हुआ पर्बत
लर्ज़ जाता है जब विस्फोट कोई
उड़ा देता है पत्थर उसका सीना चीर कर!

चढ़ी दोपहर में तुमने
सुना है क्या

Have you ever realized how
the mountain sitting in silent meditation
quivers when the explosion splits its chest
expelling some stone asunder?

At the peak of an afternoon
have you ever heard
the scream of scattered stones
wounded and broken by hammers?

Have you seen the breeze
throwing up blood
in the backyard of your house?

Have you ever stolen a few moments
to talk to the dumbstruck
never-complaining old earth
about her pain?

If not, forgive me then!
I doubt if you are a human!

Nirmala Putul

Translated from the Hindi by Sukrita K. Paul

बिखरते पत्थरों की चीख़ें जब उनको
हथौड़े तोड़ते हैं, कूटते हैं

हवा को ख़ून उड़ाते देखा है क्या?
तुम्हारे घर के पीछे वाले आंगन में

बचा कर चंद लम्हे
कभी गूंगी ज़मीं से बात की है—
             दर्द पूछे हैं?
ये बुढ़िया जो कभी शिकवा नहीं करती

नहीं—? तो माफ़ करना तुम
             मुझे इन्सां नहीं लगते!

Original text of the poem written in Hindi

The Bucket

There was the bucket:
it seldom moved out of the toilette.
It would get filled once in a while
but remained empty for a long time.

Water was not enough,
fell short quite often.
The emptiness of the bucket kept on growing.
It hardly dreamt of fullness.

It accepted its grey reality of emptiness
and stuck to it as if to a soul.

Ashok Vajpeyi

Translated from the Hindi by the poet

41

बाल्टी

बाल्टी थीः
नहाने घर से बाहर बहुत कम निकली थी,
जब तब भरती और
फिर देर तक ख़ाली हो जाती थी।

पानी कम हो रहा है, अक्सर कम पड़ जाता है...
बाल्टी का ख़ालीपन बढ़ता रहता है।
वह भरेपन का सपना अब कम देखती है,
उसने अपने ख़ालीपन के भूरे सच को
आत्मा की तरह जकड़ रखा है!

Original text of the poem written in Hindi

Comes the Day, Passes the Day

We walked the way
We shouldn't have walked

As we went further, even the darkness became familiar
A lonesome wind reeling through the city's autobiography

An ethos of treachery
A search for the root of agony

Yesterday, only darkness rustled like a million leaves here
Today, the whole inner world is electrified
After so long it's started to rain
On the untouchable earth

We lived the day as it came to us
We shut out the day as it went away!

Namdeo Dhasal

Translated from the Marathi by Dilip Chitre

42

दिन आया,
और गया

जिस रस्ते से आये थे हम
उस रस्ते पर आना नहीं था
थोड़ी दूर चले हम और अँधेरे से मानूस हुये
सुनसान-सी एक हवा थी, सारा शहर बयां करती थी
झूठ के इक माहौल में एक तलाश थी हमको
दर्द की जड़ देखें

कल ही की तो बात है अँधेरे,
सरसराते थे लाखों पत्तों की तरह
और आज तमाम अन्दर का जहां बेदार हुआ
मुद्दत बाद इस कोरी ज़मीं पर
बारिश पड़ने लगी है

जीते रहे जैसे दिन आया
बन्द किया दिन जैसे गया वो!

The Refugee

He came like a refugee from
The second world, craving human company;
Terminally ill he seemed to seek
Vitality and hope; his past tumbling from
His lips, as if in a confessions,
He felt visibly light and relieved…
Life and death, two sides of the same coin…
He seemed to traverse the thin mass in between.
Like a scout atop a tower who can see both
Sides of the railroad and the two fast-approaching
Trains on the same track, and not able to stop them,
He assumed nonchalance,
Destiny's immediacy, and dismay
At discovering it, made him seem
To disbelieve it, made him seem
A suggestive mode now, instead of falling back on
The assertive ways he was obviously wont to
His days on earth defined; a reminder
To those who are still in the blind fray.

A.J. Thomas

Written originally in English

43

शरणार्थी

शरणार्थी बन कर आया था वो
दूसरी दुनिया से—
इन्सानों की सोहबत के लिये
इक मुहलिक बीमारी में वो ढूंढ़ रहा था, ताक़त और उम्मीद,
होंठों से माज़ी टपक रहा था, जैसे 'एतराफ़' करता हो,
देखने में हल्का और मुतमईन लगता था।

मौत हयात है एक ही सिक्के के दो रुख़...
उन दो रुख़ों के बीच में रखा हुआ था
मीनार के ऊपर खड़े हुये मुख़बिर की तरह—
जो रेल की पटरी की दो जानिब देख तो सकता था —
एक ही पटरी पर आती दो गाड़ियां, दो जानिब से
पर रोक न सकता था।

बेवास्ता हो गया था वो—
क़िस्मत की उजलत और मायूसी जान के
अपने ही अल्फ़ाज़ से उसका ऐतबार भी उठने लगा था
आहिस्ता-आहिस्ता अब,
हालात से ज़िद करने के बजाय
आदी होने लगा था
जीने के दिन गिने-चुने अब बाक़ी थे!
आगाही था वो उनके लिये जो
अब तक बेख़बर हैं!

Dance

Partner, hold me tight!
I have come to you as one escaped from life;
I tremble lest life walk in
through the back door of this dance hall
to find me committing the crime of joy.

Partner, hold me tight;
the steps of this dance
are like a vague intoxicant.
Look how eagerly I trample sorrow!
I say this to myself:
before life looks into this dance hall
I shall crush each single pebble of pain.

Partner, hold me tight;
for life is no less than a hungry wolf
in search of me.
Beautiful stranger, each moment
I draw closer to you from fear of this life.
I know you mean not much to me
and we may never meet again;
yet you are those dreams and yearnings
that have always strayed from me.

44

रक़्स

ऐ मेरी हम रक़्स मुझको थाम ले!
ज़िंदगी से भाग कर आया हूं मैं;
डर से लरज़ा हूं कहीं ऐसा न हो
रक़्स-गह के चोर दरवाज़े से आकर ज़िंदगी
ढूंढ़ ले मुझको, निशां पाले मेरा
और जुर्मे ऐश करते देख ले

ऐ मेरी हम रक़्स मुझको थाम ले
रक़्स की ये गर्दिशें
एक मुब्हिम आस्या के दौर हैं
कैसी सरगर्मी से ग़म को रौन्दता जाता हूं मैं
जी में कहता हूं कि हां,
रक़्स-गह, में ज़िंदगी के झांकने से पेश्तर
कुल्फ़तों का संग्रेज़ा एक भी रहने न पाये

ऐ मेरी हम रक़्स मुझको थाम ले
ज़िंदगी मेरे लिये
एक ख़ूनी भेड़िये से कम नहीं
ऐ हसीन-व-अजनबी औरत इसी के डर से मैं
हो रहा हूं लम्हा-लम्हा और भी तेरे क़रीब
जानता हूं तो मेरी जां भी नहीं
तुझसे मिलने का फिर अम्कां भी नहीं
तू मेरी आरज़ुओं की मगर तमसील है
जो रहीं मुझसे ग्रेज़ां आज तक

Partner, hold me tight;
I am not a man of this fragmented age,
I am a slave in this place,
my dreams and wishes colourless, exhausted;
but, if I cannot snatch and pounce on life
at least, here, I can embrace you.
So hold me close,
O stranger, beautiful woman,
hold me tight!

Noon-Meem Rashid

Translated from the Urdu by Mahmood Jamal

ऐ मेरी हम रक़्स मुझको थाम ले
अहदे पारीना का मैं इन्सां नहीं
बंदगी से इस दर-व-दीवार की
हो चुकी हैं ख़्वाहिशें बेसोज़-व रंग-व नातवां
जिस्म से तेरे लिपट सकता तो हूं
ज़िंदगी पर मैं झपट सकता नहीं
इस लिये अब थाम ले
ऐ हसीन-व-अजनबी औरत मुझे अब थाम ले!

Original text of the poem written in Urdu

To the Wife—I

Pick up thread and needle, my shirt needs mending,
sit in the cane chair by the window,
so that sunlight falls on your shampooed hair,
sit in such a way that I can see you, with eyes closed.
Take the blue spool, pass the thread between your lips,
change its colour.
Putting the shirt fabric on your knee straighten it,
look properly,
open the small cane box and choose a button,
then look at me.
Thread, knee, shirt, chair, button, window, sunlight and I appear
matching perfectly.
To me, at present, nothing is more important than that.
Thread the needle, mend my shirt.

Sitanshu Yashaschandra

Translated from the Gujarati by the poet

45

पत्नी के लिये—I

सूई धागा लो, मेरी कुर्ती को रफ़ू की ज़रूरत है
खिड़की से लगे मोढ़े पर बैठो
सूरज की रोशनी पड़ती रहे गीले बालों पर
और बैठो इस अन्दाज़ से कि मैं,
बंद आंखों से देख सकूं तुमको
नीली फिरकी लो,
अपने होंठों पे फेरो और धागे का रंग बदल दो
कुर्ती का कपड़ा, घुटनों पे रखके सीधा करो
ध्यान से देखा–
'केन' की डिबिया खोल के एक बटन चुन लो
और देखो मुझको–
धागा, घुटना, कुर्सी, कुर्ती, खिड़की, बटन और धूप
और मैं, सब एक लगेंगे
इस वक़्त मगर जो सब से ज़रूरी मेरे लिये है–
सूई, धागा लो और कुर्ती रफ़ू करो!

To the Wife—II

My glasses are lost, find them.
Don't question, I can't remember.
Earlier I was not reading anything.
Lately, I was watching you,
ascending the steps you were going,
then after the turn, you left.
Without my glasses, I cannot manage for long,
you have a thousand chores that I know well,
but without my glasses, how will I even search for them,
will you tell me?
Talk no more,
leave your thousand chores and come.
They must be on those steps,
or just beyond the turn.
Delay not, come.
If you find the glasses on the way, then bring them,
do not question. Find them and adjust them on me,
then attend to your chores, a thousand, but here in this room.
So that you are visible.

Sitanshu Yashaschandra

Translated from the Gujarati by the poet

46

पत्नी के लिये—II

मेरी ऐनक कहीं गुम है, ज़रा देखो
ज़्यादा पूछो मत, कुछ याद नहीं है
मैं इससे पहले कुछ न पढ़ रहा था।
तुम्हीं को देख रहा था मैं कुछ पहले
कि चढ़ के सीढ़ियां ऊपर गई थीं
वहां से बायें जानिब मुड़ गई थीं
बिना ऐनक मैं इतनी दूर तक भी देखता कैसे?
हज़ारों काम हैं तुम को, समझता हूं
बिना ऐनक के लेकिन अब उसे ढूंढूं भी तो कैसे?
बताओ तुम!
ज़्यादा बोलो मत—
हज़ारों काम अपने छोड़ो और—इधर आओ
वहीं होगी वो सीढ़ी पर
चलो,— देरी करो मत
अगर ऐनक मिले आते हुये, तो लेती आना
ज़्यादा पूछो मत,
बस ढूंढ़ों, और पहना दो ला कर—
और उसके बाद तुम अपने हज़ारों काम कर लेना
इसी कमरे में लेकिन,
के तुम दिखती रहो मुझ को!

Shadows

Hiranmoy, don't stand facing Neera
I don't like it!
Don't stand by her side either
I don't like it!
Just caress Neera's shadow!

Hiranmoy, you have no heavenly glow,
no button on your shirt,
not even a handle on your dagger!
with such a profusely sweating torso
and joy leaping in your blood
your roving, restless eyes—
make you look a killer!
But this attire doesn't suit you
why not be a lover instead?
Don't stand facing Neera,
not by her side either
just kiss Neera's shadow!

Sunil Gangopadhyay

Translated from the Bengali by Sheila Sengupta

47

साये

सामने नीरा के मत खड़े रहो, हिरनमोई
मुझ को ये पसंद नहीं
उसके पहलू में भी मत खड़े रहो
मुझ को ये पसंद नहीं
सिर्फ़ सहलाओ तो साया, नीरा का

हिरनमोई–
तुम में तो रूहानी कोई नूर भी नहीं
न क़मीज़ के बटन–
खंज़र पे हत्था भी नहीं
पिंड भीगा रहता है पसीने में
जोश उछलता रहता है तुम्हारे ख़ून में
बेक़रार आंखें घूमती हुई
शक्ल क़ातिलों की है
तुम पे ये लिबास जचता ही नहीं
'प्रेमी' क्यों बनते नहीं?

सामने नीरा के मत खड़े रहो
और बग़ल में भी नहीं
साये को चूमा करो!

The Fog

It has neither front nor back
Nor a face to show
Like an unknown thought, forgotten
Frozen cold perhaps
Someone asked its name
Are you the fog?

By the banks of the canal
It passed, with soundless steps
Slithered into the bylanes
Moving by inches, as if measuring its paces
Swinging arms
Like carrying the angst of the age
Probing everyone
Disorienting each one, as it passed
It may next disappear, suddenly as it came
So we may see each other face to face once again.

Dinanath Nadim

Translated from the Kashmiri by Mohan K. Tikku

48

कोहरा

आगा-पीछा कुछ नहीं है उसका और...
न चेहरा है
अजनबी ख़्याल की तरह,
ठंडा यख़, भूला हुआ
पूछा किसी ने नाम उसका
तुम कोहरा हो?

वो कनाल (Canal) के किनारे से निकल गया
दबे-दबे से पैरों से
कूचों में बिखर गया
इंच-इंच नापता हुआ क़दम
बांहें झूलाता हुआ
वक़्त की रंजिशे लिये हुये
सब से पूछता हुआ, तफ़्तीश करता
झंझोड़ता हुआ गुज़र रहा था वो
इसके बाद गायब होगा, जिस तरह अचानक आया था
ताकि एक दूसरे को हम
आमने-सामने फिर से देख लें!

The Colours

Again and again
I dipped my existence into the nights
And the nights were colourful

Black faces
Whose features were lost
Could be seen again
Because of the colours

And because of the colours
The eyes wept or smiled
Dissolving in the nights
I became poetry

Sitting and walking with the nights
I journeyed
Through the sadness, joy and tears

It was difficult to live through the
Nights
But because of you
The nights were colourful
And I could move through them

Sukhbir

Translated from the Punjabi by the poet

49

रंग

बार-बार रातों में डुबोया
अपने वजूद को मैंने, और
रातों में रंग भरे!

काले चेहरे, खोने लगे थे
जिन के नुक़ूश अब
फिर से दिखने लगे,—
रंगों की वजह से!

रंगों की वजह से ही,
मुस्कुरायीं, रोयीं आंखें
रातों में घुलीं और मैं
नज़्में बुनने लगा

चलते, रुकते
उन रातों के साथ सफ़र किया, मैंने
मायूसी, ख़ुशी और अश्कों में
मुश्किल था रातों में जीना
लेकिन तुम थे
इसी लिये रातें रंगीन हुईं
और मैं गुज़र गया!

For My Husband

Your thatched roof
has a hole in it,
and the cruel wind
gushing in through it
has cooled the rice gruel.

The tears from heaven
that trickle through the hole
have made a curry out of my potatoes.

I'm ruined—
won't you wake up
and stop the rain?
Can't you see
our bed, too,
has been drenched?

Now tell me,
what should be offered to you
for you to close the hole?

50

अपने पति के लिये

इक छेद है छत में तुम्हारे
घुस के ये ज़ालिम हवा उससे
मेरी खिचड़ी को ठंडी कर गई है!

आसमां से गिरते आंसू
छेद से इतने टपकते हैं
कि मेरे आलूओं की 'तरी' बना दी है

सत्यानास—
जागोगे भी तुम?
रोकोगे भी बरसात को?
दिखता नहीं क्या?
भीगा हुआ—बिस्तर तुम्हें?

ये बताओ—
छेद बंद करने को अब
क्या दूं तुम्हें?

Tell me something,
what do you need to speak up
won't you speak?
Let thunder strike your head
for your silence.
Let your quiet face
be whipped.

One day
the hole will devastate you.
At least, write a song—of destruction
with your own pen!

Udaya Narayana Singh

Translated from the Maithili by Rizio Yohannan Raj

इतना बताओ–
बोलने का–क्या लोगे तुम?

बोलोगे भी?
बिजली गिरे सर पे तुम्हारी–
इस चुप पर
कोड़े पड़ें–
इस चुप की 'बोथी' पर!

एक दिन
ये छेद ले डूबेगा तुमको
कम से कम, बर्बादी की कविता ही लिख दो
अपनी क़लम से!

The Poet in Silence

Words whisper to words
extend hands, kiss,
caress, embrace.

With that the moon rises
a slow breeze awakens
the trees flower
milk swells in the grains
the rivers rush to the sea
stars sparkle in a darkened sky
and the blind regain sight.

In the word,
all the colours of the earth,
all its troubled voices.

In the word, all touch of this earth
all the smell
of endless lives
of causeless sorrows.

With his head bent in prayer
the poet only listens
as in silence words become poems.

51

Sitakant Mahapatra

Translated from the Odiya by the poet

ख़ामोशी में शायर

लफ्ज़-लफ्ज़ कान में,
सरगोशी करते हैं...
चूमते हैं, हाथ भी मिलाते हैं
और गले से लग के एक दूसरे की पीठ को सहलाते हैं

चांद सर उठाता है
हल्की सुस्त-सी हवा,
शाख़-शाख़ पौधों को जगाती है
दाना-दाना दूध भरने लगता है
दौड़ते हैं दरया जब, समुंदरों की तरफ़
काले आसमान पर सितारे जब चटकते हैं
अन्धी आंखों में भी रौशनी-सी लौट आती है!

लफ्ज़-लफ्ज़,
सारे रंग ज़मीन के
दर्द की सदायें सब

लफ्ज़-लफ्ज़,
उम्र भर की ख़ुशबुयें
इस ज़मीं के ग़म सभी

सुरंगूं, दुआ में बैठा, शायर सिर्फ़
सुनता रहता है—
लफ्ज़-लफ्ज़ कैसे नज़्म बनते हैं!!

Outside

I closed the door
and sat down to write a poem.
There was a light breeze blowing
and a little light.
A bicycle stood in the rain.
A child was returning home.

I wrote a poem
which had no breeze no light
no bicycle no child
and no
door!

Manglesh Dabral

Translated from the Hindi by the poet

52

बाहर

मैंने दरवाज़े बंद किये
और कविता लिखने बैठा
बाहर हवा चल रही थी
हल्की रौशनी थी
बारिश में एक साईकिल खड़ी थी
एक बच्चा घर लौट रहा था

मैंने कविता लिखी
जिसमें हवा नहीं थी, बच्चा नहीं था
दरवाज़े नहीं थे!

Original text of the poem written in Hindi

Two Lamps

A sound of flapping wings
Comes from the caves of darkness.
A bitter wind gusts
Slashing with swords
Honed sharp on ice.

A wretched shop, gloomy, unlit,
The flame of a lamp and maiden.
It flickers, she stoops, subdued.
Through the long night of winter,
They struggle with darkness and wind.

Darkness rises from the fields
Like an army of clouds,
And the insolent hands of the wind
Try to snap the tiny flame's spine,
And snatch the girl's dirty robe.

She wraps it closer
The flame flickers again and again
The naked old earth trembles.

53

दो चिराग़

तीरगी के स्याह ग़ारों से
शहीरों की सदायें आती हैं
ले के झोंकों की तेज़ तलवारें
ठंडी-ठंडी हवायें आती हैं
बर्फ़ ने जिन पे धार रखी है
एक मैली दुकान तेरा-व-तार
इक चिराग़ और एक दोशीज़ा
ये बुझी-सी है वो उदास-सा है
दिनों जाड़ों की लम्बी रातों में
तीरगी और हवा से लड़ते हैं
तीरगी उठ रही है मैदां से
फ़ौज दर फ़ौज बादलों की तरह
और हवाओं के हाथ हैं गुस्ताख़
तोड़ लेते हैं नन्हे शोले को
नोंच लेते हैं मैले आंचल को

लड़की रह-रह के जिस्म ढांपती है
शोला रह-रह के थर-थराता है
नंगी बूढ़ी ज़मीन कांपती है।

The darkness now seethes
A black ocean,
The wind has gone mad.
Either these two lamps must die,
Or blaze into a fire,
Consuming the power of darkness.

Yet I believe in them.
Though meek and silent,
They are still flames.
They belong
To the tribe of lightning!

Ali Sardar Jafri

*Translated from the Urdu by Baidar Bakht and
Kathleen Grant Jaeger*

तीरगी अब स्या समन्दर है
और हवा हो गई है दीवानी
या तो दोनों चिराग़ गुल होंगे
या करेंगे वो शोला अफ़शानी
फूंक डालेंगे तीरगी की मतआ

पर मुझे ऐतमाद है उन पर
गो ग़रीब और बेज़बान से हैं
दोनों हैं आग, दोनों हैं शोला
दोनों बिजली के ख़ानदान से हैं!

Original text of the poem written in Urdu

Postcard from Kashmir

for Pavan Sahghal

Kashmir shrinks into my mailbox,
my home a neat four by six inches.

I always loved neatness. Now I hold
the half-inch Himalayas in my hand.

This is home. And this the closest
I'll ever be to home. When I return,
the colors won't be so brilliant,
the Jhelum's waters so clean,
so ultramarine. My love
so overexposed.

And my memory will be a little
out of focus, in it
a giant negative, black
and white, still undeveloped.

Agha Shahid Ali

Written originally in English

54

पोस्ट कार्ड पिक्चर

पवन सहगल के लिये

सुकड़ के 'मेल बॉक्स' में आ गया कश्मीर मेरा
मेरा घर साफ़ सुथरा 'चार बाये छह' का है अब

मुझे सब साफ़ सुथरा अच्छा लगता था हमेशा
हथेली वा हिमालिया है मेरा अब आधे इंच का

यही घर है,
और उतना क़रीब घर के रहूंगा
मैं जब भी लौट कर आया—
न इतने शोख़ होंगे रंग
न इतना साफ़ होगा पानी जेहलम का
न इतना गहरा नीला—
मेरा महबूब और बेपर्दा इतना!

मेरी याददाश्त भी कुछ धुंधली होगी
के जैसे इक बड़ा-सा 'ब्लेक एन्ड व्हाइट नेगेटिव'
अभी तक अनडेवलव्ड है!

Key

I have still kept the lost key
Your favourite one with me
How do you unlock your possessions these days

Is the mole still there on your chin
O my heart, do you want to go to a new land
I had to suddenly write you this letter—

I had kept your key with me
With great care, it is time to let you know
Tell me, do you want it back

Your face resplendent in tears
Features in my trifling memory
Let me know, whether you want it back

Shakti Chattopadhyay

Translated from the Bengali by the poet

55

चाबी

मेरे पास है तुम्हारी गुम हुई चाबी, अभी तक
तुम अपनी चीज़ों की संदूक़ची को किस तरह से खोलती हो, इन दिनों?

तुम्हारी ठोड़ी पर वो तिल अभी तक है?
नई जगह कहीं चलना है, जानां?
अचानक ही ये ख़त लिखना पड़ा, तुमको!

तुम्हारी चाबी मैंने पास रखी थी
ये वक़्त है कि बता दूं अब तुम्हें
बताओ!– क्या वो चाहिये तुमको?

तुम्हारा चेहरा अश्कों में चमकता है
वो नक़्श है मेरी हल्की याददाश्त में
बताना, क्या वो वापिस चाहिये तुमको?

Indian Women

In this triple-baked continent
women don't etch angry eyebrows
on mud walls.

Patiently they sit
like empty pitchers
on the mouth of the village well

pleating hope in each braid
of their Mississippi-long hair
looking deep into the water's mirror

for the moisture in their eyes.
With zodiac doodling on the sands
they guard their tattooed thighs

waiting for their men's return
till even the shadows
roll up their contours

and are gone
beyond hills.

Shiv K. Kumar

Translated from the Malayalam by the poet

56

हिन्दुस्तानी औरत

तीन बार भुने ज़मीं के ख़ित्ते पर
मिट्टी की दीवार पे औरतें
'नाराज़ भवें' नहीं खींचा करतीं।

सब्र से बैठी रहती हैं
पनघट पे पड़े
ख़ाली कुछ मटकों की तरह

इक दूजे की चोटियों में उम्मीदें गूथती हैं
दरयाओं से लम्बे बालों में
झांक के पानी के गहरे आईने में!

अपनी नमनाक आंखों के लिये—!
वो रेत पे बस 'पंचान' बनाती रहती है
गुदवाई हुई रानों को छुपा के रखती हैं

इन्तज़ार करती हैं अपने मर्दों का
जब तक साये अपने सारे ख़ाके लपेट के
गुम होने लगते हैं पहाड़ों में!

Was That A Year Or A Cobweb

Was that a year or a cobweb?
Or a colossal comet intersecting the galaxy?
Stray days like wet clothes
hung in front of the dyer's shop
and the rest—like the chequered bed-cloth.
When I got down in this town,
had just two pairs of trousers, and a couple of shirts
and trunks of books, a box, and chappals.
Was greeted by clouds in the sky
and in the lodge, by the manager instructing—
'fifty rupees for lodging, fifty for boarding
no breaks permitted.'
And someday, getting up
what should I see abruptly before me
but only the white screen
and the door agape throughout the afternoon
and, in the head the cinema music.
Again the evening shaking the existence
while watching the glory in the sky
through the windows—the dusk.
Municipal lamps suddenly lighting in coruscation
bustling streets, shops, lanes, alleys.
Four or five letters arrived throughout the year
asking to return the money borrowed.
Money-orders were sent—
that was all I saw of the post-office.
I assumed the persona of being a native of the place
and not an alien.
Made some clothes, made a few friends
and soon, the town was off. Goodbye.
The dream was that of a town with a castle in ruins.

Bhalchandra Nemade

Translated from Marathi by Pradeep Gopal Deshpande

57

ये साल था, या मकड़ी का जाला

ये साल था, या मकड़ी का जाला
या कोई दुमदार सितारा कायेनात से गुज़र गया
बिखरे बिखरे दिन थे जैसे,
रंगरेज़ की हट्टी पर लटके कुछ गीले कपड़े,
बाक़ी और चटाई के चपटे ख़ानों जैसे!
इस शहर में आया था जब
दो पतलूनें और क़मीज़ें थीं दो
एक किताबों की ट्रंकी, इक बक्सा, और इक चप्पल
कुछ बादलों ने आकाश से इस्तेक़बाल किया
और 'लॉज' (Lodge) के मैनेजर ने— ये कह कर
पचास रुपये 'लॉजिंग' के और पचास 'बोर्डिंग' के,
नाग़ा ... नहीं कटेगा!
और किसी दिन उठ कर देखा
सामने एक सफ़ेद 'स्क्रीन'—
सारी दोपहर, खुला दरवाज़ा—
और सर में, फ़िल्मी संगीत!
फिर शाम वही, हस्ती झंझोड़ने वाली
खिड़की से झांकते झांकते ही आकाश का बुझ जाना
म्युन्सिपल्टी की बत्तियां जलने लगती हैं
चकाचौंध गलियों, दुकानों और रस्तों पर
चार पांच ही ख़त आये थे सारे साल में
क़र्ज़ लिये पैसे वापस करने के लिये
भेज दिये मनी-ऑर्डर, देख लिया पोस्ट आफ़िस
सोच लिया कि वहीं का हूं मैं, ग़ैर नहीं
दोस्त बनाये, पांच बीस, और कपड़े कुछ,
और गांव छोड़ा अलविदा!
इक सपना था, एक क़िले के खन्डर वाला गांव!

On the River—Water

Like the tender morning sunlight
falling on the river water
is your presence
on my mind.

Like a single white bird
sitting on a black rock
on a calm afternoon
is your thought
in my mind.

Like cattle in the evening light
coming to drink water,
bells jingling around their neck
are your memories
in my mind.

Like the sound of water
spreading across the town
in the seamless silence of the night
is your voice
in my mind.

Vasant Abaji Dahake

Translated from the Marathi by Rahee Dahake

58

पानी—दरया पर

सुबह की नाज़ुक धूप गिरा करती हैं जैसे
दरया के पानी पर
ऐसे कुछ रहती हो तुम... मेरे ख़्यालों में

काली चट्टान पे बैठा एक सफ़ेद परिन्दा
ख़ामोश दोपहरी में
कुछ ऐसे रहता है ख़्याल तुम्हारा

शाम की गोधुलि में जब गैया
जब पानी पीने आती हैं—
जैसे उनकी गर्दन की घंटियां बजती हैं
कुछ ऐसे ही रहती है याद तुम्हारी
मेरे ख़्यालों में!

पानी की आवाज़ बिखरती है, जैसे
सारे गाँव में
रात की रेशमी ख़ामोशी में
आवाज़ तुम्हारी रहती है
मेरे ख़्यालों में!

Chariot's Broken Wheel

I am the chariot's broken wheel
but please do not discard me;
who knows there may be another day
when young Abhimanyu may return
to challenge a mighty army
and enter the chakravyuh from which
there is no escape, no exit.

The great warriors
knowing they were on the unjust side,
may assault the young unarmed warrior
to crush him completely.

Then I, the chariot's broken wheel
shall be his weapon
to fight the enemy's weapons bestowed by divinity.

I am the chariot's broken wheel
but please, do not discard me.

Who knows one day
the collective rhythm of history
may be proven false,
on the chariot's broken wheel
to find a sanctuary.

59

Dharmvir Bharti

Translated from the Hindi by Sunita Jain

रथ का टूटा पहिया

मैं रथ का टूटा हुआ पहिया हूं
लेकिन मुझे फेंको मत!
क्या जाने कब
इस दुरूह चक्रव्यूह में
अक्षौहिणी सेनाओं को चुनौती देता हुआ
कोई दुस्साहसी अभिमन्यु आकर घिर जाये!
अपने पक्ष को असत्य जानते हुये भी
बड़े-बड़े महारथी
अकेली निहत्थी आवाज़ को
अपने ब्रह्मास्त्रों से कुचल देना चाहें
तब मैं
रथ का टूटा हुआ पहिया
उसके हाथों में
ब्रह्मास्त्रों से लोहा ले सकता हूं!

मैं रथ का टूटा पहिया हूं
लेकिन मुझे फेंको मत
इतिहासों की सामूहिक गति
सहसा झूठी पड़ जाने पर
क्या जाने
सच्चाई टूटे हुये पहियों का आश्रय ले।

Original text of the poem written in Hindi

Shadow

'O Woodcutter
Cut my shadow'

Whether I turn Hindu
Buddhist
Or Muslim
I can't cleave this shadow.

Gone is the faeces pot
and the broom,
but this shadow
does not depart.

Whether I change
name
work
address
or ilk,
this shadow does not leave.

Whether I change
language
dress
or history,
this shadow does not crumble.

60

साया

ओ—लकड़हारे
काट दे साया मेरा!

चाहे मैं हिंदू बनूं
बोधी बनूं – या मुसलमां
मैं ये साया तोड़ सकता ही नहीं।

हो चुके गोबर के बर्तन
और झाड़ू—
फिर भी ये साया
अलग होता नहीं।

चाहे बदलूं,
नाम मैं—काम मैं
अपना पता—या घराना
से साया हटता ही नहीं!

चाहे बदलूं
मैं ज़बां—या लिबास
या इतिहास
साया मुर्झाता नहीं।

Whether I compose a smruti
draft the Constitution
enact laws
or become a vote bank
this shadow can never be erased.

'O Woodcutter
Cut my shadow'

Pravin Gadhvi

Translated from the Gujarati by Pradip N. Khandwalla

The lines in quotes are from Lorca

चाहे लिख लूं 'वेद' में
या 'कान्स्टिटूशन'
कम ज़ात रहूं – या वोट बैंक बन जाऊं मैं
साया ये मिट सकता नहीं!

ऐ–लकड़हारे
काट दे साया मेरा!

'ऐ–लकड़हारे/काट दे साया मेरा!' लोरका की नज़्म से।

Palestine

We housed them in prisons
For they wanted a home,
We killed them for they wanted eternal life
They bulldozed their prisons into fields of corn.

What's that hand sticking out from the earth?
Other hands will sprout from it
And tickle us to death.

Navakanta Barua

Translated from the Assamese by Pradip Acharya

61

फ़लेस्तीन

उन्हें रहने को जेलें दीं
उन्हें घर चाहिये था,
अमर होने की ख़्वाहिश थीं उन्हें, सो मार डाला!
गिरा के जेलें सारी, बो दिये
फिर खेत मक्की के!

ज़मीं से हाथ इक निकला हुआ क्या है?
बहुत से और उगेंगे—
और गुदगुदा के मार डालेंगे हमें!

Ishvari's Voice

Ishvari used to lie down
on a mat in my room at night.
Unbinding her long hair,
loosening the folds of her mundu,
shaking out the grass mat,
and sighing, after the long day,
she'd speak to me
or perhaps to anyone out there
in the night.

She spoke of her lovers,
of the one who had killed himself,
his beautiful body with the lights
of his male desire
put out for ever.

Of the babies who lay dead
'Lovely fair babies, Ama,
Boys left to die by the hospital gates.'
Unwanted babies, illicit desires.
Is desire ever illicit? Are babies
ever illegitimate?
Those lovely 'boy babies', some girls too
Why did they die?

62

ईश्वरी

यहीं पर 'ईश्वरी' हर रात
चटाई पर मेरे कमरे में आकर लेट जाती थी
खोल देती लम्बे बाल उसके
तहें 'मुन्डू' की ढीली कर के वो
चटाई को झटक कर
बड़े लम्बे से दिन के बाद लम्बी आह भर के
वो बातें करती थी मुझसे
किसी के साथ भी वरना, कहीं भी रात होने पर।

वो अपने आशिक़ों का ज़िक्र करती थी!
'वो जिसने ख़ुदकुशी कर ली,
बड़ा अच्छा बदन था, और बड़ी मर्दानगी भी थी'
हमेशा के लिये जो बुझ गया था!

जो बच्चे मर गये थे
'वो गोरे-गोरे बच्चे, मां
जो लड़के छोड़ मरने के लिये
दरवाज़ों पर, उन हस्पतालों के!'

वो नाजायज़ बच्चे थे, किसी नाजायज़ ख़्वाहिश के
भला ख़्वाहिश भी नाजायज़ हुआ करती है क्या?
या फिर नाजायज़ बच्चे भी?
निहायत ख़ूबसूरत लड़के और कुछ लड़कियां भी
मरे क्यों वो?

If you touch the raw edge of
life's jagged surfaces,
you get wounded.
Out there it's dark
the cobra lays eggs
which ensure another generation.

The retina of night is unflickering
Ishvari, domestic servant, has
known it all.

Abandonment. To be abandoned.
Her eyes, cold and indifferent
in the daytime
become phosphorescent at night
like a cat's.

Anna Sujatha Mathai

Written originally in English

नुकीली धार पर गर ज़िंदगी की तुम चलोगे तो
लगेंगे ज़ख़्म भी आख़िर!
बड़ा अन्धेरा है बाहर—
दिया करता है अन्डे कोबरा
कि औलादें तो उसकी लाज़िमी हैं

झपकती ही नहीं है रात पलकें
वो घर की नौकरानी 'ईश्वरी' सब जानती है
कभी छोड़ा—कभी छूटी
बड़ी ना आशना रहती हैं उसकी आंखें दिन भर
चमकने लगती हैं वो रात को, बिल्ली की मानिंद!

Good Friday Thoughts

Lord Jesus!
Born a man you died a man;
Some hail you as the Son of God—
Maybe.
We are all sons of god.

I can understand
You tried in your own way
To redeem your fellowmen
You raised your voice
On behalf of those oppressed
Stood steadfast in your words and actions
And were killed on the cross

Because you died for humanity;
Not on the third day
But the very moment after you died
You lived in death

Your birth, your acts
Were turned into miracles
You were clubbed with miracle peddlers.
With miracles for pillars
And your grave as foundation
A church was built
Those you raised
Were crushed again
By the lessees of the cross

63

गुड फ्राइडे

ऐ ख़ुदा वंद यीशु–
आदमी जन्मे थे तुम, आदमी मेरे
कुछ मानते हैं, बेटे ख़ुदा के थे तुम
शायद,
हम सभी बेटे ख़ुदा के हैं।

मैं समझता हूं
तुमने कुछ अपनी तरह कोशिश तो की
अपने लोगों को निजात दिला सको
तुमने इक आवाज़ तो उठायी थी
मुफ़लिसों के वास्ते
क़ौल और अमल में तुम पक्के रहे
और मसलूब हो गये

क्योंकि इन्सां के लिये जां दी थी तुमने,
तीसरे दिन तो नहीं
तुम उसी लम्हे मरे
और मर के भी ज़िन्दा रहे

जन्म और अमल तुम्हारे
मोजज़े हो गये सारे
तुम गिने जाने लगे मोजज़ा बाज़ों में
मोजज़ों के सुतून
और तुम्हारी क़ब्र की बुनियाद पर
इक गिरजा बना
तुमने जिन्हें बचाया था–
वो फिर पीसे गये
सलीबों वाले ठेकेदारों से!

On your third resurrection day
By their reckoning
The blessings of your sacrifice
Were crucified

They
Continue to crucify
All of us;
Armed with weapons, money, helpers
And the blessings
Of the Holy Church

To show the other cheek—
To those who hurt them
Our children have no cheeks
But only sockets

Tired of mounting the cross
We are going to
Crucify the crucifiers
Our Father in Heaven
Will never again need
To send any of his sons
To be crucified this world.

C. Sivasegaram

Translated from the Tamil by K.S. Subramanian

तीसरे दिन क़ब्र से उठना तुम्हारा
उनकी राय में,
तुम्हारी बरकतें थीं जो सलीब पर चढ़ीं!

करते रहे हैं हमें
मसलूब अब भी वो
अपने हत्यारों से, दौलत से, मददगारों से
और 'गिर्जा-ए-पाक' की दुआओं से

दूसरा दिखा दें गाल
कोई मारे तो
गाल अब नहीं हैं बच्चों के
ख़ाने बाक़ी हैं

थक गये चढ़-चढ़ के हम सलीबों पर
अब सलीब वालों को मसलूब करेंगे
आसमानी बाप को न फिर ज़रूरत हो
अपने बेटे को जहां में भेजना पड़े
मसलूब होने के लिये!

Your Train Has Come

Hunched and bent, I am sitting on a bench
Alone, all alone, forlorn, solitary,
All night snow has been falling
Laden with snow are my overcoat, muffler and hat
As if in their very warp and woof
Wool and snow are knit together.
The whiff of breath, as it egresses the nostrils
Solidifies and then wants an ingress again
Oh, indeed it is cumbersome
To open even a chink of the heavy eyelids to see outside;
Indeed, even for a split second.

At long last I do succeed in opening it
It is snow, snow and snow—mounds of it
That blanket the rail tracks.
A few other benches sit unoccupied on the platform.
Maybe, an ordinary transit point for trains from one
Direction only
This railway station
Is expectant, frozen, languidly slumberous.

My heavy eyelids want to close
Just then
A snow-white silhouette standing beside me
Holds me by the index finger
And says—Come on
Get up. Your train has come!

64

Satyapal Anand

Translated from the Urdu by the poet

गाड़ी तुम्हारी आ गई है

बैंच पर बैठा हुआ हूं
इक अकेला, यक्सर-व-तन्हा, यगाना
बर्फ़ शायद रात भर गिरती रही है
इस लिये तो मेरा ओवर कोट, मफ़लर टोपी
बर्फ़ से यूं ढक गये हैं
जैसे उनकी बीख़-व-बुन में
ऊन और बर्फ़ों के तरो पोद यकजा हो गये हों
सांस नथुनों से निकलता है तो जैसे बर्फ़ में तहलील होकर
फिर मेरे नथुनों के अन्दर तक रिसायी चाहता है
हां, बहुत दिक़्क़त तलब है
आंख के वज़नी पपोटे का ज़रा-सा खुल के बाहर देखना
बस एक लम्हे के लिये ही
हां, बहुत दिक़्क़त तलब है!

खोल ही लेता हूं आख़िर
दूर तक बस बर्फ़ के अंबार हैं
जो रेल की पटरी को बिलकुल ढक चुके हैं
दायें-बायें और भी कुछ बैंच हैं
लेकिन सभी ख़ाली पड़े हैं
रेलवे का ये स्टेशन
सिर्फ़ इक जानिब से आने वाली गाड़ी का कोई अदना पड़ाव
मुन्तज़िर, मुन्जमिद है, आधा सोया और आधा जागता है!

आंख का वज़नी पपोटा बंद होना चाहता है
और तब इक बर्फ़ का कोरा हेवला
मेरी अंगश्ते शहादत को पकड़ कर
मुझ से कहता है: चलो आओ
उठो, गाड़ी तुम्हारी आ गई है!

Original text of the poem written in Urdu

नोटः Death Wish Theme पर ये नज़्म मेरी बीवी प्रोमिला आनंद की मौत के दूसरे दिन
लिखी गई।—स.प.आ.

Freedom

The heavy gates
of the stone prisons
were wide open.
Even the roofs
had blown off.
But the six o' clock siren
was not heard.

When the light of the sun
pierced the prison chambers,
the inmates didn't wake up.
They waited for the siren.

When the time came
for them to queue up for lunch,
the prisoners didn't get up
Not knowing they were prisoners,
they waited for the bell.

Long after the day had burnt down
and the double-tongued darkness
licked away the light of the stars,
to the inmates it was not yet daybreak.

How are they to know it's dawn,
without orders from above.

65

K. Ayyappa Paniker

Translated from the Malayalam by the poet

आज़ादी

खुले थे भारी फाटक
पत्थरों के क़ैद ख़ानों के
छतें भी उड़ चुकी थीं
मगर वो छह बजे का सायरन
सुनाई न दिया था।

सुबह सूरज की किरनें,
		क़ैद ख़ानों से तो गुज़रें
कोई जागा नहीं उन क़ैदियों में
वो सायरन के लिये ही मुन्तज़िर थे

हुआ जब वक़्त खाने का
क़तारों में खड़े होते
मगर उठ्ठे नहीं क़ैदी
गजर का इन्तज़ार करते रहे वो!

बहुत देर बाद जब दिन चढ़ चुका था!
अँधेरा दो मुखी, सारे सितारे चाट चुका था
ख़बर न थी मगर उन कैदियों को दिन निकल आया

उन्हें मालूम कैसे हो कि सुबह हो गई है
के जब तक हुक्म ऊपर से ना आये!

Nelson Mandela

Even fire blossoms sometimes
be it in mud or in dust
on the soil or a trail
even a spark can turn
a homestead or wood into ashes
for which
the month of April should begin.

Dubasu Chhetri

Translated from the Nepali by the poet

66

नेल्सन मंडेला

आग भी खिल उठती है कभी
कीचड़ में हो या धूल के अन्दर
ज़मीं पे हो, या घसीटती हुई लकीरों पर
इक चिंगारी
एक मकान या इक जंगल को राख बना सकती है
उसके लिये
'अप्रैल' शुरू हो जाना चाहिये!

Seasons of Water and Wind

Spring has arrived

These wild flowers that
mob the city each year in a riotous high,
shamelessly stare at unknown people,
and coax the passers-by—

do they not know that
in the cities it is strictly proscribed
to speak to a stranger and say—
look, spring has arrived!

Laburnum

Together they drenched,
the night-long,
my dream
their song,
silent in the sweet moon-stare
yellow flowers,
aglow flowers.

67

बहार आई है

बहार आई है!

ये जंगली फूल जो हर साल—
हल्ला बोल कर शहर में घुस आते हैं
और राह चलते, आते-जाते लोगों को
बेशर्मी से घूरते, फुसलाते हैं—

क्या उन्हें मालूम नहीं
कि शहरों में उसकी सख़्त मनाई है
कि कोई किसी से बिना जान-पहचान बोले
और कहे कि देखो, बहार आई है!

अमलतास

भीगे साथ
सारी रात
मेरे स्वप्न
इनके गान
मीठी चांदनी में मून
          पीले फूल
          गीले फूल

burning wing,
blazing earth,
the burden
of dying life
quiver quietly in the hot air
yellow flowers,
mellow flowers.

pale twilight
cold sunlight,
the ends
of whose beauty might
lie squandered everywhere
yellow flowers,
sallow flowers.

Kunwar Narain

Translated from the Hindi by Apurva Narain

जलती हवा,
धरती तवा,
मरती ज़िन्दगी
ला दवा,

तो मैं कांपते चुपचाप
पीले फूल
गीले फूल

फीकी शाम
ठंडी घाम
किस के हुस्न के
अन्जाम
बिखरे पेड़ चारों ओर
पीले फूल
गीले फूल!

Original text of the poem written in Hindi

Aberration

A breath of wind, a sound cracks, no more drips the water
Thorns prick my feet, I weep, why don't I utter?
I love to have a slumber deep
Like a drunken fellow
Think all will be fine one day
I foster the future embryo
Like an aged child, a lantern burns
Out there in the distant dark.

Chiranjib Basu

Translated from the Bengali by Sutapa Saha

68

ख़ाम ख़्याली

एक हवा का झोंका, एक आवाज़ चटख़ती
कोई बूंद नहीं पानी की
कांटे चुभते हैं पैरों में, रोता हूं
क्यों चीख़ नहीं सकता?

काश इक लम्बी नींद आ जाये
इक बदमस्त शराबी जैसी—
सोचता हूं सब ठीक हो जायेगा, इक दिन
आने वाला पेट का बच्चा, पालता हूं
एक बड़े बच्चे की तरह—
दूर अँधेरे में जैसे एक लालटेन जलती है!

Poet, Lover, Birdwatcher

To force the pace and never to be still
Is not the way of those who study birds
Or women. The best poets wait for words.
The hunt is not an exercise of will
But patient love relaxing on a hill
To note the movement of a timid wing;
Until the one who knows that she is loved
No longer waits but risks surrendering—
In this the poet finds his moral proved
Who never spoke before his spirit moved.

The slow movement seems, somehow, to say much more.
To watch the rarer birds, you have to go
Along deserted lanes and where the rivers flow
In silence near the source, or by a shore
Remote and thorny like the heart's dark floor,
And there the women slowly turn around,
Not only flesh and bone but myths of light
With darkness at the core, and sense is found
By poets lost in crooked, restless flight,
The deaf can hear, the blind recover sight.

Nissim Ezekiel

Written originally in English

69

तरीक़ा ये नहीं है...

हमेशा जल्दी में और सब्र न करना!
तरीक़ा ये नहीं है, जानना चाहते हैं गर
परिन्दों को, या औरत को!
जो क़ाबिल शायर है वो इन्तज़ार करता है लफ़्ज़ों का

शिकार इक मश्क़ ख़्वाहिश की नहीं है
निहायत सब्र से बल्कि पड़े रहना पहाड़ी पर
और देखते रहना परों की जुंबिशों को
उसे एहसास हो जाये न जब तक कि मुहब्बत का।
वो ख़ुद को सौंप दे और ज़ब्त न कर पाये
उसी में शायर तब अपने उसूल करता है साबित
कि जो बोला नहीं, जब तक कि उसकी रूह न बोली

ये हल्की-हल्की जुंबिश और कुछ भी है, बताती है
परिन्दा गर बहुत नायाब हो तो—
बहुत सुनसान गलियों से गुज़रना
जहां पर दरया बहता हो—
बड़ी ख़ामोशी से जाना, निकलता है जहां से,
या साहिल से कहीं दूर, ख़ारदार दिल की, किसी तह में,
वहीं पर औरतें आहिस्ता से जो मुड़ती हैं
फ़क़त वो हाड़ मांस नहीं बल्कि—
वो नूर का इसरार जिसकी तह में तारीकी है,
और मानी मिलते हैं

उसी शायर को टेढ़ी-मेढ़ी और बेचैन उड़ानों में
जो खोया है—
सुनायी देता है बहरे को, और
नज़र मिलती है अन्धे को!

The Pact

There were two conditions
to the pact—
there were two conditions to the pact
she and I made.
First: she could break it at any time.
Second: I could never break it.
We took our vows
with the echo in the hills as our witness,

made a bed of the wind,
and drew the sheet of the stars over ourselves—
and there was more, much more.
But so far
she hasn't kept her side of the bargain;
what should I do now with the second condition?
Is a pact merely a pact?

P.S. Rege

Translated from the Marathi by Vinay Dharwadker

70

अहद

अहद में दो ही शर्तें थीं
जो हम दोनों ने तय की थीं
वो जब चाहेगी वादा तोड़ सकती है, ये पहली थी
कभी तोडू न मैं वादा, मगर, ये दूसरी थी
और हमने क़समें खायीं
पहाड़ी गूंज ने उस पर गवाही दी

हवाओं का लगा बिस्तर
सितारों से भरी चादर हमारे सर पे ओढ़ा दी
बहुत कुछ था, बहुत कुछ और भी था,
मगर अब तक—
अभी तक उसने पहली शर्त भी पूरी नहीं की
करूं क्या दूसरी उस शर्त का मैं?
अहद क्या सिर्फ़ अहद ही होता है!

A River Poem

Inside the river are the sky
the cloud, the sun
cupped in my hands the river.

If I throw up my hands
the river spills in drops, scattering
sky, cloud and sun all over me.

If I drink river from my hands
then within me are
the sun, the could, the sky.

Tell me then, who is in whom?

Mamta Sagar

Translated from the Kannada by Chitra Panikkar with Mamta Sagar

71

बादल, सूरज, आसमान

दरया के अन्दर आसमान है
बादल है और सूरज है
दरया मेरी ओक में है!

हाथ उछालूं मैं तो दरया
बूंद-बूंद बह जायेगा
बिखरा देगा, बादल, सूरज, आसमान मुझ पर!

पी जाऊं गर दरया मैं अपने हाथों से
मेरे अन्दर होंगे बादल, सूरज, आसमान!
बतलाओ मुझे, कौन किसके अन्दर है?

Good Poems

Some poems are such
it does not take long
for their foot—point to be obliterated
then there are those good poems
they mark their inscription on ripples of breeze

Jayant Parmar

Translated from the Urdu by Riyaz Latif

72

अच्छी नज़्में

कुछ नज़्में ऐसी होती हैं
देर नहीं लगती है
उनके नक़्श पा मिट जाने में
और कुछ ऐसी अच्छी नज़्में होती हैं
मौजे हवा पर दस्तख़्त कर जाती हैं!

Original text of the poem written in Urdu

My House

This is my house
There were lots of comings and goings,
running about.
Slowly all
vanished
I was all alone
in the house.

This home.
I had never seen it
in detail.
Now I saw
its height, width, length.
Was the wall's paint
so soiled earlier?
And the small cracks
now visible
were they there then?
Did this room
have doors and windows?

Where is the door
through which
I had entered?

73

Panna Naik

Translated from the Gujarati by the poet

मेरा घर

ये घर है मेरा—
इस में आना-जाना
दौड़-भाग लगी ही रहती थी
आहिस्ता-आहिस्ता सब कुछ ग़ायब हुआ
और अकेला रह गया घर में!

ये घर—
इतने ग़ौर से पहले न देखा था
अब देखी, ऊंचायी, लम्बायी, चौड़ायी इसकी
दीवारों के रंग पहले से
क्या इतने मैले थे?
छोटी-छोटी सी ये दरारें
इस कमरे में,
क्या दरवाज़े, खिड़कियां भी थीं?

कहां है वो दरवाज़ा—
जिस से,
मैं अन्दर आया था?

The Hunt

Hunting for lost moments
is like writhing
through unfamiliar woes.
The hurt of not accomplishing
the infamy of achieving all
puts this life into compartments.

How long shall I
wistfully wait
and keep this waddling gait
or twist and wrench
in this unwieldy pain?

It is five decades now
no mean journey, this.
With each fleeting hour and year
I have surged through
a lifetime.

Many soft and youthful visages
Have now, wrinkled and creased.
Empty stomachs—
Stuck into backs—
are governed by grievances.
And still, they will
bear and believe
those hollow assurances
of their rulers.

74

टुकड़े-टुकड़े जीना

तड़पना, गुम हुये लम्हों की ख़ातिर
कई अनजान वादों से गुज़रना
अधूरी नामुकम्मिल कोशिशों के दर्द,
ये जीना टुकड़े-टुकड़े लगता है

मैं कब तक ठहरूं इस ग़म में
चलूं ये चाल बौनों की
मरोड़ा जाऊं, निचड़ूं दर्दों में
कि जिनका हल नहीं है

सफ़र छोटा नहीं पचास वर्षों का
मैं हर घन्टे, बरस से गुज़रा हूं इक उम्र देकर
बहुत से नर्म चेहरे, जो जवां थे
उन पे झुर्रियां चढ़ गई हैं
जो ख़ाली पेट थे, वो पीठ से लग कर
मुज़ालिम सह रहे हैं
और आइन्दा भी सह ही लेंगे
करेंगे एतबार, इन खोखले वादों का—
अपने हुक्मरानों के!

We, therefore,
do take this hunt (for lost moments)
and this writhing (through unfamiliar woes)
to be our destiny—
an image of our being.

Shiv Dev Singh Sushil

Translated from Punjabi by Darshan Darshi

तभी तो हम,
उन्हीं खोये हुये लम्हों को,
और अनजान वादों की तड़प को
अपनी क़िस्मत मान लेते हैं
समझते हैं वजूद अपना!

Do You Know How to Swim?

I can stop wearing jeans
if you so say; can change to
a different woman very easily.
The girl who loves you
has short hair, not oiled
(you seemed to have told someone)
she can't ever be yours!
Okay; so, I shall be a stranger to myself
from tomorrow, if you say so,
at your feet the river
shall spread its blue dhanekhali sari,
all my boyish mannerisms
I shall cast to the winds.
Giving up jeans is easy
if I become a river.

Do you know how to swim, my boy?

Mandakranta Sen

Translated from the Bengali by Subrata Sen

75

तुम्हें तैरना आता है क्या?

पहनना 'जींज़' का मैं छोड़ सकती हूं
अगर कह दो, बदल सकती हूं मैं
आसानी से इक दूसरी औरत में
जो तुमसे इश्क़ करती है, वो लड़की
हैं छोटे बाल उसके, और रूखे हैं;
किसी से कह रहे थे तुम
तुम्हारी हो नहीं सकती कभी वो!

चलो—मैं अजनबी बन जाऊंगी ख़ुद से
कहो जो तुम, तो कल ही से,
तुम्हारे पांव में नदिया
बिछा दे अपनी नीली 'धेंकी', साढ़ी!
तरीक़े लड़कों से मेरे
उड़ा दूंगी हवाओं में!
बड़ा आसान है 'जींज़' छोड़ देना
नदी हो जाऊं अगर मैं!

तुम्हें क्या तैरना आता है, मेरे यार?

The Art of Wearing Bangles

The blank page wears words
With the fondness and patience
Of girls wearing glass bangles
One by one, carefully and gently
The right fit that
Should not break and injure
The hand squeezing through

They are not to dangle lose and wide
Or remain too close and feel the skin
Let them take over the throb
Jingle in glee, slide into action
Tune in to the dance
Of a poem
On the page.

Sukrita Paul

Written originally in English

76

चूड़ियां

ख़ाली वर्क़ अल्फ़ाज़ पहनता है
जिस शौक़ और सब्र से, लड़कियां जैसे
चूड़ियां पहनती हैं
एक-एक कर के, ध्यान से और नर्मी से
पूरी पड़े,
जिस हाथ चढ़े!

न झूलें और न ढीली रहें
न इतनी तंग कि खाल छूलें
अब उन को धड़कने दो
और हंस के बजने दो
और हुमक-हुमक कर,
नज़्म की ताल पे चलने दो
इक ख़ाली वर्क़ पर!

The Average Temperature of a Word Required for It to be Used in a Line of Poetry

What is the
Average temperature required of a word
To be used in a line of poetry?
I performed this experiment on a poem—
I inserted a thermometer in the armpits of words
And
I placed the words over lines.
Sometime later,
A stormy condition developed
As the atmosphere in the lines was adversely affected
By the difference between the temperature inside the words
And outside them.

I was scared
Of the possibility
That while treading the tangle created
By lines containing a strong meaning
Exerting pressure on lines containing a weak meaning
I might slip and fall tripping
Over the cursives
Or
A whole line whose meaning is backed by no experience
May crash upon me
From a new poem about to be written
A meaningless word of low pressure
Or a deletion
May hit me
Out of fear

कितनी हरारत होनी चाहिये एक लफ़्ज़ की...

'टैम्प्रेचर' क्या होना चाहिये एक लफ़्ज़ का,
इस्तेमाल करने के लिये इक शेर के मिसरे में
एक तजुर्बा कर के देखा एक नज़्म पर मैंने
लफ़्ज़ों की बग़ल में थर्मामीटर रखा मैंने
और फिर
लफ़्ज़ों को मिसरे में रखा
थोड़ी देर में
इक तूफ़ान-सा मचने लगा
मिसरों का माहौल बिगड़ने लग गया
फ़र्क़ पड़ा जब लफ़्ज़ों के अन्दरूनी और बाहर की हरारत में!
मैं घबराया—मुमकिन है

इस उलझन उलझाओ पर जो चलते हुये
भारी मानों के मिसरों ने बना दिया है
हल्के मानी के मिसरों के दबने से
मैं फिसल न जाऊं
और गिरूं लुढ़क के खड्डे में
या फिर—
मिसरा कोई आके गिरे मुझ पर!

आने वाली अगली नज़्म से,
हल्का-फुल्का, बेमानी-सा लफ़्ज़ कोई
या कटा हुआ कोई लफ्ज़,
पड़े आकर मुझ पर!

Reluctantly I am going to stop this experiment
Of writing a poem
Now
I have closed down this lab itself.

Hemant Divate

Translated from the Marathi by Dilip Chitre

डर के मारे,
सोचता हूं ये तजुर्बा ही छोड़ दूं अब नज़्में लिखने का!
और—लेब्रॉट्री
ये लेब्रॉट्री बंद कर दूं!

The Corpse

Someone's lifeless body lies in the street
surrounded by people.
Many simply walk past,
others cannot bear to look at it;
one's step falters, another falls silent,
and another shuts his eyes at the sight.

One passes by reciting mantras along the street;
for whom did this child pluck flowers?
Who laughed here,
who stretched out his arms
to put a halt to time,
and whose screams were lost
in the deserted street?

In the light's rush upstream,
someone was lost on the way; the heart's
many dreams were ground to ash.
Someone sighs deeply.
Someone measures out life
with a burning candle,
and another finds his own way
in the half -light.
The people have all gone;
the street is deserted, laughter extinguished
in the endlessness of space.
The corpse still lies in the middle of the street
and I lie fast asleep on a lonely isle.

J.P. Das

Translated from the Odiya by Jayanta Mahapatra

78

लाश

बेजान किसी की लाश पड़ी है गली के अन्दर
लोग जमा हैं उसके गिर्द
कोई देख के गुज़र गया
और कोई न देख सका मन्ज़र!
लड़खड़ाया एक क़दम— और एक वहीं ठहरा
एक ने मन्ज़र देख के अपनी आंखें बंद कर लीं!

एक गली में मंत्र पढ़ता निकल गया है
किसके लिये इस बच्चे ने तोड़े थे फूल
कौन हंसा था?
किसने अपनी बांह बढ़ा कर
वक़्त को रोका था
किसकी चीख़ें खो गईं, इस सुनसान गली में?

ऊपर चढ़ती रौशनी में कोई रास्ता भूल गया था
दिल में जितने ख़्वाब थे सारे चूर हुये
गहरी आह भरी किस ने
और किस ने ज़िन्दगी नापी
जलती एक शमा से
मद्धम रौशनी में दूजे ने, अपनी राह संभाली
लोग सभी चले गये
सुनसान गली है
डूबी हंसी
इक ला-महदूद ख़ला में
लाश पड़ी है वहीं गली में
और मैं गहरी नींद में—दूर जज़ीरे पर!

A Love Poem

If ever you think of me,
look at a star on a mellow,
despondent, moonlit night;
from the sky grove,
if it shoots off,
lands in your feet,
take it for
a symbol of my heart;
if not…
but this cannot be;
your eyes must make a heart crumble,
abandon its being, its very self.

If ever you think of me,
touch the sway of the reticent wind;
in its scent I will be;
look for me in rose petals,
in dew-drop mirrors;
if not in stars, dewdrops and scents,
look for me in your feet;
in journeys turning to dust, I will be;

79

मुहब्बत की एक नज़्म

अगर कभी मेरी याद आये
तो चांद रातों की नर्म दिलगीर रौशनी में
किसी सितारे को देख लेना–
अगर वो नख़ले फ़लक से उड़कर तुम्हारे क़दमों में आ गिरे तो
ये जान लेना, वो इस्तेयारा था मेरे दिल का,
अगर न आये...
मगर ये मुमकिन ही किस तरह है कि तुम किसी पर निगाह डालो
तो उसकी दीवारे जां न टूटे
वो अपनी हस्ती न भूल जाये!

अगर कभी मेरी याद आये
ग्रेज़ करती हवा की लहरों पे हाथ रखना
मैं ख़ुशबूओं में तुम्हें मिलूंगा–
मुझे गुलाबों की पत्तियों में तलाश करना
मैं ओस क़तरों के आईनों में तुम्हें मिलूंगा
अगर सितारों में, ओस क़तरों में, ख़ुशबूओं में, न पाओ मुझको
तो अपने क़दमों में देख लेना
मैं गर्द होती मुसाफ़तों में तुम्हें मिलूंगा –

when a lamp burns bright,
think of me as a moth,
blown and scattered;
with your hands
entrust its ashes to a river;
my ashes will roam the oceans;
from an unknown isle, call out for you;
on your journey across the oceans,
lay anchor on that isle for me.

Amjad Islam Amjad

Translated from the Urdu by Yasmeen Hameed

GULZAR

कहीं पे रौशन चिराग़ देखो तो सोच लेना
कि हर पतंगों के साथ मैं भी बिखर चुका हूं
तुम अपने हाथों से इन पतंगों की ख़ाक दरया में डाल देना
मैं ख़ाक बन कर समन्दरों में सफ़र करूंगा—
किसी न देखे हुये जज़ीरे पर रुक के तुमको सदायें दूंगा
समन्दरों के सफ़र पे निकलो तो उस जज़ीरे पे भी उतरना!

Original text of the poem written in Urdu

Waiting

Here,
the calm that flowers
from stillness.

Sun laved slumber
of a drowsy cat.
On your table,
the first, quiet stroke
of an idea…

In this space
which waits for you
even your absence
nourishes.

Anjum Katyal

Written originally in English

80

इंतज़ार

यहां—
सुकून खिलता है
सुकूत से

इक ऊंघती बिल्ली
धूप ओढ़े
तुम्हारे टेबल पे, पहली दस्तक
ख़्याल की...

इसी जगह पर,
तुम्हारे ही इन्तज़ार में है...
तुम्हारी नामौजूदगी भी—पल रही है!!

What Was It That I Wanted

We met after many days
Instead of asking, 'How are you?'
With folded hands, I mumble, 'Thank you.'
These days I have become forgetful—
Instead of writing an address in Delhi
I write the name of a road in Kolkata;
Groping for my pocket handkerchief
I take out a matchbox instead and stand still
What was it that I wanted?
Walking absent mindedly on some days suddenly
Reach the road of my old locality
What was it that I wanted?

These days I have become very forgetful.

Tarapada Roy

Translated from the Bengali by Rolla Guha Neogi

81

वो क्या था, जो चाहिए था?

बहुत दिन बाद मिले हम
बजाये इसके मैं पूछूं कि 'कैसे हो?'
नमस्ते के लिये दो हाथ जोड़े बुड़बुड़ाया 'थैंक्यू'
भुलक्कड़ हो गया हूं इन दिनों मैं!

बजाय लिखने के दिल्ली का ऐडरेस
मैं लिख देता हूं कलकत्ता की गलियों का पता कोई
निकालूं जेब से रूमाल तो—
निकल आती है माचिस और खड़ा रह जाता हूं मैं
मुझे क्या चाहिये था?

अचानक अनमना-सा चलते-चलते
पुरानी बस्ती में अपने पहुंच जाता हूं मैं
मुझे क्या चाहिये था?

भुलक्कड़ हो गया हूं इन दिनों मैं!

The Idler's Manifesto

Idlers have flat feet
their toes are fat and skin thick.
Not because they carry mountains,
but they are toilers
carrying the load of time.

They squat as if they were born
before chairs were.
They sit still as if their memory
is older than speed.
They sit empty-handed as if
they are more worn-out than weapons.
They sit for more than a moment
in very single moment so that
they don't go far away from the origins.

When they sleep,
the day grows lazy
night arrives,
the gatherings contract laziness.
Hunger surfaces.

P.N. Gopikrishnan

Translated from the Malayalam by the poet

82

काहिल का मेनीफ़ेस्टो

काहिलों के पांव चपटे होते हैं
अंगूठे मोटे और चमड़ी मोटी होती है
इस लिये नहीं कि वो पहाड़ ढोते हैं
वो मज़दूर हैं,
वक़्त का बोझ उठाके चलते हैं

वो चौकड़ी लगा के बैठते हैं, क्योंकि वो
कुर्सियों से पहले जन्मे थे
वो 'सिध्र' बैठते हैं क्योंकि...
रफ़्तार पुरानी उनकी याददाश्त है
ख़ाली हाथ बैठते हैं वो
औज़ारों से ज़्यादा ख़र्च हो चुके हैं वो
हर एक पल में पल से भी ज़्यादा बैठते हैं वो
ताकि वो आग़ाज़ से भी दूर न जायें

सोते हैं तो
दिन सुस्त होता है
रात आती है
हर चीज़ सुस्त होने लगती है
भूख उभरती है!

The Slithering

Crawling over the lake
Not sinking not dissolving

Climbing up the palmyrah tree
And descending
Without spilling, without scattering

Traversing an expanse
Of thorny bushes
Without getting hurt;

Plunging into a sharp pole
Without being pierced;

Diving into ditches
Scaling mounds
Without bursting

Travels
That eagle's shadow.

Lakkumikumaran Gnanadiraviam

Translated from the Tamil by K. S. Subramanian

83

फिसलना

झील पर रेंगते हुये
घुलना और न डूबना

चढ़ना फिर से पाम के पेड़ पर
और उतरना—
न गिरे और न बिखरे कभी

ख़ारदार झाड़ियों से—
यूं गुज़रना—
बिन किसी ख़राश के

नोकदार बल्ली पर कूदना
और न छेदे जाना
खाईयों में कूद के
फिर चढ़ानें चढ़ना
बिन थके,
करता जाता है सफ़र,
चील का साया!

House of Ashes

Ashes, only with ashes
We make our houses
Windows are made of smoke
No winds enter, only smoke exists
By twisting our hearts

We go in and come out
Through the doors of fire
And the whole night, we wet
The smokes of hearts

*

The cows do not live in the shed of ashes
They tear the ropes and run to the field
The pathetic lowing of the cows
Shiver the paddy seedlings

The seedlings low too

The owner lost somewhere
Could not hear, could not see
The gloomy wind screams

The orphan lowing…

*

84

राख का घर

बनाये राख ही से घर हम ने,
धुएं की खिड़कियां हैं
हवा दाख़िल नहीं होती
धुआं ही रहता है,
दिल को मरोड़ा करता है

हम आते-जाते हैं
इन आग के दरवाज़ों से अन्दर कभी बाहर
और शब भर,
भिगोते हैं धुआं दिल का!

*

नहीं रहती हैं गायें राख की कुटिया के अन्दर
तुड़ा कर रस्सियां वो भाग जाती हैं
खुले खेतों में,
फ़सल के ख़ोशे सारे कांपते हैं
कि डकराती हैं गायें जब
तो डकराते हैं ख़ोशे भी

मगर मालिक कहीं गुम हो गया हैं—
जो सुन सकता नहीं, न देख सकता है
हवा की मातमी चीख़ें
यतीमों का ये डकराना...!

*

Our houses are burnt
Just now the ashes had delivered a baby
His body is made of charcoal
Eyes are burning coal
Instead of milk he sucks the smoke

Our hands are too short
To pick him up from the piles of ashes
Yes, the shorten breath says
We too are smoky people.

Nilima Thakuria Haque

Translated from the Assamese by the poet

हमारे जल चुके हैं घर
अभी उस राख ने इक बच्चा जन्मा है
है उसका जिस्म कोयले का
और आंखें शोलों की!
बजा दूध के वो—धुआं ही चूसता है

हमारे हाथ छोटे हैं—
उठाने के लिये उस राख से उसको
हमारे छोटे-छोटे सांस कहते हैं
धुएं से जन्मे हैं हम भी!

Solitude

Grains on grey walls
drip.
There is midnight's thick blood
beyond the glistening vines.
Blue flamed candles
flicker inside
like a peacock's breast
in a black thicket
swirled around a moon.
And the sound of a melody
raspy with time,
and cobwebs on a record player.

A far away room,
beyond a door unseen.
In the swell of late hours:
that melody,
whose words are worn
with pride and age.
Like yellowing pages,
where ink fades
from the last word
that won't go away.

Prerna Gill

Written originally in English

85

तन्हाई

भूरी दीवारों से क़तरे गिरते हैं
गाढ़ा ख़ून है आधी रात का
चमकीली बेलों के पीछे
नीली लवें शमों की
कांप रही हैं, सीने में
जैसे मोर की छाती,
चांद के गिर्द सिया हाले में—
आवाज़ की इक धुन
वक़्त के साथ जो खुरदुरी हो गई
और रिकॉर्ड प्लेयर पर चिपके मकड़ी के जाले—

गहरी रात के अँधेरे में,
अन देखे दरवाज़ों के पीछे इक दूर दराज़ का कमरा
धुन, जिस के अल्फ़ाज़
उम्र और फ़ख़्र के साथ पुराने हुये हैं
पीले पड़ते सफ़्हों की तरह
जिन की सियाही मांद हुई है
आख़री लफ़्ज़ के साथ जो रुख़सत होने को तैयार नहीं!

Voices

I hear voices:
Mother says something and laughs.
There's a lump in my father's throat as he talks.

A beard is beginning to sprout on my face.
A bell rings. School's over.

I have kissed her again.
The train is leaving for Nakodar.

This is the voice of Baba Bhag Singh visiting our house.
The prison gate is opening.

My baby son chokes as he sucks at his mother's breast.
Travellers throw flowers and coconuts in the sea.

One sound only is missing,
The one I am longing to hear.

Amarjit Chandan

Translated from the Punjabi by the poet with
Ajmer Rode and John Welch

86

आवाज़ें

सुना करता हूं आवाज़ें–
खुद ही कुछ कह के हंस देती है मां
गला भर आता है बापू का जब वो बोलता है

मेरे चेहरे पे दाढ़ी उगने लगी है
कहीं इक घन्टी बजती है, कोई और स्कूल छूटा है!

लिया है उसका चुम्मा फिर से मैंने
'नकोदर' के लिये चल दी है ट्रेन!

ये है आवाज़ 'बाबा भाग सिंह' की, वो हमारे घर पे आये हैं
खुला है, खुल रहा है जेल का गेट!

मेरा नन्हा-सा बेटा मां की छाती चूसता था
अचानक बिच्छू आया है!
मुसाफ़िर, नारियल और फूल, समन्दर को चढ़ाते हैं

फक़्त एक ही सदा जो नहीं आती
तरस्ता हूं जो सुनने के लिये मैं!

Sound of Oar in Ribs

1

Sound of oar in ribs, water splashes in blood
Braking the prow of boat comes up the black crescent of moon
The entire body is covered with the burden of aqua-shrubs
I have no past, future too remains nowhere.

2

Gale-broken light post is lying alone in the paddy field
Glow-worm above the head the sword of Orion is in the space
War has been finished, trànsquil time prevails on all sides
Wherever you look, the night is huge whestone lake.

3

Cold room of stone, pigeons are in the blind holes
Pillars have gone up in the lucid peak, light on summit
In chest comes running present piercing the blue glass
Thousands of spears smeared with the scent of torn feathers.

Sankha Ghosh

Translated from Bengali by Swapan Chattopadhyay

87

सदा पतवार की है पस्लियों में

1

सदा पतवार की है पस्लियों में,
और पानी के छपाके हैं लहू में
हलाली चांद चढ़ आया है कशती का तिकोना तोड़ कर
बदन भी भर गया है मेरा आबी झाड़ियों से
न माज़ी है मेरा कोई, न मुस्तिक़बिल कोई आगे!

2

पड़ा है खेत में लैम्प पोस्ट,
आन्धी से गिरा था
चमकते जुगनू सर पे और फ़लक में तीग़ (Orion) की
जिधर देखो बिछा है बेकरां गहरा सरोवर रात का!

3

है ठंडा कमरा पत्थर का, कबूतर अन्धे ख़ानों में
ये खम्बे चोटियां छूने को उठते हैं, शिखर पर रौशनी है
जो नीला कांच छेद कर, सीधी सीने में अतरती है
हज़ारों सालों से छूटी, भरी ख़ुशबू से परों की!

Non-Fable Poem

The sage had well-nigh saved me
from the beak of a crow.
Afterwards, when I was afraid of the pussy cat,
the sage said, 'Go, son, be a tomcat.'
I became a tomcat.
Then I was scared of the dog;
the sage said, 'Go, son, be a hound.'
I became a hound.
Then I was scared of the tiger,
the sage said, 'Go, son, be a tiger.'
I became a tiger.
Then I got scared that the sage may not again change me
to a rat
Since then I am on flight as a fugitive tiger.

Chandrakant Topiwala

Translated from the Gujarati by Dileep Jhaveri

88

पंचतंत्र से—

साधु ने तक़रीबन जान बचा ही ली थी जब
कव्वे की चोंच से निकला मैं
बाद में डरने लगा बिल्ली से
साधु बोलेः 'जा बेटा तू बिल्ला बन जा'
मैं बन गया बिल्ला!
और फिर मैं कुत्ते से डरा
बोले साधुः 'बन बेटा, तू शिकारी कुत्ता'
और शिकारी कुत्ता हुआ मैं!
फिर शेर का ख़ौफ़ हुआ मुझको
साधु बोलेः 'जा बेटा अब तू बन जा शेर!'
तब ख़ौफ़ हुआ साधु जी फिर चूहा न बना दें मुझको
तब से डरा हुआ मफ़रूर इक शेर हूं मैं!

Woman

She, the river,
said to him, the sea:
All my life
I've been dissolving myself
and flowing towards you
for your sake
in the end it was I
who turned into the sea;
a woman's gift
is as large as the sky

but you went on
worshipping yourself
you never thought
of becoming a river
and merging
with me.

Hira Bansode

Translated from the Marathi by Vinay Dharwadker

89

औरत

उस ने, नदी ने,
समन्दर से कहाः
मैं सारी ज़िंदगी
गलती रही
बहती रही तेरी तरफ़
तेरे लिये,
बिलाख़िर मैं समन्दर हो गई
इक औरत का चढ़ावा
बड़ा होता है, जितना आसमां!

मगर तुम थे कि अपनी ही प्रस्तिश में रहे
कभी सोचा नहीं तुमने
नदी बन जाओ तुम भी
और समा जाओ मेरे अन्दर!

The Last Weave

One is curious to know:
for whom did Kabir
weave the last shawl?

There is wonderment:
where did the feet rest for the last time
in the journey of this yogi?

One is in awe, marvelling
on which musical instrument
the spiritual singer
performed his last recital?

This glory, splendour,
and the enigma that we feel

does not come to an end
even when reaching the finale.

Yatindra Mishra

Translated from the Hindi by the poet

90

विभास

यह उत्सुकता जागती है
कबीर ने आखिरी चादर
किसकी खातिर बुनी होगी?

यह विभास जागता है
एक योगी की यात्रा में
आखिरी चरण कहां पड़े होंगे?

घेरती है यह दुविधा
एक अवधूत और रागी का
अन्तिम शबद-कीर्तन
किस तम्बरे पर हुआ होगा परा?

यह जो उत्सुकता है
विभास और दविधा हमारी

अपनी समाप्ति तक पहुंच कर भी
कहां हो पाती है आखिरी?

Original text of the poem written in Hindi

Just Married

1

There's a new mark on my forehead,
a bright, red trail
that spells the end of one journey
and the beginning of another.
Bloody ties.
Served
and recreated.

My toe rings gleam
and speak of the confines
within which I must now
live.
Benevolent, gentle, obedient,
giving,
but never asking.

Around my neck
are heavy golden lockets
to remind me
that this bond now
is divinity
personified
and I, its worshipper.

Strange,
all I am asked is to forget is
me.

शादी

1

निशान इक नया लगा है माथे पर
चमकती एक सुर्ख़ 'छाप' है
बताता है कि मेरा इक सफ़र तमाम हुआ
और दूसरे की इब्तेदा हुई
कटी हैं ख़ून की गरहें—
और नई लगीं।

ये 'बिछवा' पैरा का—
बताता है हदें मेरी,
कि वो सभी जिन में जीना है
हमेशा, ख़ैरख़्वाह, नर्म, ताबेदार— देते रहना, मांगना नहीं

गले में 'मंगल सूत्र', एक सोने का ज़ेवर सुनाता है
रूहानी है ये बांध,
और मैं पुजारी हूं

अजीब है!
जिसे भुलाने के लिये कहा गया है मुझको
मैं ही हूं !

4

I am now used to him,
his tastes and preferences
even the way he likes his tea
or how he likes me to lie with him.

I look twice in the mirror
before he comes home,
tuck away my flaws
behind my ears
powder those blemishes
and perfume my daily sweat.

I can tell by the way
he crinkles his nose,
that the evening meal is a disaster
and that I must make a mental note
to erase the recipe (my favourite one)
from my home.

I must hush the mourning
of my maternal uncle's passing
and celebrate his promotion instead

and when I wear my favorite pink silk,
he frowns and says,
he hates it.

Shobhana Kumar

Written originally in English

4

मैं उसकी आदी हो गई हूं अब
पसंद और स्वाद उसके,
– चाय किस तरह पसंद है
और किस तरह से उसके साथ लेटना मेरा

मैं आईने में झांकती हूं दो दफ़ा
वो घर पे लौटता है जब
लटें अड़स के कान में
संवार लेती हूं–
पसीने पर छिड़क के पाउडर
दबा के गंध।

मैं उसके नाक सकोड़ने से, सब समझती हूं
लगा है बेस्वादी खाना शाम का
और याद भी रखूं
मैं भूल जाऊं, मेरे दिलपसंद खानों को

गुज़र गये हैं 'मामा' तो,
दबा के रखूं सिसकियां–
ख़ुशी मनाऊं 'प्रोमोशन' मिली है!

पहन लूं गर गुलाबी, रेशमी, पसंद का
तो माथे को सुकेड़ कर वो कहते हैं
'आई हैट इट'...!

Mystery

1

Who is this man, standing naked,
his eyes burning
in the pouring rain;
and his head stuck in a tattered sack?

Poor man staggering with his hands outstretched
like the branches of a tree
when he falls we hear
the sound of a falling tree.

2

The wind staggers under the burden of smells.
My heart, a vacant hall, with a window muttering
to itself about everything it has lost.
Outside, night has surrendered to the spreading stars
and the street, which longed to listen to footsteps, sleep…

Look, something broke and fell from the skies.

S. Diwakar

Translated from the Kannada by Christopher Merrill

92

मिस्ट्री

1

वो कौन है आदमी, नंगा खड़ा है
बरसते पानी में– आंखें सुलगती हैं
फटी बोरी में उसका सर धंसा है।

ग़रीब है, लड़खड़ाता है
वो अपने हाथ शाख़ों की तरह फैलाये हुये है
गिरा तो एक गिरते पेड़ की आवाज़ होगी।

2

हवा भी लड़खड़ाती है
उठाये बोझ ख़ुशबू का,
मेरा दिल ख़ाली कमरा, उसकी खिड़की
बुड़बुड़ाती है वो अपने आप, जो सब खो चुकी है!
कि बाहर रात ने सब सौंप दिया है सितारों को
गली जो मुन्तज़िर थी पैरों की आहट की, वो भी सो गई है!

ज़रा देखो, गिरा है टूट कर कुछ आसमां से!

Softness

I know I am there
In the carefully concealed depths
Of your heart
The dark shadows of your eyes
Reflect it
And your hands pulsate
With love for me.

Your static coldness
Remains aloof
As the frame of a spectacle
But the softness
In your hands
With its sweetness
Of a ripe fruit
Is still ready for love.

I know
Your eyes are cold
As the ageing oak
But I also know
They hide your thoughts
About me.

Ashis Sanyal

Translated from the Bengali by Debabrata Bandyopadhyay

93

नर्मी

मुझे मालूम है मैं हूं वहां पर
हिफ़ाज़त से संभाली दिल की गहराइयों के अन्दर
तुम्हारी आंखों की परछाइयां बतला रही हैं
तुम्हारे हाथ मेरे इश्क़ में अब भी धड़कते हैं

तुम्हारा ठंडा ठहराओ,
अलग रहता है—
जैसे फ्रेम चश्मे का
मगर नर्मी तुम्हारे हाथों के मस की
पके फल की मिठास उनमें
अभी तक इश्क़ करने के लिये तैयार है वो

मुझे मालूम है आंखें तुम्हारी, बूढ़े बरगद
की तरह ही ठंडी रहती हैं
मगर मालूम ये भी,
छुपा के रखती हैं, जो मेरे बारे सोचती हो तुम!

Look at the Sky from Here

You are exhausted, my friends,
eyes wearing the journey's dust,
barren lands echoing in spent silence.
You took so long to return this time.
When you left, the buds were about to bloom;
branches lightly husked before autumn;
dark separation stretched over countless fading moons.

I know,
in this hell-prison of honour and pride,
your breath gets trapped,
narrow passages of time obstruct
the turbulent waves of your quest;
then you depart to find new lands.

Aware of the agony of nomadic drifts,
my feet have consumed the same futility,
circling isle after isle, land after land;
from each shore calls the restive quest of another shore.
Even then, from one plain reality to another,
vacillating between uncertainties of being and a god unseen,
who has known the source of life?
Who could measure the chasm between each being,
the divide between ever-drained souls!
It remains unknown,
where and how,

94

यहां से आस्मां देखो

थके-मांदे बहुत हो,
सफ़र की धूल से पलकें अटी हैं,
थकन से चूर ख़ामोशी में सहरा गूंजते हैं।
तुम अब की बार कितनी देर से पलटे
गये थे जब तो कलियां जागने को थीं;
सभी शाख़ों पे हल्का बोर आया था
फिर उसके बाद पतझड़ थी
बहुत से चांद बुझने तक स्वाद-ए-हिजर फैला था।

मुझे मालूम है पिंदार के इस क़ैद ख़ाने में,
तुम्हारा दम उलझता है
तुम्हारी खोज का सर्कश समन्दर
रोज़-व-शब की तंगनाये में अटकता है;
तो तुम नौ-रस्ता साहिल ढूंढ़ने बाहर निकलते हो।

मैं ऐसी हिजरतों के कर्ब से वाकिफ रही हूं
जज़ीरा दर जज़ीरा फैलती ला-हासिली मेरे भी क़दमों में रची है,
हर इक साहिल पे बेकल जुस्तजू का इक नया साहिल बुलाता है,
मगर फिर भी नज़र आती हकीक़त से हक़ीक़त तक,
बदन के वाहमों से एक नादीदा ख़ुदा तक
ज़िंदगी की असल को किसने छुआ है?
कोई कब नाप पाया फ़ासला जिस्मों से जिस्मों का,
अज़ल से ऊंघती रूहों से रूहों का
ख़बर तक हो नहीं पाती
कहां? कैसे?

from the clear vision of wide-awake eyes to sketchy shadows,
scenes glide on lands that thrive and then decay,
each one landing in the pit of oblivion,
much before being seen and known.
All is elusive here;
notions, vision and fragrance;
even the sensuous touch eludes.

The return journey from hollow islands,
labours through the abyss of whirling waters.
So, at the doorstep, with my eyes alit, I wait for you;
weary, from the long journey when you return,
to spare you the agony of a knock on the door.

Sit here, in the courtyard
under the shady creeper; unwind yourself.
Look at the sky from here.
On God Immortal's earth,
we may seek any limit,
but the space beneath our feet
and the sky beheld by the eyes,
will be our only possessions.
Our life on either end of the creation
remains bound in these two spheres.
So, until you tread on the road again,
here on your share of land,
sow seeds of flowers and see them bloom.

Mansoora Ahmad

Translated from the Urdu by Yasmeen Hameed

हमारी जागती आंखों की दुनिया से हेवलों तक,
फिसलते मंज़रों की बस्तियां बस्ती, उजड़ती हैं,
हर एक मंज़र शनासायी में ढलने से बहुत पहले,
फ़ना की घाटियों में जा उतरता है
यहां हर शय ग्रेज़ां है
तख़्युल, आंख, ख़ुशबू
लम्स की गुलरंग सअत तक ग्रेज़ां है

ख़ला जैसे जज़ीरों से सफ़र वापिस पलटने का,
तह ग्रदाब होता है,
सो मैं चौखट पे आंखों के दीये रखे
तुम्हारी राह तकती हूं,
कि तुम लम्बे सफ़र से ख़स्ता जां आओ,
तो दस्तक की अज़ीयत से तो बच जाओ।

इधर बैठो
यहां आंगन में फैली बेल के साये में दम ले लो
यहां से आस्मां देखो,
ख़ुदाये लम-यज़ल की इस ज़मीं पर
हम किसी भी अंत को छू लें
ये दो क़दमों तले फैली ज़मीं
और आंख भर का आस्मां ही अपना वरसा हैं,
हमारी ज़िंदगी सब इब्तदाओं इन्तहाओं में
इन्हीं दो मन्तक़ों में क़ैद रहती है
सो तुम अगली मुसाफ़त तक
यहीं पर अपने हिस्से की ज़मीं में फूल बो देखो!

Original text of the poem written in Urdu

Roshanara!

Roshanara!
It is hard for me to imagine
that you would defrost
the milk of your breasts,
turn it into blood
and embrace a rolling tank.
How could I ever imagine so?

I am an enslaved poet of a free land
where people have the freedom
to yap like dogs and go crazy yapping
if they so desire.

Roshanara!
How could I ever imagine
that your bangles and your bones
would have been crushed in unison
because in my own land
revolution does not come, so
homes do not turn into graves
the university does not become a battlefield.
Here, revolution lazes awhile
in posters, urinals and coffee houses,
and then gently crawls back into ballot boxes.

रौशन आरा

रौशन आरा–
मुझे मुश्किल है अन्दाज़ा लगाना
तुम अपनी छातियों का दूध पिघलाओगी जब
बहेगा ख़ून उनसे
गले लग जाओगी चलते हुये 'टैंक' से
मैं कैसे सोच सकता था?

गुलाम शायर हूं इक आज़ाद मुल्क का, मैं
जहां लोगों को आज़ादी है कुत्तों की तरह
से लपलपाने की
अगर चाहें तो बेशक लपलपाने ही में
दीवाने भी हो जायें

ओ रौशन आरा–
मैं कैसे सोच सकता था–
तुम्हारी चूड़ियां और हड्डियां इक साथ टूटेंगी

कि मेरे मुल्क में तो इन्क़लाब आते नहीं
कि घर क़ब्रें नहीं बनते
यहां की यूनिवर्सिटी जंग का मैदां नहीं बनती
यहां पर इन्क़लाब सुसताता रहता है
कभी पोस्टर्स पे और पेशाब-ख़ाने, कॉफ़ी हाऊसीज़ में

Roshanara!
The government has passed a resolution,
a procession was taken out in the city,
the newspaper has published a story,
and I ... I ... have written a poem.

What else are we capable of, here!

Amitoj

Translated from the Punjabi by Nirupama Dutt

---

*This 1971 poem was written on the student uprising in Dhaka that led to
the independence of Bangladesh*

ऐ रौशन आरा–
हुकूमत ने इक 'रेज़्यूलेशन' पास किया है
शहर में इक जुलूस उस पर निकाला भी गया है

बयां अख़बारों में शाये हुये हैं
कही है नज़्म– मैं ने भी
भला इससे ज़्यादा और क्या करने के क़ाबिल हैं?

1971 में, बंगलादेश आज़ाद होने के मौक़े पर, ये नज़्म विद्यार्थियों के विरोध पर लिखी गयी थी।

The Statue Speaks

Village sunk
In anonymity
Temple steeped in silence
Lamp coated with grease
Faint glow sharpening the dark
Birds awaken at the sound of footsteps
A breast marked by bird dropping
An accidental brush of the finger
The black statue plants its eyes
On me, I avert my gaze
In awe;
Ringing in my ears,
Across a chasm of centuries
Is the ancient sound of the chisel!

Ka Mohanarangan

Translated from the Tamil by K.S. Subramanian

96

बुत बोलता है

गांव...
गुमनामी में डूबा हुआ
मन्दिर डूबा हुआ ख़ामोशी में
और चिराग़ों पे चढ़ी कालिख
रौशनी मद्धम है इतनी कि तारीकी भी तेज़ हुई
सीने पर 'बीट' के निशां हैं
उंगली लग जाये अगर ग़लती से
सिया बुत की भी टिक जाती हैं आंखें मुझ पर
मैं बचाता हूं नज़र—
घबरा कर—

बजती हैं कानों में, सदियों की चट्टानों के परे
एक आवाज़ तराशने की!

Dharma Sankat (Predicament)

The only conviction that remains now
Is the conviction
To distrust myself
Oh!
What sort of a predicament is this?
My little son
Preparing for a debate in school
Asks me, repeatedly
Which is mightier—the pen or the gun?
From my lessons
The pen, of course, is mightier
But
Lessons of the past
What use are they today?
The law has turned into rubbish
And humanity is being disrobed
In broad daylight
And morality
Has turned into a corpse
Dangling from a tree—in death through suicide

Life and the cosmos are severed
The heart and the mind are severed
Conviction and context are severed

To think of my son's victory
The might of the gun is pervasive today
And I will have to say
The gun is mightier than the pen.

97

Dinesh Adhikari

Translated from the Nepali by Robin Sharma

बंदूक या क़लम

एक यक़ीं बाक़ी है अब, बस
और यक़ीं है,
ख़ुद पर अब यक़ीं न करूं
उफ़्फ़!

ये कैसी मुश्किल है?
छोटा मेरा बेटा,
स्कूल की एक 'डिबेट' की तैयारी में
मुझ से पूछ रहा है
कौन ज़्यादा ताक़तवर है 'पैन या गन'
सीखा था जो मैंने उस में
'क़लम' ज़्यादा ताक़तवर है
लेकिन पिछला सीखा आज के दिन में
बेमतलब है!

क़ानून हुआ है कचरा
इन्सानियत नंगी हुई है
दिन दहाड़े!
इख़लाक़ ने आत्महत्या की है
लाश लटकती है पेड़ों पर!

कायनात से टूटी हयात
दिल, दिमाग़ से अलग हुआ
और यक़ीं टूटा, मुद्दे से
बेटे की गर कामयाबी सोचूं तो,
बंदूक़ का ज़ोर चलता है आज
कहना पड़ेगा,
बंदूक़, क़लम से ताक़तवर है!

The Goan Mango

A drop of honey, a splash of gold,
The Goan mango.
A handful of moonlight, a slice of the sun,
The Goan mango.
A basketful of mogras, a bunch of marigold,
The Goan mango.

Soft as the cheeks of a child,
Sweet as the lips of a bride,
Full as the breast of a maiden,
Sweet seventeen, shyly bold,
The Goan mango.

A juicy poem, a song of colours,
The life the pride of Goa the golden,
The Goan mango.

Manohar Rai Sardesai

Translated from the Konkani by Goycho Ambo

98

गोवा का आम

शहद की बूंद, और इक छींटा सोने का
गोवा का आम
ज़रा-सी चांदनी और छिलका सूरज का
गोवा का आम
भरी हो टोकरी इक मोगरे की
और गुच्छा, फूल गेंदे का
गोवा का आम

हो नर्म बच्चे की गालों की तरह से
मिठास दुल्हन के होंठों की
भरी हो छातियां जैसे कुंवारी की
हया थोड़ी-सी सोलह साल वाली
गोवा का आम

लज़ीज़ इक नज़्म और रंगों भरा नग़मा
गोवा की ज़िंदगी और फ़ख्र गोवा का
गोवा का आम!

The Zephyr Is Beyond Death

If you put the dagger
into my chest,
remember: wind has
no form.

The wind is always sleek,
age is the ocean's long story
that neither starts
nor ends.

If you put the dagger
into my chest.
Remember that
wind is beyond death

The wind pats like a mother
and sings a lullaby,
the wind is the prayer
sung by the children.

If you put the dagger
into my chest.
Remember that
wind has no form!

99

Naseer Ahmad Nasir

Translated from the Urdu by Bina Biswas

हवा मौत से मारवा है

अगर मेरे सीने में ख़न्जर उतारो,
तो ये सोच लेना
हवा का कोई जिस्म होता नहीं—

हवा तो रवानी है
उम्रों के कुहना समन्दर की लम्बी कहानी है
आग़ाज़ जिसका, न अन्जाम जिसका
अगर मेरे सीने में ख़न्जर उतारो
तो ये सोच लेना
हवा मौत से मारवा है!

हवा मां के हाथों की थपकी
हवा लोरियों की सदा है
हवा नन्हे बच्चों के होंठों से निकली दुआ है

अगर मेरे सीने में ख़न्जर उतारो,
तो ये सोच लेना
हवा का कोई जिस्म होता नहीं—!

Original text of the poem written in Urdu

Wasted Moment

Having wasted myriad moments
I now know time is eternity
But love is not all about that.

Yet, having loved you
And then returned to myself,
I have learnt that my heart
Remains awake wherever I station it—
In time told by the clock
Or in time eternal.

Jibanananda Das

Translated from the Bengali by Chidananda Das Gupta

100

लम्हा

गंवा कर बेशुमार लम्हे,
मैं अब समझा हूं कि वक़्त, अबदी होता है
मगर चाहत में ऐसा कुछ नहीं है

तुम्हें चाह कर, अगरचा
मैं ख़ुद में लौट आया हूं
और अब सीखा कि अपना दिल
जहां रखता हूं, वो बेदार रहता है
घड़ी के वक़्त पर भी
अबद तक के लिये भी!

Words

All around me are words, and words and words
They grow on me like leaves, they never
Seem to stop their slow growing

From within … But I tell myself, words
Are a nuisance, beware of them, they
Can be so many things, a
Chasm where running feet must pause, to
Look, a sea with paralyzing waves.
A blast of burning air or
A knife most willing to cut your best
Friend's throat … Words are a nuisance, but
They grow on me like leaves on a tree,
They never seem to stop their coming
From a silence, somewhere deep within!

Kamala Das

Translated from the Malayalam by the poet

101

लफ़्ज़

मेरे गिर्द लफ़्ज़ हैं, और लफ़्ज़ हैं, और लफ़्ज़
उगते हैं वो मुझ पे जैसे पत्ते उगते हैं
इनका धीरे-धीरे उगना रुकता ही नहीं
मेरे अन्दर से—
मैं ख़ुद से कहती हूं मगर,
ये लफ़्ज़—लानत हैं,
बचना इनसे
कुछ भी हो सकते हैं वो
इक गड्ढा, —
लाज़िम है के दौड़ते पैरों का रुक कर देखना
मफ़लूज कर दें जिस की लहरें—इक समन्दर
जलती हवा का एक झोंका,
इक चाकू, जो अज़ीज़ दोस्त की गर्दन, काटने को राज़ी हो

लफ़्ज लानत हैं मगर—
मुझ पे उगते रहते हैं कि जैसे पत्ते पेड़ पर
उनका आना बन्द होता ही नहीं
मेरे अन्दर गहरी, इक ख़ामोशी से!

A Dream of Glass Bangles

Those autumns my parents slept
warm in a quilt studded
with pieces of mirrors

On my mother's arms were bangles
like waves of frozen rivers
and at night

after the prayers
as she went down to her room
I heard the faint sound of ice

breaking on the staircase
breaking years later
into winter

our house surrounded by men
pulling icicles for torches
off the roofs

rubbing them on the walls
till the cement's darkening red
set the tips of water on fire

the air a quicksand of snow
as my father stepped out
and my mother.

inside the burning house
a widow smashing the rivers
on her arms.

102

Agha Shahid Ali

Written originally in English

दरया चूड़ियों के

वो दिन पतझड़ के,
मेरे बाप-मां जब सोया करते थे
लिहाफ़ों में, जिन्हें शीशों जड़े थे

मेरी मां की कलाई चूड़ियां पहने
कि लहरें दरयाओं की, शब में, जम गई हों

अदा कर के नमाज़ अपनी
उतरती थीं वो कमरे में
मुझे हल्की-सी बर्फ़ों के चटख़ने की सदा कानों में पड़ती थी
कई बरसों तलक वो सर्दियों में

हमारा घर घिरा था आदमियों से
छतों से बर्फ़ के टुकड़े
गिराये जा रहे थे आग देने के लिये

सुलगने लग गया, सीमेंट की दीवारों की सीलन का पानी

हवा में बर्फ़ का दलदल था, जब वालिद मेरे निकले और अम्मी—
उसी जलते हुये घर में
वहीं बेवा ने दरया तोड़ डाले थे कलाई से!

A Little Happy, A Little Pained!

Year after she married
To her mother's home she came
Outside the station stood
A tongawala she had known

She had known him for sure
But how, where and when?
He smiled a familiar smile
And so she clambered in.

Not once did he again
Turn his eyes her away
The horse raced ahead
The whip cracked in the air

She saw familiar houses
The school, it came and went
'Good heavens! Is it him?'
She recalled Chandu then

It all came back to her
Those eyes she remembered so well
Fluttering through her heart
Went a momentary thrill

103

थोड़ी सुखी,
थोड़ी दुखी

बहुत दिनों के बाद वो अपने मायके आई
स्टेशन पर ही मिल गया इक जाना-पहचाना—टांगे वाला

जाना-पहचाना-सा लगा वो... कौन, कहां, कब, बोराई वो
उसकी भी मुस्कान में कुछ पहचान तो थी
वो ऊपर चढ़ गई...

उसने पर... फिर नज़र घुमा कर उसकी जानिब देखा नहीं!
तुन्द रफ़्तार से भागा घोड़ा, और हवा में उसकी चाबुक कड़कती रही
मानूस हवेलियां आईं, गुज़रीं... स्कूल आया, अरे चला गया
ओह मागो! ये तो नहीं—स्कूल का 'चन्दू' याद आया

याद आ गया, सब कुछ, चन्दू की आंखें—! और उसके कलेजे में
कुछ थिरका!

Years after she married
To her mother's home she came
He stopped the tonga at
The house in the lane

Not once did he again
Turn his eyes her way
And she in her mother's home
A little happy, a little pained.

Vinda Karandikar

Translated from the Marathi by Shanta Gokhale

बहुत दिनों के बाद वो मायके आई थी
गली के मोड़ पे उसका घर था—उसने टांगा रोक दिया
उसने फिर भी नज़र घुमा कर, उसकी जानिब देखा नहीं
मायके में वो मिली तो सबको—थोड़ी सुखी थी—थोड़ी दुखी!

Pieces of the Sky

From various windows of my home
I can see small parts of the sky
Pieces of different sizes and shapes
I tried to stitch them together to create an intact sky
All I could weave was not sky, but a poem.

Come to me

O God! Residing in this temple
Are you distressed
By the silence of temple bells?
Come out then
Come to me
Listen to the jingling of my chains.

Raeesh Maniar

Translated from the Gujarati by the poet

104

आकाश के टुकड़े

मेरे घर की खिड़कियों से
छोटे-छोटे आकाश के टुकड़े दिखते हैं
अलग-अलग साइज़ हैं उनके, अलग-अलग शक्लें हैं
सबको सी कर एक आकाश बनाने की कोशिश की थी
आकाश नहीं बन पाया लेकिन—
इक नज़्म बनी!

मेरे पास आओ!

मन्दिर में बैठे ईश्वर जी,
मायूस हो क्या?
घन्टियों की ख़ामोशी से?
तो आओ बाहर—
मेरे पास आओ
और सुनो झन्कार मेरी ज़ंजीरों की!

These Came, Those Came

1

These came, those came
they all came and ripped my dress-coat to pieces.
My coat, touched by their sweat-soaked hands
is now filthy;
they are the bosses,
my coat is now without its sleeves.

2

I took if off the peg
and flung it away.
Flying the distance to a rubbish heap
the coat sat hugging a tulsi plant
which grew on the heap.
It hung on the plant's bare stems.
It got stuck and spread itself.
On the tulsi plant, so much like a broom upside down,
the coat of honour played with thorns
and pushed me into a new difficulty.

Muktibodh

Translated from the Hindi by Sunita Jain

105

ये आये, वो आये

1

ये आये, वो आये, ये चले आये
नोंचते चले गये
चिंदी खींच चर्र से फाड़ते चले गये
मेरा बुशकोट अब लत्तर है,
उनके मैल पसीने के हाथों से
लगातार बद से बदतर है
वे साहब है
मेरे इस बुशकोट की आस्तीनें ग़ायब हैं!!

2

मैंने उसे खूंटी से उतार
दूर फेंक दिया
फिंका कि दूरियां पारकर तिरकर वो
घूरे के पास एक
सूखी हुई तुलसी से चिपक कर बैठ गया
पत्ती-बिन शाखों की तीलियों पर जा लटका
उझलकर फैल गया
उल्टी रखी हुई झाड़-सी तुलसी पर।

बुशकोट इज़्ज़त का
कांटों से खेल गया
मुझको फ़ज़ीहत में
अजीब ढकेल गया!

Original text of the poem written in Hindi

He Is Dead Silent

He is dead silent,
he is alone;
he looks at the sky
or perhaps beyond it;
silent, absolutely silent;
alone;
far removed from death
and the bounds of life.
People wail and cry;
the townspeople weep and mourn;
they look at him
and he, not pleading,
not beseeching,
towards the One
who lives in the skies.
He can recall all the miseries,
all the woes of the town,
beheld in the heavens
by his Creator.

Munir Niazi

Translated from the Urdu by Yasmeen Hameed

106

वो बहुत ख़ामोश है

वो बहुत ख़ामोश है, तन्हा है वो
आस्मां की सिमत या उससे परे तक्ता है वो
चुप बहुत ही चुप है वो, तन्हा है वो
दूर है वो मर्ग से, और ज़िंदगी की क़ैद से!

रो रहे और बैन करते लोग हैं
रो रहे और बैन करते शहर के अफ़राद हैं
देखते हैं उसको, और वो आस्मां पर रहने वाले की तरफ़
बेइल्तजा और बेतलब
उसको सारे शहर के सारे मसायब याद हैं
और उसको देखता है आस्मां पर उसका रब!

Original text of the poem written in Urdu

After

We have done all the things you
would have liked us to do.

Your brother has been across the country and back
to fetch your comfortable shoes.

We have dressed you in your black wedding suit
and the ironed shirt. Someone has combed your hair.

This is exactly as I wanted it, you will say,
after the tributes have been paid,

when the organ has been played
and the hymns have been sung

when all the well-wishers have gone
and we settle down to talk.

Exactly, you will say
When it is all over, when you come back.

Imtiaz Dharker

Written originally in English

107

बाद में

वो सब कुछ कर लिया हमने
जो तुम चाहते कि हम करते

तुम्हारे भाई ने छाना है सारा मुल्क और
ले आया है जूते – जो तुम्हें आराम देंगे

तुम्हारा शादी वाला सूट काला, भी तुम्हें पहना दिया है
क़मीज़ भी इस्त्री कर दी,
तुम्हारे बालों में कंघी भी कर दी है

'यही, बिलकुल यही तो चाहता था' तुम ये कहते
कि जब 'श्रद्धान्जली' ख़त्म होती

'दुआयें' ख़त्म होंगे जब
और साज़ बंद होंगे

चले जायेंगे सब
'ज़ियारत' कर के जब
तो हम बैठेंगे, बात करेंगे

'यही बिलकुल यही' कहोगे तुम
जब हो जायेगा सब, और
तुम लौट आओगे!

There Was Somewhere I Wanted to Go

There was somewhere I wanted to go
But I never did
In the closed room, the panes are rattled
By a wild gust of wind
Let them, I'm just fine
Picking out my thought worms
When that irks me I swat flies
I know all wants will die when I shut my eyes
I have learnt to grow where the sunlight falls
To pick the dreams within reach of a stretched arm
Or to avoid the rice because it is bitter
I'll weep no more for the absence of what cannot be
Why not instead spin a yarn of 'oh, if only'?

Premendra Mitra

Translated from the Bengali by Bamapada Mukherjee

108

कहीं जाना था मुझको

कहीं जाना था मुझको,
मगर मैं जा नहीं पाया
यहां कमरे में सारी खिड़कियां ये खड़खड़ाती हैं
हवा के तेज़ तुन्द झोंकों से
तो होने दो
मुझे क्या फ़र्क़ पड़ता है
मैं कीड़े चुनता रहता हूं ख़्यालों के
मैं उससे तंग आता हूं, तो मक्खी मारा करता हूं
मुझे मालूम है सब ख़्वाहिशें मर जायेंगी, जब आंख बंद होगी
ये मैंने सीख लिया है वहीं पलना, जहां पर धूप गिरती है
वही सब ख़्वाब चुन लेना जहां तक हाथ जाता है
या वो चावल नहीं खाना, जो कड़वे हों
नहीं होना है जो, उसके लिये रोता नहीं हूं मैं
बजाय उसके बस काता करो ये सूत, 'आह, काश अगर यूं हो!'

I Do Not Need

I do not need
Heaven in my grasp
All I am used to
Is this earth.

Kanimozhi

Translated from the Tamil by K.S. Subramanian

109

ज़रूरत ही नहीं मुझ को

ज़रूरत ही नहीं मुझ को
मैं अपने बस में कर लूं आस्मां
मुझे आदत है जिसकी
वो, ये ज़मीं है!

At the Butcher's Shop

The butcher smiles welcomingly through
the pink meats hung at the window;
squatting in his favourite position and
sharpening his knife, he says, 'Sir, fresh meat.
Fresh pork. Fresh mutton. Fresh chicken.'

He has a few pleasing phrases for
all kinds of clients and he remembers them all.
This is the kidney. This is the leg, the rib part.
They come and go, buying kg after kg of meat,
Exchanging notes and coins smeared with blood.

City-teeth love them: deep-fried, roasted, smoked.
The evening warms up in the aroma of fried onion,
ginger and garlic. Night expects a filled-stomach sleep.
While, outside the butcher shop those half-fed chickens
inside the cage still squeak and wait for their turn.

Ph. Sanamacha Sharma

Translated from the Maithili by the poet

110

क़साई की दुकान पर

गुलाबी गोश्त के खिड़की में लटके, लोथड़ों से
क़साई, मुस्कुरा के सब का करता है स्वागत
बड़े मख़सूस से अन्दाज़ में बैठा
वो छुरियां तेज़ करता, कहता रहता है
'लो ताज़ा गोश्त—सर, ताज़ा मटन—
है ताज़ा पोर्क—और ताज़ा चिकन—'

वो चुपड़ी बातों से बहलाये रखता है
वो अपने गाहक सब पहचानता है
ये गुर्दे हैं, ये पसली, रान का हिस्सा
वो आकर, लेके जाते हैं, कई केजी, वो 'मीट'
लहू में लिबड़े सिक्के, नोट, देकर गोश्त लेते हैं।

भले लगते हैं शहरी दांतों को
तले-भूने हुये वो सब!
जवां हो जाती है, जब शाम
महक उठती है भूने प्याज़, अदरक और लस्सन की,
भरे हों पेट तो फिर रात गहरी नींद आती है
वहीं बाहर क़साई की दुकान के
बिचारे आधे भूखे पेट मुर्ग़े
पड़े पिंजरे में अपनी बारी का इन्तज़ार करते हैं!

Darkness

Anything can happen in the dark
One can also stumble over the stones
That rise from the broken road and lie athwart
One can also collide against the dead statues
Of the courtyard and crash to the ground
Losing one's way one can also accidentally fall

Into slimy sewage that lies all around
Stumbling again buildings and temples
That encroach on the street, one can also be wounded
In the dark nothing invisible:
Even the two eyes are useless
There is no security in the dark

The knife that quietly waits at each corner
Hidden in the dark
Can also kill
Anything can happen in the dark
Let us first get rid of this darkness.

Bimal Niva

Translated from the Nepali by the poet

111

अँधेरा

कुछ भी हो सकता है जब अँधेरा हो
ठोकर लग सकती है पत्थर से
टूटी सड़क से टूट के जो भी छूट गया हो
मुर्दा कोई बुत पड़ा हो उससे भी टकरा सकते हैं
और ज़मीं पर, या आंगन में गिर सकते हैं
रस्ता भूल के भी गन्दी नाली के अन्दर गिर सकते हैं
चारों तरफ़ जो फैली हुई हैं

ठड्डा लग सकता है मन्दिर से या किसी इमारत से
जो रस्तों पर फैल गये हैं
ज़ख़्मी भी हो सकते हैं
अँधेरे में कुछ भी दिखायी नहीं देता
दोनों आंखें भी बेकार ही लगती हैं
अँधेरे में कोई सुरक्षा होती नहीं

हर मोड़ पे कुछ ख़ामोश से ख़न्जर राह तकते हैं
अँधेरे में छुपे हुये
मार भी सकते हैं
अँधेरे में कुछ भी हो सकता है
आओ पहले अँधेरे को दूर करें!

Sleep

Dreams from gallows, from cold eyelashes descend,
like broken glass, shattered;
shards prick and sting.
The penance: a lifelong sleeplessness,
intense, maddening agony.

Today, your closeness numbs me;
neither the heart aches,
nor the eyes fill with candle smoke.
From gallows the dreams descend:
a crumbling wall,
the body despairs,
although you are with me,
my sorrowful grace, so fair.

Ahmad Faraz

Translated from the Urdu by Yasmeen Hameed

112

नींद

सर्द पलकों की सलीबों से उतारे हुये ख़्वाब
रेज़ा-रेज़ा हैं मेरे सामने शीशों की तरह
जिनके टुकड़ों की चुभन, जिनकी ख़राशों की जलन
उम्र भर जागते रहने की सज़ा देती है
शिद्दतें कर्ब से दीवाना बना देती है

आज इस कुर्ब के हंगाम वो अहसास कहां
दिल में वो दर्द न आंखों में चिराग़ों का धुआं
और सलीबों से उतारे हुये ख़्वाबों की मिसाल
जिस्म गिरती हुई दीवार की मानिंद निढाल
तू मेरे पास सही मेरे आज़र्दा जमाल!

Original text of the poem written in Urdu

Travelling in a Cage

Has my time come?
There is no watch here
There is no calendar
But I know
I have reached
The quiet point of madness

Mirrors are walls
Walls are coffins
Floating in space
Has my time come?

I am going wild
Seething with serenity
Like a saint
Gouging out my own eyes
Dancing in blind bliss

Measuring the raging distances
Between me and me
Performing
My own autopsy
The contents of skull and guts
The joints and the seams
Of my being
The leather pouch in which
I kept the universe safe
Has my time come?

113

पिंजरे में सफ़र

मेरा वक़्त हो गया है क्या?
कोई भी घड़ी नहीं यहां
तारीख़ भी लिखी नहीं
जानता हूं मैं मगर
मैं पहुंच चुका
दीवानगी के नुक़्ते ऊरूज पर!

आइने हैं दीवारें
दीवारें हैं ताबूत
ताबूत 'कैपसोल' हैं
तैरते ख़लाओं में
वक़्त मेरा हो गया है क्या?

दीवाना हो रहा हूं मैं
लबरेज़ हूं सुकून से
संतों की तरह
ख़ुद अपनी आंखें छील कर

अन्धे इक सुरूर में नाच रहा हूं
बेतहाशा फ़ासलों को नाप रहा हूं
अपने और ख़ुद के दरमियां
अनजाम दे रहा हूं अपनी लाश का मुआयना
खोपड़ी और आंतों में भरा है क्या?

जोड़ों और टांकों में
मेरे इस वजूद के!

I separate the stars
From my viscera
I remove this planet
From my marrow
I am sexless and smooth
Like the body of God

A mirror, a wall
A coffin, a capsule
A blessing, a disaster
An embrace without arms
Without legs or language
Mouth or mind
I dance wild
Has my time come?

Inside this cry
Is a widening silence
The catatonic smiles
Of words looking out
The windows of cosmic
Institutions
The rolling statements
Of wheelchairs
Melting into the sun
Heaven's hospital
Has corridors of bliss
I am already sliding
Down the slopes
Has my time come?

Dilip Chitre

Translated from the Marathi by the poet

ये बटवा एक चमड़े का
कायनात जिसमें रखता था
वक़्त मेरा हो गया है क्या?

छांट रहा हूं मैं तारे
अपनी आंतों से
स्य्यार ये निकाल रहा हूं
अपनी हड्डियों के गूदे से
जींस से बईद, और पाक हूं
इक ख़ुदा के जिस्म की तरह—!
इक दीवार, इक आईना
इक ताबूत, एक 'कैपसोल'
इक दुआ, एक हादसा
हम आग़ोशी एक बिना बांहों के
पांव और ज़बान के बग़ैर
शक्ल और बिना दिमाग़ के
दीवानगी में नाच रहा हूं
वक़्त मेरा हो गया है क्या?

चीख़ में,
चीरती ख़ामोशी,
बावली-सी मुस्कुराहट
लफ़्ज़ ढूंढ़ती हुई
खिड़कियों में कायनात के अदारे
'व्हील चेयर' के बयान जारी हैं
आफ़ताब में पिघलते हैं
आसमां के हस्पतालों में
सुरूर के बरामदे
फिसल रहा हूं मैं
अब ढलानों में
मेरा वक़्त हो गया है क्या?

Ghazal

The pain has risen mountain-high, it must now melt and flow
From this Himalaya a new Ganga should burst and flow

The walls are tottering now, swaying like curtains
But we wanted to shake up the foundation

In each road, each lane, each city, each village
Even a corpse should walk swinging its arms

It's not my purpose just to cause an uproar
I strive that these circumstances must change

If not in my breast then surely in yours
A fire must burn, somewhere a fire must burn

Dushyant Kumar

Translated from the Hindi by Harish Trivedi

114

ग़ज़ल

हो गई है पीड़ पर्वत-सी पिघलनी चाहिए
इस हिमालय से कोई गंगा निकलनी चाहिए

आज यह दीवार, परदों की तरह हिलने लगी
शर्त थी लेकिन कि यह बुनियाद हिलनी चाहिए

हर सड़क पर, हर गली में, हर नगर, हर गांव में
हाथ लहराते हुए हर लाश चलनी चाहिए

सिर्फ़ हंगामा खड़ा करना मेरा मक़सद नहीं
मेरी कोशिश है कि ये सूरत बदलनी चाहिए

मेरे सीने में नहीं तो तेरे सीने में सही
हो कहीं भी आग, लेकिन आग जलनी चाहिए।

Original text of the poem written in Hindi

Mad Man

He stares up at the dying stars,
this madman in a soot-black robe
no door opens to take him in,
this madman in a soot-black robe

He dips his pen in a darkened pool
that breaks his nib:
it's only the shadow of a cloud
that's passing above
this madman in a soot-black robe

His long walk is a chase of leaves
through a park misspelled
in leaf—stripped boughs
that offer him no roof,
no respite from the flickering snow:
he hides his chin in threadbare scarf,
this madman in a soot-black robe

Or is he the shadow of a cloud
that's passing above a darkened pool?
He breaks his nib in a chase of leaves,
shuffling below the threadbare boughs,
testing his will against the snow
that glimmers, a narrow proof of grace,
in a window half-opened to the night.

But no door opens to take him in,
he stares up at the dying stars.
His turn will come, he strops his knife,
this madman in a soot-black robe!

115

Ranjit Hoskote

Written originally in English

वो पागल

वो पागल... काले सियाह चोग़े में
ऊपर की तरफ़ गिरते हुये तारे देखता है
कोई कभी, दरवाज़ा खुला न उसके लिये
पागल, वो सियाह चोग़े में!

अँधेरे सियाह तालाब में वो...
अपना क़लम डुबोता है—निब तोड़ लिया करता है
सिर्फ़ इक बादल की परछाईं—
ऊपर से गुज़रती है
पागल, वो सियाह चोग़े में!

लम्बी सैर उसकी, पत्तों के ताक़ुब में,
पत्ते झड़ी शाख़ों के बाग़ से होकर
ना सर पे छत कोई
ख़स्ता से स्कार्फ़ में चेहरा छुपाये
पागल, वो सियाह चोग़े में!

बादल की ही परछाईं है क्या वो
अँधेरे सियाह तालाब के ऊपर से जो गुज़रती है?

पत्तों के ताक़ुब में, वो तोड़ के निब अपनी
पत्ते झड़ी शाख़ों के नीचे, चलता हुआ
उस बर्फ़ में वो बर्दाश्त अपनी आज़माता है
गिरती हुई बर्फ़ चमकती है शब में
एक आधी खुली खिड़की की तरह!

पर कोई कभी दरवाज़ा खुला न उसके लिये
ऊपर की तरफ़ गिरते हुये तारे देखता है
चाक़ू की धार लगाता है वो
मेरा भी दिन आयेगा!
पागल, वो सियाह चोग़े में!

Baisha Srabon (1942)

For Rabindranath

I remember you today—in these times of total terror—
O friend, most beloved! Civilization lies on its funeral sheet
and an epidemic spreads to man's bone-marrow, to his inner spirit.
Life's grace is banished. Flying on a chariot that brings death,
beauty pierced on his arrogant gore-drinking spear,
a barbaric demon shouts, 'I am the biggest, I am the greatest!'
In land after land, on shore after shore, trembles
life's golden deer in a furious predator's mouth.

Life stifled. Song silenced. On India's gentle coast
greed's saliva dribbles. So much suffering, such intolerable disdain—
could I have endured this hell at all, my friend,
had not to my blood seeped, to my innermost core penetrated
your imperishable message? Your words have I received within me,
and that's why I'm not afraid, and know that life will win.

Buddhadeva Bose

Translated from the Bengali by Ketaki Kushari Dyson

116

बाईस श्रावण (1942)

रबिन्द्रनाथ के लिये...

तुम्हारी याद आती है, बड़े दहशत भरे दिन हैं
ओ प्यारे दोस्त–
हमारे दौर की तहज़ीब–जनाज़े पर पड़ी है
वबा फैली है, इन्सानों के 'हाड़ों' में
सभी की रूह के अन्दर
वक़ार अब ख़त्म है इस ज़िंदगी का,
अजल के रथ पे उड़ती है
नंगी मग़रूर बरछे पर, सुंदरता
खड़ा इक ख़ौफ़नाक राक्षस है जो, ललकारता है
'अज़ीम हूं मैं– अज़ीम सब से!'
ज़मीं दर ज़मीं, साहिल ब साहिल
सुनहरी मृग जीवन का, तड़पता है शिकारी जानवर के जबड़े में!

घुटी है ज़िंदगी, और नग्में चुप हैं
हर इक साहिल पे हिंदुस्तान के
लबों से लालसा की, राल बहती है
अज़ीयत इस क़दर!– नाक़ाबिले बर्दाश्त ज़िल्लत!

मैं क्या बर्दाश्त कर सकता था ऐसा नर्क, मेरे दोस्त
समोया होता न गर मेरे लहू में,
मेरी रग-रग में, तेरा दाईमी पैग़ाम?
मेरे अन्दर हैं सब अल्फ़ाज़ तेरे
तभी बेख़ौफ़ हूं मैं और यक़ीं है
ज़िंदगी बिल-आख़िर जीतेगी!!

A Jail Poem

I have so much with me
An evening drenched in rain
A life sparking with light
And I am there in a crowd that makes 'We'
What all can you snatch away from me?

Will you be able to lock this evening in a dark cell?
Will you trample on life with life?
How can you separate I from 'We'
In what you call my nothingness
Is the power to overcome you
I have so much with me
There is something even in nothing.

Paash

Translated from the Punjabi by Nirupama Dutt

117

नज़्म क़ैदी की

मेरे पास कितना कुछ है
ये भीगी शाम बारिश की
चमकती और रौशन ज़िंदगी इक
और ऐसी भीड़ में शामिल, हूं
जो 'हम' बनाती है
भला क्या और मुझ से छीन सकते हो?

तुम ऐसी शाम को क्या बंद कर सकते हो काली कोठरी में?
कुचल सकते हो क्या तुम ज़िंदगी से ज़िंदगी को?
जुदा कैसे करोगे 'हम' से मुझको
जिसे तुम 'कुछ नहीं' कहते हो, मुझ में
वही 'ताक़त' तुम्हें क़ाबू करेगी
मेरे पास है, बहुत कुछ है
बहुत कुछ होता है इस 'कुछ नहीं' में!

Is Fear a New Experience?

Is fear a new experience?
Hasn't it bloomed like the green lotus
in our lakes
under millions of midday suns?

Hasn't fear come in the wind
like the hymns of Saturn,
breaking doors with daggers?
Hasn't fear burnt at night
like ten planets
in my bloodstained fingers?

Fear comes
when I see my face
in the mirror.

Devdas Chhotray

Translated from the Odiya by the poet

118

ख़ौफ़ क्या नया तजुर्बा है?

ख़ौफ़ क्या नया तजुर्बा है?
झील में देखा नहीं है क्या कभी
सब्ज़ कमल की तरह खिला हुआ?
दोपहर की धूप में करोड़ों बार?

ख़ौफ़ क्या हवाओं में आता नहीं
वो 'शनि' के 'मंत्र' की तरह
ख़न्जरों से सब किवाड़ तोड़ कर?

ख़ौफ़ क्या जला नहीं है रात को
दस गिरहों की तरह—
मेरी ख़ून से सनी इन उंगलियों में!

ख़ौफ़ आता है कि जब
आइने में देखता हूं
अपना चेहरा मैं!

Those Who Have Lost the Nectar

It has rained, my son,
the courtyard has turned into a stream
and your joy, into paper boats.

You launch them one by one,
delighted
as you look at them intently.

As you sit like a legendary god
leading a fleet of ships to far-off lands
in good weather
your father sits behind you
and enjoys the sight more.

Your ancestors
you haven't known, see it from afar.
Like their tears of joy, fall
the raindrops here and there.
The droplets of fresh rain
draw circles like flowers in the water …

In an instant, son,
your face is shadowed:
'Will it rain again, will the boats sink?'

We are those who have lost
the nectar of pure joy; we grieve over
things that might or might not come to pass.

119

O.N.V. Kurup

Translated from the Malayalam by S. Velayudhan

अमृत

बारिश हुई है बेटे मेरे
आंगन नदी बना हुआ है
और लुत्फ़ तुम्हारा इन काग़ज़ की कश्तियों में

एक-एक कर के छोड़ते हो और
खुश होते हो
जब ग़ौर से उनको देखते हो

तमसीली देवता जैसे बैठे
दूर दराज़ के मुल्कों में बीड़े भेजते हो
अच्छे मौसम में
पीछे बैठे, पिता तुम्हारा और मज़े लेता है

पुरखे तुम्हारे—
तुम को ख़बर नहीं
दूर से तुम को देखते हैं
उसको ख़ुशी के आंसू
यहीं कहीं बारिश में बरसे होंगे
ताज़ा बारिश की बूंदें
फूलों की तरह पानी में दायरे बनाती हैं!

यकदम, बेटा—
चेहरा तुम्हारा उतर जाता है
फिर से बारिश होगी क्या, और कश्तियां डूबेंगी?

हम वो हैं जो, सच्चे आनंद का अमृत खो आये हैं
और ग़म करते हैं, उसके लिये जो शायद हो, न हो!

Fable

1

In your divinely moistened eyes
I noticed the other day
Two droplets of tears
And despite my urge
I was unable
To touch the tears

Quietude thereafter …

3

Everything didn't go on as before
In the little township
Where I lived.

Huge edifices, shopping malls, rose
In the place of tiny thatches.
Slowly the colours of tears and laughter
Of the people transformed.

The two droplets of tears too
Dripping out of your divinely moistened eyes.
No longer remained as pearls.

120

Pritam Baruah

Translated from the Assamese by Krishna Dulal Barua

कहावत

1

तुम्हारी भीगी सी पाकीज़ा आंखों में
नज़र आये मुझे इक दिन
दो क़तरे आंसुओं के
बहुत चाहत हुई, लेकिन
मैं उनको छू नहीं पाया

रहा ख़ामोश उसके बाद...!

3

हर इक बात, वैसी न रही, फिर
मेरे छोटे से क़स्बे में
जहां रहता था मैं!

बड़ी इमारतें और शॉपिंग मॉल, उठने लगे
जहां पर छोटे छप्पर थे!

बदलने लग गये आहिस्ता-आहिस्ता
हंसी और आंसुओं के रंग, लोगों के

वो दो क़तरे बहे थे जो
तुम्हारी भीगी-सी पाकीज़ा आंखों से
वो अब मोती नहीं लगते!

Right Here Was the Ocean

Right here was the Ocean,
angry, petulant,
pounding its head against the
rocks,
growling, crashing and roaring,
boasting of its might and power;
the reticent, modest moon
in the sky,
its friend,
kept pace with it,
the ocean yearning
to hold the moon
in its arms.

Only a few signs remain,
all else is gone;
hunched and stooping rocks,
their parched tongues sticking out,
murky water, in patches
lining a barren shore,
but the friend is loyal still;
in the shrivelling patches,
it can spot its image still.

121

Zehra Nigah

Translated from the Urdu by Yasmeen Hameed

समन्दर इस जगह पे था

समन्दर इस जगह पे था
गुसीला, तुंदख़ू, सर पत्थरों से मारता
गर्जता, दौड़ता, चिंघाड़ता, ताक़त पे इतराता
समन्दर इस जगह पे था!
यहां के आस्मां का कम्सुख़न मेहताब
उसका दोस्त
उसके साथ चलता था
समन्दर अपनी बांहों में इसे लेने की ख़ातिर
किस तरह बेताब रहता था
मगर अब कुछ नहीं बाक़ी
निशां से रह गये ख़ाली
ख़मीदा जिस्म चट्टानें
ज़बानें प्यास से बाहर
लिबासे आब के कुछ मलगीजे टुकड़े
किसी वीरान साहिल पर
मगर वो दोस्त अब तक बावफ़ा है
वो अपना अक्स अब भी मलगीजे टुकड़े पे रखकर देख लेता है!

Original text of the poem written in Urdu

A Rather Foolish Sentiment

Said of course to a girl sometime ago

I have no head for tunes,
so into the dark I can carry
no singing voices, no flutes;

no eye for colours either,
so no pigments for my cavemen painting,
nor even the gold and the silver
filaments
that lanterns are said to throw upon your hair;

but only the passing touch
of people whom I once touched
in passing when they let me
pass. Perhaps it will not pass,
for in that touch I think I stumbled
on a pulse, and wondered like a fool

who has no proper sense of body
if it were yours, or mine,
and wondered if you wondered too.

A.K. Ramanujan

Written originally in English

122

302

एक छुआं...

एक लड़की से कहा था

मुझे सुर की समझ कोई नहीं है
अँधेरे में कोई आवाज़, कोई बांसुरी सुनता नहीं मैं
नहीं पहचान रंगों की, कोई
न सोने की, न चांदी की
न उन बारीक रेशों की
तुम्हारे बालों पर जो लालटेनें फेंकती हैं

फक़्त हल्का छुवां–
कभी जो छू गया था, आते-जाते
लोगों ने छूने दिया था
मगर– शायद ये न भूलूं
कि इक धड़कन से टकराया था इस मस में
मैं हैरां रह गया था, बौखलाया था

जिसे ये होश न था जिस्म तुम्हारा है या मेरा
मैं हैरां था कि–क्या तुम भी हैरां थीं?

Scrapping life out

1

Scrapping life out
with my nails,
I stuffed ice
within my body.
Freezing the sun,
I walk away,
carving darkness
behind.

2

She
was hired by
the body.
She
unfortunately
got a bit zesty about it.
Hence,
the body
beat her,
mostly killed her.
The work is, however,
in progress.

123

Vipasha Mehta

Translated from the Gujarati by the poet

ज़िन्दगी खुर्ची

1

खुर्च के नाख़ुनों से ज़िन्दगी को
बदन में बर्फ़ भर ली थी
मैं चल पड़ती हूं –
सूरज ठंडा कर के!

तराशे हैं अँधेरे अपने पीछे!

2

जिस्म ने उसको, किराये पर लिया था
बदक़िस्मती से कुछ ज़्यादा चाव आया था उसे
इसलिये–
जिस्म ने पीटा बहुत, मारा बहुत

काम लेकिन फिर भी जारी है!

My Amusement Suffers from Constipation

As I am sick of the unbearable denseness
I step out of my house …

The first stop
A teashop on a handcart.
Standing on a gutter
I disregard

The movements of insects
Writing in the surrounding water
A stripling kid with an oily face
Dashes a glass of water in front of me
A stream of spillage heads straight
For my clothes.
I regard the dirty scum in my glass
As I regard fishes in an aquarium
Even here, I am totally fed up

The senseless traffic on the street
I read the number plates of vehicles
I am really fed up

I catch hold of an intellectual
And tell him about the brain.
In his opinion
It is more important to have neat bowels

124

क़ब्ज़ी

ये ना-बर्दाश्त, भारी पन से तंग आकर
निकल जाता हूं मैं घर से

मेरा पहला पड़ाव है
वो ठेले पर लगी दुकान चाय की
वो गन्दे नाले के ऊपर लगी है
मुझे परवाह नहीं है!

मकौड़े रेंगते हैं पानी पर, चारों तरफ़
कि मैले चेहरे वाले छोकरे ने
गिलास पानी का रखा भर के
पड़े कपड़ों पे मेरे, छींटे उड़ कर
वो मैली झाग पानी पर
के जैसे 'एक्वेरियम' (aquarium) में तैरती मच्छी
यहां भी तंग आकर बढ़ गया मैं!

बड़ा बेकार ट्रैफिक था सड़क पर
मैं नम्बर प्लेट पढ़ता गाड़ियों के चल दिया
तंग आ गया बिलकुल!

पकड़ के एक दानिश्वर को मैंने
बताया के दिमाग़ क्या है!
मगर उसकी ये राय थी
सुबह का पेट साफ़ होना
दिमाग़ से भी ज़रूरी है!

Than brains
He is uneasy
As he hurries away
I spy a bottle of Kayamchurna
In his hand
My amusement is suffering from constipation
Besides, I can't stand it at all now

There is a flock of young girls
Swinging to and fro on the street
But my veins
Are lethargic and cold
Like the snake which has swallowed a frog
I can't look around
I can't walk

Still somehow I managed
To reach home
As soon as I open the door
I come across a line of ants
On the floor
I draw a circle
Of Fevicol around them
A clean white circle
The ants are going round and round
The ant trying to break out
Will be trapped in the Fevicol and will die

My God! Thirty-seven ants are trapped
And are clambering
Eight of them are going round
Left right left
Left right left

Now only one is left

बड़ा बेचैन था वो
बड़ी जल्दी से खिसका
थी उसके हाथ में इक 'क़ायम चूरन' वाली शीशी
मेरी कठिनाई क़ब्ज़ी की बड़ी दिलचस्प थी लेकिन—
उसे बर्दाश्त करना अब कठिन होने लगा था

गली में झुंड था इक लड़कियों का, आगे-पीछे
मगर मेरी रगें—
इक ठंडे काहिल सांप जैसी थी
कि मेढक जिसने निगल लिया हो
न चल सकता, न चारों गिर्द तक सकता था वो
किसी सूरत मैं घर लौटा!

खुला दरवाज़ा जैसे ही
लकीर इक च्यूंटियों की फ़र्श पर, मुझको नज़र आई
उठा के 'फ़ेवीकोल' (Fevicol) इक घेरा उनके गिर्द खींचा
सफ़ेद इक दायरा पूरा
लगीं सब च्यूंटियां अब गोल-गोल चक्कर लगाने
अलग हो कर चली च्यूंटी कोई तो,
वो 'फ़ेवीकोल' (Fevicol) में फंस कर मरेगी

ख़ुदाया! कोई सैंतीस (37) च्यूंटियां घेरे में हैं
और हाथ-पांव मार रही हैं
हैं आठ उनमें, जो चक्कर मार रही हैं
लेफ़्ट राइट लेफ़्ट
लेफ़्ट राइट लेफ़्ट

बची है एक अब,
और दूसरी सब फंस चुकी हैं
अकेली वो ही चक्कर काट रही है
अगरचा वो भी अब तंग आ चुकी है, गोल चक्कर से

All others are trapped
She is going round alone
Even she is fed up of going in circles
Even she can't stand the denseness.
Me, I am absolutely fed up

There is no need to draw a circle around me
Just order 'left right left'
I will march to the beat
Say left and I will turn left
Say right and I will turn right
I will go round and round the mulberry bush
I will devotedly circumambulate
I will religiously circumambulate

Sing round and round the mulberry bush
I will fill the rainwater in a circle
I will go round in a circle
I will go round fast in a circle
I will go round and round
Until my brain starts to jiggle
Like a dry kernel inside a coconut

Only that
The constipation plaguing my amusement
Should give me a breather.

Dasoo Vaidya

Translated from the Marathi by Sachin Ketkar

ये भारीपन नहीं बर्दाश्त, उसको!
मुझे भी!
मैं बिलकुल तंग हूं!

मेरे गिर्द दायरा खींचें, ज़रूरत ही नहीं है
फ़क्त 'ऑर्डर' करें लेफ़्ट राइट लेफ़्ट
मैं ताल पर चलता रहूंगा
कहो 'लेफ़्ट' तो लेफ़्ट घूम जाऊंगा
कहो 'राइट' तो राइट को घूमूंगा
दियान्तदारी से घूमूंगा मैं,
बड़ी ईमानदारी से लगाऊंगा मैं चक्कर
जमा करलूं मैं बारिश का पानी दायरे में—
और घूमूंगा
मैं गोल-गोल काटूंगा चक्कर
कि जब तक नारियल की सूखी गुठली की तरह
दिमाग़ घूमे नहीं
उसी से, मुझको भी, क़ब्ज़ी
कि दिलचस्पी से कुछ
राहत मिलेगी!

I Have to Be Deceived Like Last Night

Please leave me now,
I have to be deceived yet again
like last night!
Don't take away my wine cup
by promising heaven.
I too have the news;
people are thirsty to
taste some wine up there too.

I can't live like
a fly sitting on the
blood spilled in a riot.

Realizing that everything
I see is not rosy, I have to fly
towards the fragrant streets in front of brothels
as it is the time when
chaste people at homes
close their ears.

Like last night,
I have to reach the ground
by shedding my petals slowly,
the windows and doors of heaven
should close their eyes in shyness.
Please leave me, let me go
before the lights of Madhushala fall asleep!

125

प्लीज़, जाने दो मुझे

प्लीज़, जाने दो मुझे
धोखा खाना है मुझे
कल रात की मानिंद फिर से!
मुझ से मत लो, मय का प्याला
दे के वादा स्वर्ग का!
मुझको ख़बर है–
लोग प्यासे हैं वहां भी,
देखने को ज़ायक़ा मय का!

जी नहीं सकता मैं, मक्खी की तरह
बैठ कर ख़ूं पर जो दंगों में गिरा है!

जान कर, सब कुछ नहीं है खुशनुमा
मुझको उड़ कर जाना है महकी हुई गलियों में, चकले हैं जहां
वक़्त है ये, पारसा लोगों के घर जब कान बंद कर लेते हैं सब!

कल रात की मानिंद
फिर वहीं जाना है मुझको
धीरे-धीरे पत्तियां अपनी गिरा कर
स्वर्ग की सब खिड़कियां दरवाज़े, अपनी आंखें
बेशक बंद कर लें शर्म से
प्लीज़, छोड़ो और जाने दो मुझे
इससे पहले कि 'मधुशाला' की सारी बत्तियों को नींद आ जाये!

The jasmine creeper
of that street will bear more flowers
today than usual.
I, the one who is to be deceived
have to cross the same street yet again!

Ramesh Aroli

Translated from the Kannada by Ravikumar S. Kumbar

उस गली में मोगरे की बेलों पर आज
रोज़मर्रा से ज़्यादा फूल आयेंगे
और मुझे– धोखा खाने के लिये
उस गली से फिर गुज़रना है!

The Republic of Kosal

Kosal is a republic in my imagination
The people of Kosal are unhappy
because Kosal is a republic only in the imagination

All day, the citizens gamble
Those who do not gamble
sleep

All day, the citizens tell stories
Those who do not tell stories
sleep

All day, the citizens are peevish
Those who are not peevish
sleep

The citizens rejoice in Kosal's past
Those who do not rejoice
sleep

Kosal is a republic in my imagination

Shrikant Verma

Translated from the Magadhi/Hindi

126

कोसल गणराज्य

कोसल मेरी कल्पना में एक गणराज्य है
कोसल में प्रजा सुखी नहीं
क्योंकि कोसल सिर्फ़ कल्पना में गणराज्य है

नागरिक
दिन-भर जुआ खेलते हैं
जो जुआ नहीं खेलते
ऊँघते हैं

नागरिक
दिन-भर किस्से पढ़ते हैं
जो किस्से नहीं पढ़ते
ऊँघते हैं

नागरिक
दिन-भर खींजते हैं
जो खींजते नहीं
ऊँघते हैं

नागरिक
कोसल के अतीत पर
पुलकित होते हैं
जो पुलकित नहीं होते
ऊँघते हैं

कोसल मेरी कल्पना में गणराज्य है

Broken Truck

I have watched it since
the last rain;
it stands there day after day
broken and a little confused;
now it has started to sprout.

I can see a tiny creeper
moving towards the steering,
a small leaf is bending over the horn
as if about to blow it.
A gentle and almost voiceless
repairing is going on inside the
entire truck:
a nut is being loosened here,
a wire is being tightened there,
the truck has been abandoned
to grass. And
the grass is now anxious to change
its wheels.

It gives me pleasure to think
that by morning all will be
as before:
I'll wake up
and hear the honking of the horn,
the truck with a grating noise shall start
and move toward Tinsukia or Bokajan.

127

टूटा हुआ ट्रक

मैं पिछली बरसात से उसे देख रहा हूं
वो वहां उसी तरह खड़ा है
टूटा हुआ और हैरान
और अब उससे अंखुये फूट रहे हैं।

मैं देख रहा हूं
एक छोटी-सी लतर
स्टीयरिंग की ओर बढ़ी जा रही है
एक ज़रा-सी पत्ती
भोंपू के पास झुकी है
जैसे उसे बजाना चाहती हो
एक बहुत महीन और बेआवाज़-सी ठोंक-पीट
लगातार जारी है समूचे ट्रक में
कोई नट खोला जा रहा है
कोई तार कसा जा रहा है
टूटा हुआ ट्रक
पूरी तरह सौंप दिया गया है
घास के हाथों में

It is now evening,
the broken truck is still there as always.
It stares at me with its rude glare.

And I realize
that if the truck had not been there,
how hard it would be for me to know
that this is my city,
these are my people
and that is my house, where I live.

Kedarnath Singh

Translated from the Hindi by Sunita Jain

और घास परेशान है
पहिये बदलने के लिये

मेरे लिये ये सोचना कितना सुखद है
कि कल सुबह तक सब ठीक हो जायेगा।

Original text of the poem written in Hindi

A Bad Omen

In a strange moment,
the book fell in the mud;
tears trapped in grimy eyes
of brilliant words
beckoned me
but I was lost,
my eyes beheld another world.
The longing for new horizons
has severed me
from my own sight, my own vision;
orbiting new paths,
I have shifted from my own axis.
Rewards, bounty,
potentiality, hope,
fear, uncertainty, despair;
countless segments split me up.
Before night lays its trap,
I ponder to return.
Who knows, the book
might still be there;
who knows, it might
be awaiting my return.
Tears trapped in the grimy eyes
of brilliant words
may wash off the dust

128

बदशगुनी

अजब घड़ी थी
किताब कीचड़ में गिर पड़ी थी
चमकते लफ़्जों की मैली आंखों में उलझे आंसू बुला रहे थे
मगर मुझे होश ही कहां था
नज़र में इक और ही जहां था
नये-नये मन्ज़रों की ख़्वाहिश में अपने मन्ज़र से कट गया हूं
नये-नये दायरों की गर्दिश में अपने मेहवर से हट गया हूं
सिला, जज़ा, ख़ौफ़, नाउम्मीदी
उम्मीद, इमकान, बेयक़ीनी
हज़ार ख़ानों में बट गया हूं
अब इससे पहले कि रात अपनी कमंड डाले ये चाहता हूं कि लौट जाऊं
अजब नहीं वो किताब अब भी वहीं पड़ी हो
अजब नहीं आज भी मेरी राह देखती हो
चमकते लफ़्ज़ों की मैली आंखों में उलझे आंसू

of ambition,
of lust,
of arrogance;
who knows, my words might condone me—
In a strange moment,
the book fell in the mud.

Iftikhar Arif

Translated from the Urdu by Yasmeen Hameed

हवा-व-हिर्स-व-हवस की सब गर्द साफ़ कर दें
अजब नहीं मेरे लफ़्ज़ मुझको माफ़ कर दें
अजब घड़ी थी
किताब कीचड़ में गिर पड़ी थी!

Original text of the poem written in Urdu

The Chessboard

Okay, today I give you
an equal chance
to win this game or lose,
this same old game of love.
The chessboard is between us,
of black passion and white lies.
And although I've arranged
my arguments in a straight row,
I see that they are just petty pawns
too weak to take more than a step
in the face of your lying horse
jumping two steps at a time.
Or your sweet words able to turn
or sway anyway like the queen.
You castled early on in the game
withdrawing in a corner, putting
the rook like a wall between us,
always in a hurry to checkmate.
Were you so scared of defeat?
Or maybe surrender?

Minal Sarosh

Written originally in English

129

शतरंज

चलो मैं आज मौक़ा देती हूं
तुम को बराबर का
कि जीतो खेल, या हारो
पुराना खेल है मुहब्बत का

बिसात शतरंज की—हमारे दर्मियां है,
सफ़ेद झूठ, और काली हवस!

अगरचा मैंने तो अपनी दलीलों की
बड़ी सीधी लकीरें खींच दी हैं
बेचारे प्यादे हैं, कमज़ोर हैं, और
इक क़दम मुश्किल से लेते हैं
तुम्हारा घोड़ा तो इक बार दो घर टाप जाता है
तुम्हारी मीठी बोली, जिस तरफ़ चाहे
घूमा देती है 'क्वीन' को
बड़ी जल्दी ही 'कैसल' कर लिया है,
खेल में तुमने
चले आये हो कोने में—
बिठा कर दर्मियां में 'रुख़',—
इक दीवार कर ली है—!

तुम इतना डरते थे क्या, हार से?
या ख़ुद को सौंप देने से?

Likeness

Gazing at my old photograph on the wall,
My friend, new at my home, asked:
'Your younger brother?'
Yes.

Almost the same face,
almost the same dishevelled hair.
Only the eyes are not deep and
happy memories are not so far away.
'Looks more handsome than you,'
said my friend.

Confidence had made his movements nimbler,
he matched better with the world;
no solitude made him lonely.
My friend looked closer
and asked me in a whisper:
'No more?'

Yes,
almost no more.

Kalpatta Narayanan

Translated from the Malayalam by the poet

130

हमशक्ल

पुरानी इक मेरी तस्वीर को, दीवार पर, कुछ ग़ौर से देखा
नया आया था मेरे घर पे,– मेरे दोस्त ने पूछा
'तुम्हारा छोटा भाई है?'
'हां!'

है बिलकुल वैसा ही चेहरा
वही बिखरी हुई ज़ुल्फ़ें–
मगर आंखों में गहराई नहीं है
'ज़्यादा हैन्डसम था, तुम से लगता है!'
मेरा वो दोस्त बोला!

'बड़ा विश्वास था ख़ुद में, बहुत ठहराव था उसमें
निभा लेता था दुनिया से,
अकेले होके भी तन्हा नहीं महसूस करता था'

क़रीब आया ज़रा-सा और मेरा दोस्त,
और सरगोशी में पूछाः
'नहीं है अब?'
'हां– तक़रीबन नहीं है!'

Epitaph

There no need to know who I am
What's the need to remember me
To think of me
Instead remember my set of false teeth
Evening film and the birth fluid
I had come and seen, but could not win
In any scarecrow revolution
Traveller, if you are born in Bangladesh
You are bound to hear my deep sigh.

Syed Shamsul Haque

Translated from the Bengali by the poet

131

कुतबा

क्या ज़रूरत है कि जानूं, कौन हूं मैं
क्या ज़रूरत है कि मुझको याद रक्खो
क्यों याद करना है?
सिर्फ़ नक़ली दांत मेरे याद रखना
शाम की फ़िल्म, और आनूल नाल मेरा
आया मैं, देखा, मगर न जीत पाया
कोई तहरीक, आन्दोलन 'बजूका'
ओ मुसाफ़िर, तुम जो बंगलादेश में पैदा हुये हो
सुन सकोगे मेरी गहरी आह तुम!

Waiting for You

You can leave for Delhi when you want
Today, tomorrow … whichever moment you choose
I have kept your robes ready.
Don't forget to carry that ceremonial cloth of Nandi the Bull
You will meet your brethren all over.

You will not be stopped in any lane
Swings are hanging in the drawing rooms
Don't ask for directions as you walk
Any house marked … consider it as yours

As you go to the Parliament from Red Fort …
Don't worry even if you aren't wearing anything
Gandhiji will welcome you
But do not show you know him
See if you can find Gandhi's three monkeys
that were lost in the Parliament.

And if you don't,
Come back to our village … minus any robes
I am waiting for you there.

Arun Shevate

Translated from the Marathi by Deepak Lokhande

132

तुम्हारी राह देखूंगा

किसी लम्हे भी जा सकते हो दिल्ली, आज, या कल,
जब भी जी चाहे
सभी पोशाकें भी तैयार रखी हैं
मगर मत भूल जाना, 'नंदी' की चादर
तुम्हारी ज़ात वाले सब मिलेंगे वां!

कोई न रोकेगा, तुम जिस गली जाओ
लटकते झूले हैं दीवान ख़ानों में
दिशा मत पूछना तुम जिस तरफ़ जाओ
कोई अच्छा लगे घर तो, तुम्हारा है यही समझो!

कभी 'संसद' को जाते-जाते गुज़रो लाल क़िले से
अगर नंगे हो — कोई हर्ज नहीं है
कि गांधी जी भी स्वागत ही करेंगे,
दिखाना मत कि उनको जानते हो
तलाश करना, अगर तुम गांधीजी के, तीन बंदर ढूंढ़ पाओ
जो 'संसद' में कहीं गुम हो गये थे

अगर न ढूंढ़ पाओ—
चले आना हमारे गांव, नंगे ही
मैं गांव में तुम्हारी राह देखूंगा!

In the Library

An evening is lying dead in the library

The evening that yesterday
had asked me for a drop of blood
from the slag hills of dead stars

I did not know then
the mystery of my blood,
that hill and the evening

Today, among these books
the evening lies dead

Under that evening
all these days
that hill,
and, in my consciousness,
death,
had come alive for a moment.

Nilim Kumar

Translated from the Assamese by the poet

133

लाइब्रेरी

मरी पड़ी है एक शाम लाइब्रेरी में
वो शाम जिसने कल ही मुझसे, एक बूंद ख़ून मांगा था
बुझे सितारों की, पहाड़ों के मलबे से!

मुझे पता नहीं था तब
रहस्य मेरे ख़ून, और
पहाड़ी, और शाम का!

और आज इन किताबों में
मरी हुई पड़ी है शाम!

उस एक शाम के तले ही
इतने दिन–
पहाड़ी और मेरे दिमाग़ में
मौत लम्हे भर को ज़िन्दा थी!

In Her Throat

No dream tells the sky
how to ask the night
that has come now
to leave.

What we speak now
are the words in the mirror

There is no sleep
in the home of my tears
in the lips of sleep
there are no dawns and dusks

Eyes are far removed from dreams

A tiny night is rising
in her throat

I shall live again
in this night.

M.S. Naidu

Translated from the Teulgu by D. Kesava Rao

134

आसमां के गले में

कोई भी ख़्वाब बतलाता नहीं है आसमां को
वो कैसे रात से कह दे
जो आई है,
चली जाये!

जो अब हम कह रहे हैं
वो आइने पे लिक्खा है—

नहीं है नींद कोई
मेरे इन अश्कों के घर में
लबों पे नींद के
न कोई सुबह है, न शाम कोई
कि ख़्वाबों को अब आंखों से अलहदा कर दिया है

ज़रा-सी शब चली आई है
फिर उसके गले में—!
मुझे इस रात में—फिर से जीना है!

The Railway Platform

The trains don't arrive
the signals don't drop.
On the iron rails,
the python has gone to sleep.

The ghosts of the shadows rise
from the tea shop,
from the opium-eyes
of the security guard.
The thirst does not end.

Oh! What a beautiful time.
The shadows are in the secure laps,
on the cement floor.

The night stands
on the platform,
wearing a black coat.

Samarendranath Mahapatra

Translated from the Odiya by Bibhu Padhi

135

रेलवे प्लेटफ़ॉर्म

रेलें भी नहीं आतीं
सिग्नल भी नहीं गिरते
कि लोहे की पटरी पर
इक अजग्र सोया है

परछाईंयों के भूत उठे,
इक चाय की दूकां से
गार्ड की, अफ़ीमची आंखों से
प्यास नहीं बुझती!

आह कितना हसीं वक़्त है
परछाईंयां सोती हैं, महफ़ूज़ आग़ोशों में
सीमेंट के फ़र्श ऊपर!

प्लेटफ़ॉर्म पे रात खड़ी है—
काला कोट पहन कर!

Attire

Hung the day
upon the peg
and took down night
from the hangar
to wear
day and night
have gone so old now
what attire
will be suitable
for the journey to come.

Leaf's Sorrow

It makes no difference
whether it lives
withers or
falls off
to the tree.
Is it this sorrow
that wills
the leaf to wilt?

Adil Raza Mansoori

Translated from the Urdu by Anju Dhaddha Misra

136

लिबास

लटका दिया
दिन
खूंटी पर
हैंगर से उतारी
रात पहनने के लिये
दिन और रात
हो गये कितने पुराने
अगले सफ़र के लिये
मुनासिब होगा
कौन-सा
लिबास!

पत्ते का ग़म

इसके हरे रहने
सूखने, झड़ने से
फ़र्क़ कुछ पड़ता नहीं है
पेड़ को
क्या इसी ग़म में
घुल जाता है
पत्ता?

Original text of the poem written in Urdu

48 Hours Remaining

I'll give you a missed call
Just as a monsoon river floods extensive locales
And doesn't even spare the school—
I won't be that bad, I'm a bit educated at least

Enough to feed myself grains
For the past winters and seasons
I rejected sneakers and wore sandals
And sensing a night-hag's call I went out
And realized I'm in danger
As the way back has closed down—
So what, they sing of 'walking alone',
Through the darkness of that vast ocean,
Smeared with slumber and tears …

I'll ring you before I vanish.
Would you notice? You are too busy …
And even if you do don't ring back
Then I won't talk either,
Nor sign in any dream's or nightmare's records made yet

I'll stand with my head on the window grill
I'll stand no matter how drowsy I might be
I still have forty-eight hours left …

137

Binayak Bandyopadhyay

Translated from the Bengali by Debayudh Chatterjee

अड़तालीस घन्टे

तुम्हें 'मिस्स कॉल' दूंगा मैं
उमड़ आता है दरया जिस तरह बारिश में और सैलाब
के पानी से भर देता है सब जगहें,
स्कूलों को भी फिर वो बख़्शता नहीं
नहीं ऐसा बुरा भी तो नहीं हूं मैं
पढ़ा-लिखा हूं थोड़ा-सा

बहुत थे पेट भरने के लिये दाने
कई गुज़रे हुये कुछ मौसमों से
मैं 'स्नीकर्स' (sneakers) छोड़ कर चप्पल पहनने लग गया था
चुड़ैल थी रात की कोई, कि उसकी 'काल' पर
बाहर गया था मैं– और...
लगा मुझ को कि ख़तरे में हूं –
और मेरा लौटने का रास्ता बंद हो गया है
तो क्या?–
वो गाते हैं ना, 'चलो ऐकला चलो रे...'
अँधेरों के समन्दर से, चकते नींद के, और आंसू ले कर...

मैं गायब होने से पहले,
तुम्हें फिर कॉल करूंगा
तो तुम पहचान लोगी क्या? बहुत मसरूफ़ रहती हो
अगर हो भी तो वापिस कॉल न करना
मैं भी न बोलूंगा
किसी अच्छे बुरे सपने का–
इशारा भी न दूंगा!

मैं खिड़की की सलाख़ों पर लगा कर सर खड़ा रहूंगा
खड़ा रहूंगा मैं चाहे कितनी नींद आये
अभी 'अड़तालीस' घन्टे और बाक़ी हैं!

This World Is Beautiful

In the front room
Me in a cosy chair
The world through a window frame

A drumstick tree
A couple of palms
Concrete buildings
A spangle of antennae
Clear blue sky
Gleaming
Under the sun's eyes

In the tree's branches
A couple of playful squirrels
Flitting in and out of sight
From nowhere
A crow landed on a branch
Stole a glance
Right
Left
Cawed a parting message and
Disappeared

On the street
Human faces
Cries crossing
In fitful spurts

From this angle
At this moment
The world is beautiful.

138

A. Rajamarthandan

Translated from the Tamil by K.S. Subramanian

ये दुनिया ख़ूबसूरत है

सामने वाले कमरे में
आराम कुर्सी में, मैं!
खिड़की की फ्रेम में रखी दुनिया!

सहजन फल्ली (drumsticks) का पेड़ है एक
और दो पाम के पौधे
पक्की बिल्डिंग—
'ऐन टीनूं' का गुच्छा
सुथरा नीला आसमान
चमकीला—
सूरज की आंखों के तले

पेड़ों की शाख़ों में
इक जोड़ा शोख़ गिल्हरयों का
फुदक फुदक कर अन्दर बाहर
जाने कहां से कागा इक आ बैठा शाख़ पर

आंख घुमायी— दायें बायें
कायें कायें में कह के कुछ
ग़ायब हुआ!

और गली में
लोगों के चेहरे
आते-जाते
रह-रह के हुमकते

इस लम्हा—
इस ज़ाविये से
ये दुनिया ख़ूबसूरत है!

Bread and Parliament

One man
rolls bread,
another
eats it
a third,
who neither rolls the bread nor eats it
only plays with it.

I ask—
who is this third?
The parliament
does not speak.

Dhoomil

Translated from the Hindi by Sunita Jain

139

रोटी और संसद

एक आदमी
रोटी बेलता है
एक आदमी रोटी खाता है
एक तीसरा आदमी भी है
जो न रोटी बेलता है, न रोटी खाता है
वो सिर्फ़ रोटी से खेलता है

मैं पूछता हूं -
ये तीसरा आदमी कौन है?
मेरे देश की संसद मौन है।

Original text of the poem written in Hindi

Reflection of a Crow

Why do these humans
need me, a black bird, so much
at the time of their dead
though they are rich?

Death is an end, they know,
Then why all this noisy show!
Even at the sweeping end
they don't want to bend,
that is the human trend!
Change they want,
they want everything
and everyone to change;
but their basic nature
rejects any change.

At the burial ground
before and after the burial
they cry and go round,
they can't bear our denial
and call us to eat the pindam

Our cries are awakening calls,
theirs for the dead are false;
our demand grows
at their ceremony shows.

These poor souls see in us
their departed souls;
are they learned fools
or we their foolish tools?

140

T. Vasudeva Reddy

Written originally in English

विचार कव्वे के

मनुष्य को क्यों ज़रूरत है मेरी,
इस काले पंछी की!
किसी की मृत्यु हो जब,
धनी है इतने वो, फिर भी!

इक अंत है मृत्यु, इतना जानते हैं
फिर इतना शोर गुल क्यों? किस लिये?

सफ़ाया होने पर भी, अस्थियों का
मनुष्य झुकते नहीं हैं
स्वभाव है मनुष्य का—
बदलना चाहते हैं
बदल जाये सभी कुछ—
स्वभाव है मगर बदलाओ वो रद्द भी करते हैं

वो मरघट पर—
जला देने के बाद — और पहले
'परिकर्मा' भी करते और रोते हैं
मगर हमको बुलाते है कि 'पिंड' भोगें

हमारी 'कायें' हैं सच की पुकारें
और उनका रोना-झोटा
और उनकी इस नुमाइश पर
ज़रूरत अपनी बढ़ती है!

बेचारी आत्मा उनकी,
हमीं में जाने वाली आत्मायें देखते हैं
पढ़े-लिखे वो सारे बेवकूफ़ हैं या,
हमीं उन बेवकूफ़ों के खिलौने हैं?

Which Language Should I Speak?

Chewing trotters in the badlands,
my grandpa,
the permanent resident of my body,
the household of tradition heaped on his back,
hollers at me,
'You whore-son, talk like we do.
Talk, I tell you!'

Picking through the Vedas,
his topknot well-oiled with ghee,
my Brahmin teacher tells me,
'You idiot, use the language correctly!'
Now I ask you:
Which language should I speak?

Arun Kamble

Translated from the Marathi by Priya Adarkar

141

कौन सी भाषा मैं बोलूं?

चबाया करते थे 'चौपाये'
मेरे दादा–
वहीं पर परवरिश पाई थी मैंने
रवायत का घराना पीठ पर लादे हुये
वो गाली दे के कहते थे
'हरामज़ादे–बोलो जैसे बोलते हैं हम
बोलो–मैं कहता हूं तुमको!'

'वेदांत' सिखलाते हुये मुझको,
गृह चोटी की घी से तरबतर
गुरु ब्राह्मण मेरे, बोलेः
'मूरख, भाषा ठीक से बोलो!'

मैं कहता हूं बताओ–
कौन-सी भाषा मैं बोलूं?

The Tree

1

O! Oblivious tree,
Listen to me,
Return to your senses,
You wrapping yourself the shawl of grey wind,
Raise arms of branches to the sky,
Gaze beyond the moon and the stars,
Whom you summon evoking
Through sighs and glitches,
The earth gurgles,
Cords of the sky fastened with the hooks of *Aza*
Temporally are now to be undone;
On the other hand,
God being despised of Man,
Gathers His tears to drown the world,
And I have to make the boat.

2

O! Acacia,
Your flowers are thorns,
And thorns are your attire,
When spring comes,
They laugh sans smell.
At the scorching noon you wear
The colour of saints;
And on the slate of desert
You inscribe 'thirst'
So, thirst is your destiny.

Upon your head, you have the shawl of sunlight,

शजर

1

शजर
ऐ बेख़बर
सुन
होश कर
हवा की सुरमई चादर बदन पर ओढ़ कर
बांहों की शाख़ें आसमां की सिम्त उठाये
चांद तारों से उधर नज़रें जमाये
सिसकियों और हिचकियों के ज़ोर पर किसको बुलाता है
ज़मीन तो बहने वाली है,
अज़ल की खूंटियों से आसमां की जो तनाबें आर्ज़ी बुनियादों पर बांधी गई थी, खुलने वाली हैं,
ख़ुदा इन्सान से मायूस होकर
अपनी दुनिया को डुबोने के लिये आंसू इकट्ठे कर रहा है
और मुझे कश्ती बनानी है!

2

शजर कट चुका था
लकड़हारे उसके बदन के कई टुकड़े कर के
गधा गाड़ियों में भरे जा रहे थे
थकी-हारी चिड़िया ने

Patience surrounds your existence
As if the dry skin of silence is etched
Around the termite eaten skeleton.

O! Acacia,
Your shade has been scorched since your birth,
Womb of which gives birth to nothing
But mirages in the rainy season,
And on seeing, spill from the eyes
The brackish dreams.

Ayub Khawar

Translated from the Urdu by Muhammad Shanazar

ये ख़ूनी मंज़र जो देखा तो परवाज़ उसकी अचानक फ़िज़ा में हुनुत हो गई

किसी ने न देखा
न चिड़िया की आंखों में आंसू
न मुंह में लरजता हुआ दाना-दुनका
न बच्चे
सुलगती ज़मीं पर तड़पते हुये
न तिनके
हवा में बिखरते हुये!

Original text of the poem written in Urdu

The Running

Friend,
I am running
at my best

I am anxious,
for being surpassed
even by snails

but,
what can I do?
This my highest speed.

M.R. Renukumar

Translated from the Malayalam by T.P. Sajeevan

143

रफ़्तार

मैं दौड़ता हूं
ऐ दोस्त अपनी
इन्तेहा पर!

मगर हूं बेचैन
कोई तो मुझ से आगे निकले
हो 'घोंघा' बेशक!

मगर करूं क्या?
कि मेरी रफ़्तार की यही तो इन्तेहा है!

One room, one purpose and one 'intellectual' woman

A window
In the opposite direction of the wind
A nondescript table
A mirror—a reflection of life
Kohl, powder, cream and eyebrow pencil
One English novel and
Some daily papers,
Showing 'intellectual' connection
This is an 'intellectual' woman's room.

Empty cups and cigarette butts
Reminding the warmth
Of the boyfriends, conversations
Just finished;
Nepali mat,
Borders of carpets
Crossing the mat's border
If not of the ideals
'Boyfriends' sometimes
Reach the bed and
Rest their heads
On the soft pillows
Always laden with
The dream of discontentment.

144

एक दानिश्वर

एक खिड़की–
जो हवाओं के मुख़ालिफ़ खुलती है
एक मेज़, मामूली-सा
एक आईना–ज़िंदगी का अक्स देता है
सुरमा, पाउडर, क्रीम और आईब्रो बनाने वाली पेन्सिल
एक नॉवेल इंग्लिश का–और डेली पेपर!
एक दानिश्वर की इतला देते हैं
एक दानिश्वर औरत का ये कमरा है

ख़ाली कप कुछ और टुर्रे सिगरेट के
'बॉय फ्रेंड' की गुफ़्तगू की गर्मजोशी का पता देते हैं सब
हाल ही में जो हुई थी–

एक चटाई– नेपाल की
और ग़लीचों के किनारे,
जो चटाई से बड़े थे
बॉय फ्रेंड जो आराम कर लेते हैं बिस्तर पर कभी
सर टिका कर नर्म तकियों पर
जो भरे रहते हैं बेचैनी के ख़्वाबो से हमेशा!

इक घुटन–
एक बेचैनी, भरी रहती है कमरे में

A suffocation
A restlessness
Overwhelms the room,
Memories of the Queen of Jhansi,
Joan of Arc and Madame Curie
Being at odds with
Society goal and status
Are laughing in response.
Parijat …
'One Room …'

Where is Krishna's Radha.
Rama's Sita and Manu's beloved, where?
But here her daily toil
Has become a rigmarole—
A hard life;
Here
The handful of paper money
Coming at the end of the month—
Part of a graduate's 'pay scale'
Are pawned
On her overworked sweat drops.

Parijat

Translated from the Nepali by Abhi Subedi

झांसी की रानी की यादें
'जॉन ऑफ आर्क' और मैडम 'क्यूरी' याद आती हैं
जो लड़ी थीं, एक मक़सद, एक रुतबे के लिये सोसाइटी से
देख कर हंसते हैं
'परी जात!' एक कमरा!

कृष्ण की राधा कहां है?
राम की सीता, मनु की प्रेमिका आख़िर कहां?
रोजमर्रा का जहद, इसका झमेला है यहां—!
इक मशक़्क़त से भरी है ज़िंदगी
आमदनी थोड़े से 'नोटों' की
जो महीना ख़त्म हो जाने पे मिलती है
थोड़ा-सा 'ग्रेजुएट' की तनख्वाह का हिस्सा है
ख़ून-पसीना गिरवी रख कर वो कमाती है!

Every Morning

Early morning
Early morning
Temple bells
Mulla's azaan
Granthi's shabad
Twittering sparrows
Calf's lowing
Rays of the sun
Advancing day
None of these things
Wakes me up
Nothing in them
Stirs alertness
In my slothful nature
What wakes me up are
School fees of children
Dues of the grocer
Payment to the milkman
The electricity bill
House rent
Medicine for mother
Wife's sari
Dowry for my daughter
Shagun for my sister-in-law
Every night

If I'm not able to sleep for long
In my wakeful state
TV film
Barking dogs
Chowkidar's 'Jagte Raho'
Or wife's physical attraction

145

हर सुबह

सुबह-सुबह — हर रोज़ सुबह
मन्दिर के घन्टे
मुल्ला की अजान
और पाठ ग्रन्थी का!

चहचहाना चिड़ियों का
बछड़े के डकार
सूरज की किरन—चढ़ता दिन

इन में से, कोई भी चीज़
बेदार नहीं करती मुझको
इन में कुछ भी,
होशियार नहीं कर सकती

जज़्बाती मेरी फ़ितरत को
बेदार जो रखती है

बच्चों के स्कूल की फ़ीस
बनिये का उधार—
दूध के पैसे
बिजली का बिल
घर का किराया
मां की दवाई
पत्नी की साड़ी
बेटी का दहेज—

Have no place
What do have a place
Are calculations
Diminishing income
Increasing dearness
Declining youth
Burden of worries
The coming day
Children's fees
Grocer's dues
Milkman's payment
Electricity bill
House rent
Mother's medicine
Wife's sari
Daughter's dowry
sister-in-law's shagun
Early morning
Early morning
Every night!

Mohan Singh

Translated from the Dogri by the poet

साली का शगुन–
रोज़ रात को!

देर तलक गर सो न जा सकूं तो
जागते जागते–
टी.वी. फ़िल्म–भौंकते कुत्ते
चौकीदार का–'जागते रहो'
पत्नी की कशिश–कोई मानी नहीं!

मानी हैं जिसके
जोड़ हिसाब–घटती आमदनी
बढ़ती मंहगाई–घटती जवानी
चिंता का बोझ–और अगला दिन

बच्चों की फ़ीस
बनिये का क़र्ज़ा
दूध के पैसे
बिजली का बिल
घर का किराया
मां की दवाई
पत्नी की साड़ी
बेटी का दहेज–साली का शगुन
सुबह-सुबह–हर रोज़ सुबह
और हर रात!
रोज़-रोज़ को!

Flight

The warning disguised as a message
came before the village was up and about,
and when they left
they didn't carry pots or blankets
or even machetes.
As they went to the outpost of guardians,
they left chickens running in the yard
and the dog lazing on the steps.

Flights like theirs
do not have destinations,
and only once did they wish for wings.

The taste of the herd will return them
to dark and dingy towns where
they will sell used clothes, wild meat and herbs.
the most vulnerable will sell bodies.
Because in spite of the land mines
they still shared limbs.

Words like the end of history
will not resonate anywhere in their lives;
they do not have meat and drinks left
to offer to embedded scribes.
As newspapers have died on them. Like before
their fates will go unreported, arousing
only a shred of curiosity somewhere.

146

Robin Ngangom

Translated from the Manipuri by the poet

फ़रारी

संदेसे में छुपी हुई चेतावनी आई
गांव भर के जागने उठने से पहले ही।
कूच किया जब–
भांडे कंबल, कुछ न साथ लिया, उन सब ने,
और कोई हथियार नहीं
रखवालों की चौकियों तक जाते जाते
आंगन में दौड़ती मुर्गियां छोड़ीं
और– सीढ़ियों पर सुसताते कुत्ते!

ऐसे फ़रारी में...
मन्ज़िल कोई नहीं होती
पहली बार ये चाहा, उनके पंख भी होते

रेवड़ में जीने की आदत उनको लौटा देगी
मैले-कुचैले, गंदे, अँधेरे शहरों में
बेचेंगे पुराने कपड़े, जंगली गोश्त, और जड़ी-बूटियां
कमज़ोर हैं जो, वो जिस्म अपने बेचेंगे
'लेंड माईंज़' के बावजूद भी, हाथ-पांव बाक़ी हैं

'इतिहास का आख़िर' जैसे लफ़्ज़ नहीं गूंजेंगे–उनके जीते जी–
उनके पास अब गोश्त शराब नहीं बची है
जो पेश करें–
उनको दस्तावीज़ बना कर रखने के लिये
अख़बारें तो फ़ौत हुईं, उनके लिये
पहले की तरह ही, उनका हशर न दर्ज होना है कहीं
बस एक तज्जसुस की धज्जी, लटकी रह जायेगी!

The Wall

I know
what should be out
and what should be in.
But then
what's this window doing here?

Ismail

Translated from the Telugu by V. Narayana Rao

147

दीवार

मुझे मालूम है,
किसे रखना है बाहर
और किसे आना है अन्दर
मगर ये—
यहां क्या कर रही है—खिड़की!

In the Park

This bench has no tree over it
No leaves fall on this bench of bare wood.
Only sometimes assemble here snatches of
Sunlight and solitude.
While returning home in the evening
Some of these linger in my clothes.

Surajit Ghosh

Translated from the Bengali by Chinmay Guha

148

पार्क में

इस बेंच के ऊपर, पेड़ नहीं है कोई
न कोई पत्ता ही गिरता है उस लकड़ी के बेंच के ऊपर
कभी-कभी जमा हो जाते हैं कुछ टुकड़े धूप के और तन्हाई के
शाम को जब मैं लौट के घर आता हूं
इनमें से कुछ चिपके रह जाते हैं मेरे कपड़ों पर!

Rain

With thick strokes of ink the sky fills with rain.
Pretending to run for cover, I secretly pray for more rain.

Over the echo of the water, I hear a voice saying my name.
No one in the city moves under the quick sightless rain.

The pages of my notebook soak, then curl. I've written:
'Yogis opened their mouths for hours to drink the rain.'

The sky is a bowl of dark water, rinsing your face.
The window trembles; liquid glass could shatter into rain.

I am a dark bowl, waiting to be filled.
If I open my mouth now, I could drown in the rain.

I hurry home as though someone is there waiting for me.
The night collapses into your skin. I am the rain.

Kazim Ali

Written originally in English

149

बारिश

सियाही की लकीरें मोटी-मोटी भर गई हैं आस्मां को बारिश से
बहाना करता हूं बचने का लेकिन है दुआ कि और हो बारिश

मुझे इस गूंजते पानी में कोई नाम से आवाज़ देता है
कोई हरकत नहीं करता यहां, है अन्धा धुंध बारिश

मेरी कापी के पन्ने भीग कर मुड़ने लगे हैं
लिखा है मैंनेः 'योगी घन्टों मुंह खोले, पिया करते हैं बारिश'

सिया पानी भरा प्याला बना है आस्मां—तुम्हारा चेहरा मलता है
खड़कती खिड़कियों के कांच ही न टूट जायें तेज़ है बारिश

सिया प्याला हूं मैं, लबरेज़ होने को रुका हूं
अगर मुंह खोलूं मैं अब तो डुबो देगी मुझे बारिश

मुझे जल्दी है घर पहुंचूं, है कोई मुन्तज़िर मेरा,
कि मुझ में धंस गई है रात, और मैं ही हूं बारिश!

अंग्रेज़ी में काज़िम अली ने ग़ज़ल कहने की कोशिश की है

Keezha Venmani

The thatched huts, which looked
like the prone earth's pregnant belly,
had turned into ashen ground.

When dawn broke with the smoke rising,
the villagers rushed there in the throng.

These are sparrows, they said.
These are children, they said,
Are these women? But
these are calves, they said.

They found the sacred remains
of all that was singed overnight—
barring civilization's creed.

Gnanakoothan

Translated from the Tamil by N. Kalyan Raman

150

Keezha Venmani is a tiny hamlet in Nagapattinam, Thanjavur, where forty-four agricultural workers, mostly Dalit women and children, were burnt alive by landlords on 25 December 1968

कीजा वेनमनी गांव

झोपड़े थे घास के,
जो ज़मीं के पेट पर फूला हुआ हमल-सा, लगता था
वो जल के राख हो गया!

सुबह जब हुई धुआं-धुआं था सब
गांव वाले आये दौड़-दौड़ कर

'चिड़ियां थीं ये',– बोले वो
'ये बच्चे थे',– वो बोले...
'ये औरतें थीं क्या?...मगर
ये तो 'बछड़े' थे',– वो बोले

शुद्ध अस्थियां मिलीं
सब मिला, जो रात भर जला

तहज़ीब के अक़दों के सिवा!

कीजा वेनमनी नागापटनम तंजौर में एक बस्ती थी। किसानों और दलितों की। २५ दिसंबर १९६८ को ज़मीदारों ने लोगों समेत जला के राख कर दी थी

The Air Is Motionless and Still

Many a task remains to be done …!

To cover the barren land with grass
To grow the plants and make them bloom,
Rearrange the mountains wild and deck them with the moon,
Fill the gaps with azure sky,
Lend speed and light to air and stars,
Invest the vaulting stones with wings,
Illume the lips with smiles, rekindle the vision,
Instil into the wandering shades a new spirit of life.

The air is motionless and still….
Only when you come can the world reform,
All alone I cannot so many tasks perform.

Nida Fazli

Translated from the Urdu

151

फ़िज़ा ख़ामोश रही

बहुत से काम हैं:
बंजर ज़मीन पर घास फैला दें
दरख़्तों को लगायें, डालियों पर फूल महका दें
पहाड़ों को क़रीने से लगायें, चांद लटकायें
ख़लाओं के सरों पर नीलगों आकाश फैला दें ·
सितारों को करें रोशन, हवाओं को गति दे दें
फुदकते पत्थरों को पंख दे कर नग्मई दे दें
लबों को मुस्कुराहट अंखड़ियों को रौशनी दे दें
सड़क पर डोलती परछाइयों को ज़िंदगी दे दें
फ़िज़ा ख़ामोश है!
तुम आओ तो तख़लीक़ हो दुनिया
मैं इतने सारे कामों को अकेला कर नहीं सकता!

Original text of the poem written in Urdu

Old Leaves from the Chinese Earth

I bought a Chinese book at a second-hand bookshop. I got a man who spoke Japanese to explain it to me. All that I could make out of it is what follows.

I am Chaing Liang.
Once I was crossing the bridge
And an old man was sitting there.
As soon as he saw me,
He took off one of his shoes
And threw it deliberately into the river,
And said to me:
My good fellow,
My shoe has fallen into the river,
Please fish it out for me.
I was furious.
But I curbed my temper
And jumped into the water.

As soon as I had come up with the shoe,
He threw the other into the river.
'Oh, there goes the other one too.'
I dived into the water again
And came back with the second shoe,
When he threw the first one back into the river.
I was furious. He said:
'Meet me here again after thirteen years.'

152

प्राचीन 'चीन' के पन्ने

चियांग लॉग है नाम मेरा—
एक दफ़ा मैं पुल से गुज़र रहा था
पुल पर इक बूढ़ा बैठा था—
जैसे ही देखा मुझको,
एक पैर का जूता निकाला,
और जान बूझकर फेंक दिया दरया में
और कहा मुझ से,
'ओ भले आदमी,
कृपा करो वो निकाल दो मुझको'
मुझको बहुत गुस्सा आया,
फिर भी अपना गुस्सा दबा कर कूद गया मैं पानी में!

जैसे ही जूता लेकर बाहर निकला,
उसने अपना दूसरा जूता फेंक दिया
'वो गया, दूजा भी गया—'
फिर से कूद गया पानी में
और दूसरा जूता लेकर लौटा
पहला जब दोबारा फेंक दिया दरया में
भन्ना गया मैं, और वो बोला,
तेरह बरस बाद, फिर से आकर मिलना मुझको

तेरह बरस बाद—
पुल पर कोई नहीं था
सूरज दहक रहा था बस

After thirteen years
There was no one on the bridge.
Only the sun blazed down on it,
The size of a tiger's jaw.
I waited a long time for the old man.
Then I came down and looked into the water:
There was my own face behind the sun,
There was nobody on the bridge except the sun.

But someone spoke out of my bones:
One shoe is life, the other is death.
I recognized the voice.

Sadanand Rege

Translated from the Marathi by Dilip Chitre

शेर के जबड़े जैसा
बहुत देर तक उस बूढ़े की राह तकी
नीचे उतरा और पानी में झांक के देखा
सूरज के पीछे मेरा अपना चेहरा था
पुल पर और कोई भी न था
लेकिन मेरे अन्दर से आवाज़ आई
एक वो जूता ज़िंदगी है, और दूजा मौत!
आवाज़ को मैं पहचानता था!

Ramdas

Beyond the wide road,
in a narrow lane
the day sky overcast with rain
Ramdas sat dejected,
he knew his end was near
that he would be killed.

He walked slowly
hoping someone would walk with him
but everyone was mum,
no one was armed.
Everyone knew that Ramdas
would be killed.

He stopped in the middle of the road
and place his two hands
on his stomach—
people approached him cautiously,
they gathered around him and stared
at Ramdas who would surely get Killed.
Then came the Killer,
he called Ramdas loudly by his name
and aimed the knife precisely.
Blood gushed like a fountain
did we not tell you
that Ramdas would be killed!

153

Raghuvir Sahay

Translated from the Hindi by Sunita Jain

रामदास

चौड़ी सड़क गली पतली थी
दिन का समय घनी बदली थी
रामदास उस दिन उदास था
अंत समय आ गया पास था
उसे बता यह दिया गया था उसकी हत्या होगी।

धीरे-धीरे चला अकेले
सोचा साथ किसी को ले-ले
फिर रह गया, सड़क पर सब थे
सभी मौन थे सभी निहत्थे
सभी जानते थे यह उस दिन उसकी हत्या होगी।

खड़ा हुआ वह बीच सड़क पर
दोनों हाथ पेट पर रखकर
सुधे क़दम रख करके आये
लोग सिमट कर आंख गड़ाये
लगे देखने उसको जिसको तय था हत्या होगी

निकल गली से तब हत्यारा
आया उसने नाम पुकारा
हाथ तौलकर चाकू मारा
छूटा लहू का फ़व्वारा
कहा नहीं था उसने आख़िर उसकी हत्या होगी!

Original text of the poem written in Hindi

Confession

Yes, I confess I am a spy.
Changing my name
to learn the dark secrets of silence
I wander here
in disguise.
Sit I sometimes
as an ascetic
amongst the ruins of metre
pretending starvation
I wander in rhythm's eatery-lanes.
Leave clues
among haiku's seventeen letters,
and given a chance
I whisper
in the ears of gazelle.
I crawl into the hollow
of each flat word for perusal;
and soon as anyone gets suspicious
chew up and swallow whole
the maps of meaning.
Yes, I admit I am
an undercover agent.

Adil Mansuri

Translated from the Gujarati by Pradip N. Khandwalla

154

ऐतराफ़

कुबूल करता हूं कि इक जासूस हूं मैं
बदल लेता हूं अपने नाम
सिया, ख़ामोशियों, के राज़ जानने के लिये
भटकता रहता हूं मैं,
बदल कर भेस अपना!

कभी मैं साधु बन कर बैठ जाता हूं
पुराने खंडहरों में
बहाने करता हूं फ़ाक़ों के—
और चक्कर लगाया करता हूं खाने के गलियों के!

निशानी छोड़ देता हूं
मैं सत्रह लफ़्ज़ों में 'हाईको' की,
और मौक़ा मिले तो
ग़ज़ल के कानों में सरगोशी करता हूं!

परखने के लिये, अल्फ़ाज़ की कच्ची दरार में, रेंगता हूं
शुबा हो जाये जैसे ही किसी को,
चबा कर मैं, निगल जाता हूं
सारा नक़्शा मानी का
कुबूल करता हूं मैं, हां
एक ख़ुफ़िया एजेन्ट हूं!

Incoherent Lamentation

Don't take it otherwise
Please do not be angry
I feel disturbed
Something keeps my mind
Veiled
Even my own eyes
Keep me
Deceiving
Sometimes I see
The whole mountain
Mourning
The whole nation
In water
What happened
What happened with my eyes
At the altar of Nishanthan
I saw a stump
Writhing in a pool of blood
The guthiyars were dividing human flesh among themselves

Anargal Pralap

Translated from the Nepali by the poet

155

ग़लत न समझना मुझे

ग़लत न समझना मुझे,
ख़फ़ा भी न होना,
परेशान हूं मैं
मेरे ज़हन पर कोई पर्दा पड़ा है
मेरी आंखें भी धोखा देती हैं मुझको
कभी देखता हूं
कि पूरा पहाड़ एक मात्म में है
मेरी क़ौम पूरी ही पानी में है
हुआ क्या?
हुआ क्या है आंखों को मेरी
'नशानथाह' के तख़्ते पे कुर्बानी में
पड़ा था किसी पेड़ का ठंठ
तड़पता हुआ ख़ून के हौज़ में!
के 'गुथयार' इन्सान का मास आपस में
बैठे हुये बांटते थे!

Two Glasses

At the last sundown
of the second millennium,
I saw a dull, grimy, aluminium glass
dangling on a wooden peg.

I have seen the black sun,
cringing submissively
as if it has lost its lustre
for the reflected light has not
brightened it.

True, the sun must have been
stung by selfishness.

The rally ended with much fanfare,
with a feast eaten together,
cameras clicked, and the media
burst into paeans of praise.

But the black lily drooped
like a mark of interrogation
and the aluminium glass
continued to roar with laughter.

Shall we see the aluminium glass
smashed to pieces, at least
by the next millennium?
Shall we see it bloom like a white lily?
And the birds of dawn fly
with wings of light, as the two glasses
fuse into one?

156

Chandrasekhar

Translated from the Telugu by

दो गिलास

मिलिनियम के आख़िरी ग़ुरूबे आफ़ताब पर
उदास इक गिलास अल्यूमीनियम का देखा था
लटक रहा था चौबी खूंटी पर

सिया आफ़ताब मैंने देखा है
सुकड़ रहा था, हार कर
चमक उतर गयी थी उसकी
कि रौशनी के अक्स से चमक सका न वो!
ज़रूर आफ़ताब को डसा है उसकी ग़र्ज़मंदी ने

जुलूस ख़त्म हो चुका था धूमधाम से
तमाम हो चुकी थीं दावतें
कैमरे भी चल चुके
'मीडिया' भी फट चुका था जय-जय कार से!

'लिली' का फूल झुक गया
सवालिया निशान की तरह
गिलास अल्यूमीनियम का क़हक़हे लगाता ही रहा

उड़ा के देखें टुकड़े अल्यूमीनियम गिलास के
अगली अल्यूमीनियम तलक तो कम से कम
सफ़ेद 'लिली' की तरह, खिला हुआ मिलेगा क्या?
परिन्दे, पौ फटेगी जब
रौशनी के पर लिये उड़ेंगे और
गिलास दो पिघल के एक होंगे क्या?

अन्धरा परदेश में 'कोफ़ी स्टॉल' पर, दलितों को अलग गिलास दिये जाते हैं, अल्मूनियम के!

Ruins

Naked and immense
the ruins stare at me.
Here the evenings are stillborn children
and the rain, if it falls at all, is
light as a grasshopper.

I have my notions about other ruins,
but this one makes me search myself.
Each cry I utter is lost in the limitless space
then it gathers speed and hits the
frozen walls breaking into an echo.

Perhaps, the story I'm looking for
is buried beneath the mosaic and
in the whispering of the lizards.
Perhaps, it is there when the
first star shines and the
gods of night draw their curtain
over moon-drenched pillars.

Sharmila Ray

Written originally in English

157

खंडहर

ये नंगे और ला-महदूद खंडहर घूरा करते हैं मुझे
यहां की शामें जैसे मुर्दा औलादें
और बारिश, हो गर तो, टिड्डी से हल्की!

अलग है इक तसव्वुर दूसरे सब खंडहरों का
यहां लेकिन मैं ख़ुद को ढूंढने लगती हूं आकर
मेरी हर चीज़ खो जाती है जाकर इनकी
ला-महदूमद वसात में
पकड़ लेती है फिर रफ़्तार अब और टकराती है जाकर
मुन्जमिद दीवारों से, और गूंजती है!
या शायद– जिस कहानी की मुझे है जुस्तजू
वो दफ़्न है इसकी नक़्क़ाशी में
या छिपकलियों की सरगोशी में, शायद
वहां शायद–जहां पहला सितारा जब चमकता है
तो शब के देवता, पर्दा गिरा देते हैं–
चांद से भीगे सुतूनों पर!

I'm Not Saying I Have to Be Loved

I'm not saying I have to be loved
I want someone to wait for me
Just to open the door when I come
I'm tired of unlocking the door for myself

I'm not saying I have to be loved
I want someone to lay out a meal
There's no need to fan me as I eat
I know that the age of electricity
Has freed woman from serving her man

I want someone to ask me whether
I need a glass of water, or some salt
Whether I'd like another roasted chilli
To go with the fritters on my plate
I can wash my own dishes and clothes

I'm not saying I have to be loved
I want someone to open the door for me
Someone to tell me to eat a little
If not a companion in lust and desire
Someone to ask, 'Why are your eyes so red?'

158

Nirmalendu Goon

Translated from the Bengali by Arunava Sinha

नहीं, मैं ये नहीं कहता मुझे चाहो

नहीं, मैं ये नहीं कहता मुझे चाहो
बस इतना चाहता हूं, कोई मेरा मुन्तज़िर हो
कोई दरवाज़ा खोले, जब मैं आऊं
मैं ताला खोलते दरवाज़े का ख़ुद, थक गया हूं।

नहीं मैं ये नहीं कहता मुझे चाहो
बस इतना चाहता हूं मैं, कोई खाना परोसे
मैं जब खाऊं मुझे पंखा झलने की ज़रूरत भी नहीं है
ज़माना बिजली का है, जानता हूं
कि औरत मर्द की सेवा से आज़ाद हो चुकी है।

बस इतना चाहता हूं, कोई पूछे
नमक या पानी मुझको चाहिये क्या?
मुझे क्या चाहिये एक और भुनी मिर्ची!
जो बच जाये मेरी थाली में कुछ भी,
मैं ख़ुद धो लूंगा जाके अपने बर्तन।

नहीं, मैं ये नहीं कहता मुझे चाहो
कोई दरवाज़े खोले जब मैं आऊं

कोई इतना कहे, थोड़ा-सा खालो
हवस या आरज़ू में गर कोई साथी नहीं है
कोई बस इतना ही पूछेः
'तुम्हारी आंखें इतनी लाल क्यों हैं?'

The Lost Journals

Journals
in which we inscribed
the addresses of unseen birds—

our dossiers of
the whispers of flowers

mysteries of mountains
and songs of mountain springs

in whose bosom were entrusted
the exchanges between the sun and the seas

in which were inscribed
the intimacies of the birds and the trees
that illumined the tangles
of origin and existence

those journals are missing
and the lexicon now disdains me.

Sheen Kaaf Nizam

Translated from the Urdu by Anju Dhadda Misra

159

बयाज़ें खो गई हैं

'बयाज़ें
जिन में
अन देखे परिन्दों के
पते लिखे...

बयाज़ें
जिन में...
हमने, फूलों की सरगोशियां लिखीं
पहाड़ों के रमोज़ और
आबशारों की ज़बां लिक्खी

बयाज़ें
जिनके सीने में
समन्दर और सूरज की अदावत के थे अफ़साने
परिन्दों और पेड़ों के
रक़म थे बाहमी रिश्ते

हमारे इरत्क़ा की उलझनें
जिनसे मुनव्वर थीं

बयाज़ें खो गई हैं

अब लुग़त हमसे परेशां है!

Original text of the poem written in Urdu

Stone

Returning from the town
I went in search of a magazine.
Couldn't find one, so
picked up a stone
and carried it in my pocket.
I had hardly reached home;
opened it and began to read.

The footprints of unknown people,
of a wise man, of a gypsy.
The moment I touched it
the warmth of the feet
that marched before me
flew up from the fingertips.

In the beginning when
the laws of earth were in the making,
this little stone ran away,
carrying a lust from the depths,
got tired of taking darkness and light
and led me somewhere.
Treacherous paths that lead nowhere,
travellers who reach nowhere,
filled my nights.

160

पत्थर

शहर से लौटते हुये
'रिसाला' ढूंढने गया था मैं
वो मिला नहीं
मैंने इक पत्थर उठा लिया
जेब में रख के चल दिया
घर पहुंचते ही उसे
खोल कर पढ़ने लगा

पैरों के निशां थे उसपे अजनबी से लोगों के
दरवेश— कोई ख़ानाबदोश
छूते ही उसे,
हरारत उनके पैरों की,
जो मुझ से पहले गुज़रे थे
उंगलियों के पोरों से उड़ने लगी

इब्तदा में जब
बन रहे थे क़ायदे ज़मीन के,
भाग के आया था ये पत्थर—
गहराइयों से इक हवस लिये
थक गया तारीकी और रौशनी से जब,
ले गया कहीं पे और ही मुझे!
आवारा रास्तों पे, जो कहीं नहीं पहुंच सके
मुसाफ़तों से जो कहीं की भी न थीं,
भर गईं रातें मेरी!
फिर अचानक ही,

Then suddenly,
in that moment when the universe
enveloped me like
a surrealist painting
that takes in the spectator,
I threw that stone out
through the window.

P.A. Nazimuddin

Translated from the Malayalam by the poet

जब मैं घिर चुका था कायनात में
एक 'सर्रियलिस्टिक पेंटिंग' (surrealistic) की तरह
जो देखने वाले को मोह लेती है!
पत्थर वो मैंने फेंक दिया
दरीचे के बाहर!

Poetry Is for Those Who Wouldn't Read It

A poet had stated:
Poetry is for those who wouldn't read it
for the wounds in their hearts
for their fingers where thorns are embedded
for the anguish and the joy

of the living and the dead
for the outcry that trundles
down the road day and night
for the desert sun
for the meaning of death
and the vacuity of living
for the dark stones cursed by ruins
for the red patch between the lusty lips of maidens
for the yellow butterflies with wings spread on the barbed
wires
for the insects, the snails and the moss

for the bird flying lonely down the afternoon sky
for the anxiety in fire and water
for the mothers of five hundred million sick and starving
children

161

शायरी उनके लिये है

एक शायर ने कहा था
शायरी उनके लिये है जो, इसे पढ़ते नहीं हैं
दिल के ज़ख़्मों के लिये
उंगलियां जिनमें चुभे रहते हैं कांटे
रंजिशों के वास्ते हो, या ख़ुशी हो!

ज़िन्दा हों या मर चुके हों
ठेलना, चिल्लाना मिल कर,
रात-दिन सड़कों के ऊपर!
सहरा के सूरज के लिये
मौत के मानी समझने के लिये
और ज़िन्दगी की बेसबाती!
खंडहर के काले पत्थर,
और कंवारे होंठों पर धब्बे हवस के,
ख़ारदार तारों पे बैठी
पीली-पीली तितलियों के वास्ते,
कीड़े-मकोड़े और फ़ंगस के लिये!

दोपहर के आस्मां पर इक परिन्दा
जो अकेला उड़ रहा है
आग और पानी से घबरा कर
भूखे और बीमार बच्चों की करोड़ों मांओं की ख़ातिर!

for the fear of the moon turning red as blood
for each stilled moment
for the world that keeps turning
for one kiss from you
that man of dust will become dust again
for that old saying.

Nilmani Phukan

Translated from the Assamese by Pradip Acharya

चांद के—लहू जैसे लाल हो जाने के डर से
ठहरे हुये लम्हे की ख़ातिर
घूमती रहती है दुनिया—उसके लिये!
इक तेरे बोसे को,
मिट्टी से बने उस शख़्स की ख़ातिर जिसे फिर मिट्टी होना है
इक पुराने क़ौल की ख़ातिर!

Poetry and Power

You have power,
hitmen,
guns—
the regime backs you.

I have paper,
books, pen—
poetry.

When did club and the pen compete?
The club will hit
and kill and rape.
And poetry will be stricken with fear.

But poetry will see, speak,
and slowly march towards villages,
houses and streets,
riding on a storm's wings.

Poetry does not die.
The club may well break.

Harbhajan Singh Hundal

Translated from the Punjabi by Alpna Saini

162

शायरी और ताक़त

तुम्हारे पास ताक़त है
निशाने बाज़, बंदूकें
और नीचे लश्कर है।

मेरे पास है,
क़लम, कागज़, किताबें, शायरी है
क़लम, लाठी में कोई तुलना कब थी?
चले लाठी,
तो रेप और क़तल होते हैं
तो शायरी कांप जाती है

मगर तब शायरी जो देखती है, बोलती है
वो गांव-गांव जाती है
घरों में और गलियों में
सवार हो जाती है, तूफ़ां के पंखों पर!

कभी मरती नहीं है शायरी
ये लाठी टूट सकती है!

I Am Helplessly Mute

They are felling green woods, I'm helplessly mute.
Uneasy I feel watching it, I'm helplessly mute.

Where shall wayfarers find shade for rest?
Where shall the birds make their nest?
Mountains will stand stripped to the bones,
where shall we find the herbs therapeutic?
Time looks hard, I'm helplessly mute.
They are felling green woods …

Where will the pair of peacocks dance?
On which tree will the band of monkeys sleep?
The tigers and the bears will have no shelter,
the poor jackals will run helter-skelter,
the wood too will feel cold, I'm helplessly mute.
They are felling green woods …

The sweet, soft breeze will become a dream,
poor foresters will starve for want of fruit,
rivers, streams will be left uncovered,
ramblers in the woods will cry all over,
deserted will be the valley of elephants, I'm helplessly mute.
They are felling green woods …

163

मैं बेबस हूं

काट रहे हैं हरे-भरे जंगल वो,
और मैं बेबस हूं चुप हूं
देख-देख के बेचैनी होती है
और मैं बेबस हूं चुप हूं...

लोग मुसाफ़िर किस छांव में, जाकर बैठेंगे
कहां बनायेंगे पंछी अब अपने नीड़
पर्वत सारे हड्डी-हड्डी नंगे खड़े होगे
कहां मिलेंगी सारी शिफ़ाई जड़ी-बूटियां फिर,
सख़्त वक़्त पड़ा है और मैं बेबस हूं चुप हूं
काट रहे हैं हरे-भरे जंगल वो...

कहां पे नाच करेगी अब मोरों की जोड़ी
बन्दरों के झुंड अब किस पेड़ पे सोयेंगे
रीछों और शेरों के लिये तो कोई पनाह न होगी
इधर-उधर भागेंगे अब बेचारे गीदड़
लाकड़ को ठंड लगा करेगी, और मैं बेबस हूं चुप हूं
काट रहे हैं हरे-भरे जंगल वो...

मीठी नर्म हवा बस सपना बुन के रह जायेगी
जंगल बेचारे जब फल और फूल को तरसेंगे
नदियों नालों पर कोई परदा न होगा
जंगली बेलें रोया करेंगी जंगल में
सूनी हो जायेगी वादी हाथियों की, मैं बेबस हूं चुप हूं
काट रहे हैं हरे-भरे जंगल वो...

Where shall the tired rovers relax?
Where shall the pair of deer go?
Where will Lord Shiva light his sacred fire?
Where shall the ascetics find a place for prayer?
Nobody is bothered at all, I'm helplessly mute.
They are felling green woods, I'm helplessly mute.

Ramjiyavan Das 'Bavla'

Translated from the Bhojpuri by Prabhat K. Singh

भंवरे कहां पे थक के अब आराम करेंगे
हिरन कहां जायेंगे सब
'शिव' का हवन कहां पर होगा
साधु सब तप कहां करेंगे
किसी को इसकी चिन्ता नहीं है, मैं बेबस हूं चुप हूं
काट रहे हैं हरे-भरे जंगल वो, और मैं बेबस हूं चुप हूं!

Woman

She flattens dough in the shape of the earth.

Volcanoes flatten mountains,
earth flattens houses,
silences flatten words,
ebbing tides flatten oceans.

Every morning raising the sun's
fire-props,
kindling, flame-sparks,
she flattens dough in the shape of the earth.

Earth itself, like a bit of dough
has been put in the sun's hands
with a command that takes it,
flattens it, and prepares it,
the way bees prepare honey under their wings.

The entire city is now soundless.
Dishes have been washed in every kitchen,
the fire in the last stove is doused,
and she
in the sudden urgency
of her own identity,
makes herself into dough,
kneads it again and again;
she is happy
that she flattens dough in the shape of the earth.

164

Anamika

Translated from the Hindi by Sunita Jain

स्त्री

वो रोटी बेलती है जैसे पृथ्वी।
ज्वालामुखी बेलते हैं पहाड़।
भूचाल बेलते हैं घर।
सन्नाटे शब्द बेलते हैं, भाटे समंदर!

रोज़ सुबह सूरज में
एक नया उचकुन लगाकर
एक नई धाह फेंक कर
वो रोटी बेलती है जैसे पृथ्वी!

पृथ्वी... जो खुद एक लोई है...
सूरज के हाथों में...
रख दी गई है
पूरी की पूरी ही सामने
कि लो, इसे बेलो, पकाओ
जैसे मधुमक्खियां अपने पंखों की छांह में
पकाती हैं शहद!

सारा शहर चुप है,
धुल चुके हैं सारे चौकों के बर्तन!
बुझ चुकी है आख़िरी चूल्हे की राख भी,
और वो
अपने ही वजूद की आंच के आगे

औचक हड़बड़ी में
खुद को ही सानती,
खुद को ही गूंधती हुई बार-बार
खुश है कि रोटी बेलती है जैसे पृथ्वी!

Original text of the poem written in Hindi

Communication

It's about time
we deliberated
what we have
avoided until now.

I would then seat myself
beside you, not face-to-face,
and look straight
lest our glances collide.

My ears have been
plugged snugly
soon after I was born.

These fingers have
a tendency to be parabolic
like the curves
of your eyebrows
but go numb
tracing their geometry.

I would lock my lips
like prison doors,
white guards inside
holding a wordsmith
as a convict—literally
suffering from aphasia.

165

गुफ़्तगू

सही है वक़्त
कि हम ग़ौर कर लें
जिसे हम टालते आये हैं,
अब तक!

तुम्हारे पहलू में बैठूं
मगर न रूबरू हूं
निगाहें सामने सीधी
कि टकरायें न आपस में

बड़े आराम से बंद कर दिया था
मेरे कानों को
मैं जब पैदा हुआ था

मेरी ये उंगलियां मायेल हैं
कुछ तमसीली होने पर
तुम्हारे अबरों की जैसी गोलाइयां
मगर वो सुन्न हो जाती हैं जब
उन पर फिराता हूं,

मैं अपने होंठ बंद कर लूं
कि जैसे जेल के दरवाज़े हों दोनों
सफ़ेद पोश पहरेदार अन्दर
रखें क़ाबू में इस माहिरे अल्फ़ाज़ को
किसी मुजरिम के जैसे
ख़लल हो जिसके सर में!

A man may be vegetative
yet lights up in own way
even to semiotics—
like the hand signs of Odissi*.

Kota V. Subbaram

Written originally in English

---

* *Odissi: A classical Indian dance form.*

कोई मफ़लूज़ हो, बेशक
इशारों से भी कर लेता है
रौशन राह अपनी
'उड़ीसी' रक़्स की मुद्राओं की मानिंद!

'उड़ीसी': हिन्दुस्तानी के एक क्लासिकल रक़्स का नाम है!

Let Loose the Stinging Bees

High the hills and high the mahua trees
O Birsa's folk

From the mahuas rises the sound of the leading dhol
Awaken your sleeping nagadas
O Birsa's folk
Gather all the Bhils of the hills
Range together the Bhils of the hills
O Birsa's folk
Do a count of the Bhils
O Birsa's folk

Twelve crore and thirty-two lakh
O Birsa's folk
From the earthen pots
Let loose the stinging bees.

Kanji Patel

Translated from the Gujarati by Gopika Jadeja

166

डंक मारती मक्खियां छोड़ो

ऊंचे पहाड़ों पर ऊंचे महवे के पेड़,
ओ 'बिरसा' के लोगों
महवा के पेड़ों से उठी है, ढोल की थाप!
अपने सोते नगारे जगाओ
ओ 'बिरसा' के लोगों!
जमा करो सब 'भील' पहाड़ियों के!
ओ 'बिरसा' के लोगों!

बारह करोड़ और बत्तीस लाख
ओ 'बिरसा' के लोगों
मिट्टी की इन मटकियों से
जो क़ैद पड़ी हैं, डंक मारती मक्खियां छोड़ों!

Ghazal

I am a dense darkness; set up homes of light upon my eyelashes today
Bathe in fragrances; keep wings of butterflies upon these smouldering eyes

My body scorches among the trees and endures the harsh sunshine because
Perchance you might come by and, tired, keep your head upon my shoulder

No matter what the season the days of springs gone by will return
Keep the petal of a flower on your lip and then place it on mine

Every day when the wire snaps the city drowns in the sea of night
So, it becomes necessary that you light a lamp and place it in the heart's niche

Bashir Badr

Translated from the Urdu by Rakhshanda Jalil

167

ग़ज़ल

मैं घना अंधेरा हूं आज मेरी पलकों पर रौशनी के घर रख दो
ख़ुशबुओं से नहला दो इन सुलगती आंखों पर तितलियों के पर रख दो

मेरा तन दरख़्तों में इसलिये झुलसता है सख़्त धूप सहता है
क्या पता तुम आ निकलो और मेरे कांधे पर थक के अपना सर रख दो

चाहे कोई मौसम हो दिन गये बहारों के फिर से लौट आयेंगे
एक फूल की पत्ती अपने होंठ पर रख कर मेरे होंठ पर रख दो

रोज़ तार कटने से रात के समंदर में शहर डूब जाता है
इसलिये ज़रूरी है इक दीया जला कर तुम दिल के ताक पर रख दो

Original text of the poem written in Urdu

Butterfly

I don't know how
a butterfly lay dead in my yard.
Splendid were its wings.

But little did the ants know of the beauty.
They were in their hundreds,
eagerly busy, in a beeline
collecting food.

Ah, I thought, there's no museum here
where the butterfly could have been displayed,
pleasing the eyes of viewers.

And, that's how countless butterflies
perish,
providing food for ants.

Kallol Choudhury

Translated from the Bengali by Atulananda Goswami

168

तितली

मुझे पता नहीं कैसे
मेरे आंगन में इक तितली पड़ी थी
बड़े ही शानदार थे पर, उसके

मगर अब च्यूंटियों को क्या पता उस सुन्दरता का
चली आईं क़तार अन्दर क़तार वो सैकड़ों में
बड़ी मसरूफ़ थीं ख़ुराक उठाने में!

उफ़्फ़! ख़्याल आया, अजायबघर नहीं कोई यहां पर
जहां तितली को ले जाकर नुमाइश के लिये रखते
वहां सब देखने वालों की आंखों को भला लगता

तबाह होती हैं यूंही बेशुमार ये तितलियां
ग़िज़ा बनती हैं जो सब च्यूंटियों की!

The Dream

One is afraid to sleep
on the bed these days
even if it is soft.
I don't dare to dream.
Dreams are treacherous.
They lead me into
the bylanes of Cuttack.
These formidable bylanes
passionately encircle me,
slowly, like memories,
where the houses,
leaning intimately on each other's shoulders,
engage in an endless conversation.

Here, like a municipal inspector,
the moon comes every day
when night falls,
sitting on a garbage heap,
rests a while,
smoking bidi.
Broken boxes, potato peels,
bundles of rags, eggshells
half-torn brassieres,
and patched-up shoes—
all lie alongside
fragments of plastic toys.
The moon also sees the cat's carcass
in the blind bylane.

169

सपने

सोने से भी डर लगता है
चाहे कितना नर्म हो बिस्तर
दम नहीं कि सपने देखूं!
सपने दग़ा देते हैं
ले जाते हैं 'कटक' के कूचों में
ख़ौफ़नाक गलियां, कूचे वो
घेर ही लेते हैं मुझको
धीरे-धीरे, यादों की तरह
ये सारे मकान जहां पर
इक दूजे से कन्धे जोड़े
अनथक बातें करते हैं!

चांद यहां पर रोज़ आता है
म्युनिसिपल इन्सपेक्टर की तरह
जब रात होती है
मलबे पर बैठ के
बीड़ी सुलगाकर
सुसताता है
टूटे डिब्बे,
आलू और अन्डों के छिलके
बन्डल चीथड़ों के
और आधे टूटे 'ब्रा'
चीपी लगे जूते
सब वहीं पड़े हैं
टूटे-फूटे सारे खिलौने!

The smell of Cuttack's bylanes
flows through my arteries and veins
like blood,
like the primal chant
in the thin darkness.

Walking on
the Persian carpet of betel juice,
after the dogs' duet is over,
the dream drags me
towards the smell of open drains.

Bhanuji Rao

*Translated from the Odiya by Sangram Jena and
Aurobindo Behera*

पास की अन्धी गली में बिल्ली का पिंजर भी
चांद ने देखा है!

'कटक' के इन कूचों की बू
मेरी नस-नस में बहती है
जैसे लहू!

पान की पीक के ईरानी ग़लीचों पे चल कर,
कुत्तों की जुगलबंदी जब बंद हो
सपने खींच के ले जाते हैं मुझ को
गन्दे ग़लीज़ नालों की बू की तरफ़!

Harmony

In our village
No lower-upper street

No two-glass system
In teashops.

On the road
Sanctified by the temple chariot
We may walk in slipper-shod elegance.

We may all draw water
From the common well.

There is none else
In my village
Except my caste folk.

M. Murugesh

Translated from the Tamil by K.S. Subramanian

170

मसावत

अपने गांव में—
ऊपर का, नीचे का, कोई बाज़ार नहीं।

चाय की दुकानों पर,
दो गिलासों का सिस्टम कहीं नहीं

सड़कों पर भी—
मन्दिर के रथ से जो शुद्ध हुई हैं
चप्पल पहन के ठाठ से चल सकते हैं।

एक ही कुएं से हम सब पानी खींचते हैं

अपने गांव में,
अपनी ज़ात को छोड़ के
दूसरा कोई नहीं है!

Another Darkness

This night too waned in vain,
a new darkness starts in the morn.
The same, suicidal poems,
the antique solo moans of the moon and the river,
that deformed peace,
and the tainted vapours, coming out of the flute of law.

The same, dejected sun and the same god,
the same cycle and the same hunger repeat.
The same exhaustion, the same gun
and the same cohabitation recur.
The same death repeats
in the pitch darkness, penetrated by a dog's cry.
This night too waned in vain,
a new darkness starts in the morn.

Biplav Dhakal

Translated from the Nepali by Mahesh Paudyal

171

एक और तारीकी

ख़्वामख़्वाह मांद हुई रात,
सुबह था आग़ाज़ नई तारीकी का
फिर वही — ख़ुदकुशी की नज़्में
चांद और दरया की आहें
जिनसे अमन की शकलें बिगड़ें
दाग़दार धुंध — निकलती हुई क़ानून की बांसुरी से

फिर वही रंजीदा सूरज और ख़ुदा भी वही
फिर वही दायरा और भूख वही
फिर थकावट वही, बंदूक़ वही
हमसायगी वही,
बार-बार गहरे अँधेरे में मरना
चीर जाता है जिसे कुत्ते का रोना
ख़्वामख़्वाह मांद हुई रात
सुबह था आग़ाज़ नई तारीकी का!

Shanti Path

Crows on a lamppost
cawing with unknown sadness
bidding farewell to the setting sun
a flock of parrots
rocketing across the clear bluish-crimson sky

trees abuzz with joyous chirrs
of mynahs, sparrows, pigeons
below the two rows of embassies
as the two banks of the river of peace
flowing to the world capitals
from Raisina hill.

Abhay K.

Written originally in English

172

शांति पथ

बिजली के खंभों पर कव्वे,
एक अनजान उदासी उनकी कायं-कायं में
अलविदा कहते हैं ढलते सूरज को
इक झुंड तोतों का, नील सिंदूरी आस्मां से गुज़र गया

चहचहाती चिड़ियां, मीना और कबूतर पेड़ों पर
नीचे दो जानिब सफ़ारत-ख़ाने हैं
दो किनारे, अमन के बहते दरया के
जो दुनिया की राजधानियों तक बहता है
'राये सेना हिल' से चल कर!

Near Marmegaon Harbour

A group of fisherwomen
coloured saris
green and red
waiting for a boat.

While standing,
they chatter.
In their baskets
full to the brim

fishes struggle
restlessly.

Shyam Jaisinghani

Translated from the Sindhi by H.I. Sadarangani

173

मर्मेगांव घाट पर

मछेरन औरतों की एक टोली
सभी ख़ुशरंग साड़ी में
हरी और लाल रंग की
वो कश्ती के लिये सब मुन्तज़िर हैं।

खड़ी हैं और–
गपशप कर रही हैं
और उनकी टोकरी में
जो ऊपर तक भरी हैं
तड़पती मच्छियां सब
तिलमिलाती हैं!!

Panjim Night

A ball
Moon in the lap
Is silent
Absolutely,

Sometimes, somewhere
On the sleepy road
A group of young men
Whistling sweetly
Chanting rhythmically
Goes marching forward,
In the midst of the park
Beneath a pavilion
The light laughter
Of young girls
Echoes.
Panjim night
Changes its side
And slumbers
A ball
Moon in the lap
Silence, silence.

Shyam Jaisinghani

Translated from the Sindhi by H.I. Sadarangani

174

पंजिम की रात

गोल गेंद—
चांद गोद में
चुप है
बिलकुल!

कभी, कहीं पर
सोई सड़क पर
टोली एक जवां लड़कों की
सीटी बजाते, ताल पे गाते
क़दम मिलाते, चले हैं सारे

एक पार्क के अन्दर
एक पवेलियन के नीचे
लड़कियों की टोली की हंसी
गूंज रही है

पंजिम (Panjim) की रात
नींद में करवट लेकर
सोती है!
गोल गेंद—
चांद गोद में
चुप! ख़ामोश!

The Poet

I, a pearl of a tear
On the blue cheek of pain,
A drop of innocent blood
On the sharp edge
Of a ruthless sword,
An impatient kiss
On lips deprived of kisses,
A fearless beam of smile
Shinning against the dazzle of knives,
I am a slogan
I am a banner
A sudden laughter of the sea,
But besides all this
I am something else too
Expressed by the word 'poet'
The form of a song
The embodiment of melody!

Ali Sardar Jafri

Translated from the Urdu by Baidar Bakht and Kathleen Grant Jaeger

175

शायर

मैं कि हूं अश्क का एक मोती
दर्द के नीले रुख़्सार पर
ख़ूने नाहक़ कर एक बूंद
सफ़ाक तलवार की धार पर

एक बेताब बोसा,
इन लबों पर जो बोसों से महरूम हैं
इक तबस्सुम की बेबाक रौशन किरन
खंजरों की चमक के मुक़ाबिल
एक नारा हूं मैं
एक परचम हूं मैं
एक समन्दर का बेसाख़्ता क़हक़हा!

और उनके सिवा
यानी कुछ और भी
जिसको इक लफ़्ज़ 'शायर' नई मानुयत अता कर रहा है
गीत के रूप
नग्में का पैकर!

Original text of the poem written in Urdu

Aberration

An empty photo frame hangs on my wall,
As if wailing in void.
A bucket is immersed in a desolate well
Rhetoric of greetings echo the sound of splash

A vulture befriends a peacock
The way sandal paste embraces the forehead after death.

Every night before I die,
On my libido, a candle I light

The vacant frame calls my name
Just like Toulouse Lautrec.

Chiranjib Basu

Translated from the Bengali by Sutapa Saha

176

ख़ाम ख़्याली

ख़ाली फ्रेम लटकती है दीवार पे मेरी
जैसे ख़ला में मातम करती है

बाल्टी इक सुनसान कुएं में डूबी
गूंज के एक छपाके की आवाज़ आई—

गिद्ध ने मोर से दोस्ती कर ली
जैसे मर के, चंदन लेप चिपकता है माथे से

हर रात मैं मरने से पहले
अपनी लाश पे एक दीया जलाता हूं

ख़ाली फ्रेम बुला लेती है, नाम से मुझ को
जैसे 'टूलूज़ लुट्री'!

Have You

Have you ever seen words being suffocated?
Or seen a meaning looking for a word?
Only the language of symbols on a paper
Or a blank paper full of question marks?
Have you seen a morning that has ebbed
Or a whole day overflowing with a high tide?
Have you ever seen the evening of a meditating stork
Or the rain on a dark wet road?
Have you seen a crowd frozen
Or entering deep in to individual?
Have you seen an afternoon dried up in a Mirage
Or a Mirage chasing after itself?
Have you seen alcohol that walks and talks
Or a complete bar crowded in one person?
Have you experienced a meaningless poem
Or a meaninglessness like a poem?
Read this and see
How meanings look at a meaningless mirror
And come to understand
Their own connotations.

Saumitra [Kishor Kadam]

Translated from the Marathi by Mukta Rajadhyaksha

177

लफ़्ज़ों का दम घुटते देखा है, क्या?

लफ़्ज़ों का दम घुटते देखा है, क्या?
'मानी' को देखा है कभी, जब लफ़्ज़ तलाशते हैं
काग़ज़ पर बस 'चिंह' की भाषा
या सादा काग़ज़ का चेहरा एक सवाल लिये

सुबह देखी है क्या? पीछे सरकती जैसे समन्दर
नीचे उतरता है
या फिर सारा दिन कि जैसा जवार चढ़े
बगले जैसी ध्यान लगाये शाम! क्या देखी है?
या भीगे रस्तों से कोई बारिश भीगी रात!
भीड़ कभी देखी है एक जगह पे जमी?
या फिर एक ही शख़्स के अन्दर घुसे हुए भेड़ों के गुच्छे

दोपहर का रूखा सूखा सराब
चलती फिरती देखी है क्या, कभी शराब!
शोर-ओ-ग़ुल से भरा हुआ, ख़ाली ख़ाली पूरा इक 'बार'!

नज़्म बिना अल्फ़ाज़ कोई—
ये सुन कर देखो—
मानी कैसे इक बेमानी आईना देखके, अपने मानी पहचानते हैं!

Poison

As night falls I ask her,
'Will you feed me the poison?'
She opens the lid off her poison bottles,
takes a sip and says,
'It has not matured yet, not fit enough to drink.'

V.R. Carpenter

Translated from the Kannada by Pratibha Nandakumar

178

ज़हर

रात हुई तो मैंने पूछा
'ज़हर पिला दोगी मुझको?'
उसने अपने ज़हर की बोतल का तब ढक्कन खोला
इक 'सिप' चख कर देखा बोलीः
अभी पका नहीं—पीने के लिए तैयार नहीं है!

'विष आयेदने गोडया चित्रागालू...'

Dance

There is a taut rope
on which I dance.
The rope on which I dance
is strung between two poles.
The dance I dance on the rope
is the dance from one pole to the other.
The taut rope on which I dance
is flooded with bright light,
the light in which people see my dance.
They see neither me, nor the dance
nor the rope on which I dance.
They do not even see the poles
to which the rope is tied.
They do not see the light in which
the dance is performed.
People only see the dance
but I, the one dancing,
dancing upon the rope
dancing between the two poles
on which is a bright light,
in the light between the poles on the rope,
I do not really dance;
I only rush from this end to the other
so I may untie the rope from this or that pole,
to loosen the rope a little

179

नाच

एक तनी हुई रस्सी है जिस पर मैं नाचता हूं।
जिस तनी हुई रस्सी पर मैं नाचता हूं
वो दो खंभों के बीच है!
रस्सी पर मैं जो नाचता हूं
वो एक खंभे से दूसरे खंभे तक का नाच है।
दो खंभों के बीच जिस तनी हुई रस्सी पर मैं नाचता हूं
उस पर तीखी रौशनी पड़ती है
जिसमें लोग मेरा नाच देखते हैं!
न मुझे देखते हैं जो नाचता है
न रस्सी को जिस पर मैं नाचता हूं
न खंभों को जिस पर रस्सी तनी है
न रौशनी को ही जिसमें नाच दिखता है:
लोग सिर्फ़ नाच देखते हैं!

पर मैं जो नाचता हूं
जो जिस रस्सी पर नाचता हूं
जो जिन खंभों के बीच है
जिस पर जो रौशनी पड़ती है
उस रौशनी में उन खंभों के बीच उस रस्सी पर
असल में मैं नाचता नहीं हूं!

for me to get off!
But the tautness remains as it was;
as I run from pole to pole
the tautness remains,
everything remains as it was
and that is the dance which everyone sees—

not me,
not the rope
the poles neither
and not the light,
they do not see the rope's tautness either.
They see—the dance,

Ajneya

Translated from the Hindi by Sunita Jain

मैं केवल उस खंभे से इस खंभे तक दौड़ता हूं
कि इस या उस खंभे से रस्सी खोल दूं
कि तनाव चुके और ढील में मुझे छुट्टी हो जाये—
पर तनाव ढीलता नहीं

और मैं इस खंभे से उस खंभे तक दौड़ता हूं
पर तनाव वैसा ही बना रहता है
सब कुछ वैसा ही बना रहता है!

और वो मेरा नाच है जिसे सब देखते हैं
मुझे नहीं
रस्सी को नहीं
खंभे नहीं
रौशनी नहीं
तनाव भी नहीं
देखते हैं... नाच!

Original text of the poem written in Hindi

Monsoon

Two clouds walk with moist feet
over the shoulders of the opposite hill
picking sunshine from the undergrowth.

Rains keep us indoors mostly
tossing the bones of forgotten promises
that lie at the doorway
like ancient servants who summon themselves
between damp hours with tea and biscuits.

Guru T. Ladakhi

Translated from the Ladakhi by the poet

180

मानसून

बादल दो गीले पैरों पर चलते-चलते
सामने वाली एक पहाड़ी के कन्धों पर
नीचे बिखरी धूप चुना करते हैं

बारिश हमको अक्सर, अन्दर बन्द रखती है
भूले हुये वादों की हड्डियां,
दरवाज़ों की चौखट पर
रख जाती है!

जैसे कि पिछले वक़्तों के ख़ादिम
मुंह अँधेरे आकर चाय और बिस्कुट रख जाते थे!

Ghazal

The moon is lonely, the sky alone
Comparable with my heart alone

All hope is gone; the star has sunk
Only the smoke remains trembling alone

Is this the thing that you call life?
The body lonely, the soul alone

Even if you can find a friend
You will still walk with him alone

Underneath a flickering light
Stands a dilapidated dwelling-place alone

It will wait for me for centuries
I shall quit this world alone

Meena Kumari

Translated from the Urdu by Noorul Hasan

181

ग़ज़ल

चांद तन्हा है, आसमां तन्हा
दिल मिला है, कहां-कहां तन्हा

बुझ गई आस, छुप गया तारा
थरथराता रहा धुआं तन्हा

ज़िन्दगी क्या इसी को कहते हैं
जिस्म तन्हा है और जां तन्हा

हमसफ़र कोई गर मिले भी कहीं
दोनों चलते रहें यहां तन्हा

जलती बुझती-सी रौशनी के परे
सिमटा-सिमटा-सा इक मकां तन्हा

राह देखा करेगा सदियों तक
छोड़ जायेंगे यह जहां तन्हा

Original text of the poem written in Urdu

Golden Dragon Crossing

It's the same city again
The familiar traffic light

There's something about the air
The winter, I feel it coming

I have no memories here
All is gone, as if to another world
Yet, one image
Lingers in the mind …

I try to recognize it
Is it part of my life?
From a film I have seen, or was it a
Sepia-toned image, captured by
An unknown photographer

The fog slowly moves
Covers the concrete
Cows have all been driven away
From the main roads

The light is different now
Like it was
That one winter night—

182

एक क्रॉसिंग पर

ये शहर वही है, फिर से
और वही, ये ट्रैफिक लाइट पहचानी-सी!
हवा में कुछ तो है,
सर्दी शुरू होगी, लगता है!

अब कोई नहीं यादें, मेरी
सब गुम हुईं हैं, दूसरी दुनिया में
फिर भी—एक इमेज ज़ेहन में तैरती रहती है!

पहचानने की कोशिश करती हूं
क्या मेरी हयाती का हिस्सा है?
या फ़िल्म कोई देखी थी, मैंने?
या सीप्या रंग की फ़ोटो, किसी अनजान ने खींची थी

आहिस्ता से कुछ कोहरा छटा
गायें भी हट गईं मेन रोड से

रौशनी में तबदील हुई
जैसी मौसम-ए-सरमा की उस रात में थी
चेहरा तुम्हारा, कार की खिड़की में
शीशा चढ़ा, आहिस्ता से
और ख़ारिज कर दिया मुझको
तुमने अपनी ज़िंदगी से

Your face in the car window
Dark glass moving up ... slowly
Shutting me out ... from your life

I stand at the traffic light
And forgot to walk
At the Walk sign

It's uncanny,
How the pain comes back
Raw, real

The pain I felt leaving you

And going away
To another man!

Deepti Naval

Written originally in English

मैं ट्रैफिक लाइट पर खड़ी हुई हूं
भूल गई मैं चलना
जब चलने की लाइट हुई

है न अजब ये
दर्द पलट कर आता है तो
कितना सही और कितना ज़िंदा!
वो दर्द जो तुमको छोड़ते वक़्त महसूस किया था
और मैं चली गई थी—
दूसरे इक—मर्द के साथ!

183

Destiny

Plentiful rain
Lush green crops
Bajri that will yield heaps of grain
Moth that will produce basketfuls
Waist-high guwar
Creepers laden with fruit
Neither kaatra nor faaka
God's mercy
Happy times
Bumper crops,
The farmer has
His eyes full of dreams.
Heart full of content.
But nature bears malice.

Suddenly the wind changes its direction.
Nagauran the foe,
Comes in from the south-west

Moisture sinks to the bottom
The crops wither
It's unexpected famine.
Man can make artificial rain
But not artificial wind.
Man has just two feet
Destiny has a hundred.

Kanhaiya Lal Sethia

Translated from the Rajasthani by Shyam Mathur

मुकद्दर

बहुत बारिश हुई है
हरी फ़सलें भरी हैं
बहुत उतरेंगे दाने, बाजरी के ढेरों में
अरे फिर टोकरियां, मोठ, की निकलेंगी भर-भर के
'गवार' अब के कमर तक ऊंची होगी
फलों से डालियां लद के,
वबा, ना 'कातरा' ना 'फ़ाका'!

दया भगवान की,
भले दिन हैं
भरी फ़सलें,
हैं ख़्वाबों से भरी आंखें किसानों की
तसल्ली है दिलों में
मगर बदनियत है क़ुदरत!

अचानक ही हवा ने रुख़ जो बदला
'नगोड़ी' बैरी– निकली
चली आई है पच्छिम से!

जड़ों में भर गई सीलन
उजड़ने लग गईं फ़सलें
पड़ा है काल आकर!

मनुष्य कर सकता है मसनुई बारिश
नहीं होती हवा मसनुई लेकिन
मनुष्य के दो ही पांव हैं
मुकद्दर के हज़ारों!

पच्छिमी हवायें जो बारिश भरे बादल उड़ा ले जाती हैं!

The Winter

Bashful
Like the little flowers of chameli
Is a winter's day.
No sooner than it rises
The sun
Longs to set.

Even at dust
It's perfect quietness.
Chilling cold has descended.

Fires have been lit.
Panghats are asleep
The only sound comes
From the lone tinkling bell
Of the herd entering the village
Or the growls of
Rutting camels on the track

Sky, the old man,
Is feeling drowsy
In early evening.
Back in their nests
Are doves and peacocks.

184

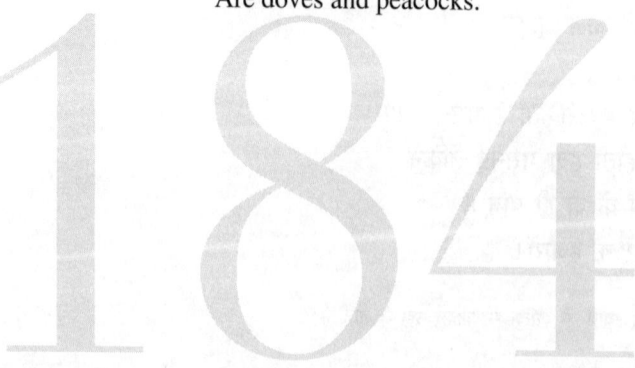

सर्दियां

शर्मीले से,
छोटे-छोटे, चम्पा के फूलों जैसा
जाड़ों का दिन होता है!
उठने से पहले ही सूरज
डूबने को हो जाता है
सांझ ही से सन्नाटा है
पाला पड़ने लगा है

आग जली है
पनघट सूने हैं
एक आवाज़ आती है बस
घन्टियों की,
रेवड़ गांव में लौट रहे हैं
गुड़-गुड़ करते ऊंट क़तारों में!

बूढ़ा आकाश भी
शाम ही से ऊंघ रहा है
लौट आये हैं घोंसलों में सब
फाख़्ता, मोर, ख़रगोश सभी

Hares and mongoose
Have gone into their holes.
Fearing the cold
The entire animal world
Is crouching
Only foxes, greedy for watermelons,
Loiter around sniffing
The heaps of fodder.

Kanhaiya Lal Sethia

Translated from the Rajasthani by Shyam Mathur

नेवले चले गये बिलों में
ठन्ड के ख़ौफ़ से दुबके हुये हैं सारे मवेशी
लोमड़ी लालच की मारी—
सूंघती फिरती है तरबूज़
भूसे के ढेरों में!

Interview (Poetry Bared)

Sir, you often say that a sex worker is to be considered like any other worker?

Yes, I do.

Sir, is there anyone of your relatives working in this trade?

No, as they are all engaged in some other trades, none of them have adopted this as a trade.

Your daughter?

She is doing a course for MCA in Bangalore.

How is her writing?

I am paying attention to her writing. I select books for her to read (smiles).

You are supposed to be a modernist, and yet, why this spittoon?

I am a complete traditionalist when it comes to wearing a mundu,
chewing paan, and using this spittoon to spit into.

Good that it is a steel spittoon. Wouldn't it have corroded away, had it been
an aluminium one?

185

इंटरव्यू

सर हमेशा आप कहते हैं, कि 'पेशावर' भी समझो दूसरे
'पेशों' के जैसी है
हां मैं कहता हूं,
सर—है कोई आपका भी रिश्तेदार, ऐसे ही पेशे में?
नहीं! मसरूफ़ हैं वो दूसरे धंधों में
ये धंधा न अपनाया किसी ने!
तो बेटी आपकी?
वो 'एम सी ए' की डिग्री के लिये मसरूफ़ है बंगलौर में
लिखायी में वो कैसी हैं?
मैं काफ़ी ध्यान देता हूं लिखायी के लिये उसकी
पढ़ायी के लिये उसकी किताबें मैं ही चुनता हूं (मुस्कुराया)
आप 'मॉडर्निस्ट' (modernist) समझे जाते हैं
तो फिर ये 'पीकदान' क्यों?
मैं हूं रिवायत पसंद ही,
'मन्डो' पहनना हो, चबाना पान हो, और 'पीकदान' जब थूकना हो!
चलो अच्छा है वो भी 'स्टील' का है पीकदान, होता
अगर अल्युमीनियम का, सड़ गया होता
स्टील भी पड़ जाता है काला कभी तो, ब्रौन्ज
की तुलना नहीं कोई!
'पेशावरों' के वास्ते दवा-दारू का क्या होगा?

Even steel will turn black after sometime. There's nothing
to beat bronze.

What about medical aid to sex workers?

They are all to be issued with watch-cards, which a doctor
has to certify
weekly, after check-up.

But wouldn't diseases such AIDS be contracted with a
single contact?

Such people would have to be rehabilitated and kept
indoors, ensuring that
they do not venture out even once, and ministered to till
their death.

The Naxalites too had contributed to society in an equal
measure. What
about their rehabilitation?

The work done by NGOs in that area is laudable.

How is it that you have a clear stance on every issue, sir?

I don't know (smiles).

Okay, sir.

Thank you.

S. Kannan

Translated from the Malayalam by A.J. Thomas

'वाच कार्ड' देना पड़ेगा उनको,
जो हर हफ़्ता डॉक्टर चैक करेंगे
बीमारी लेकिन 'एड्ज़' जैसी, एक बारी में ही लग जाती है—है नां?

ऐसे लोगों को बसाने के लिये, अन्दर ही रखना होगा,
वो बाहर न निकलें और इलाज करना पड़ेगा उनके मरने तक!

नेक्सलाइट्स (naxalites) ने भी सोसाइटी को काफ़ी कुछ दिया है
उनके बसाने के लिये किया?
'एन जी ओ' वालों का काफ़ी योगदान इस मामले में है
हर इक विषय पर, आपके नज़रिये इतने साफ़ कैसे हैं?
मुझे मालूम नहीं! (मुस्कुराया)
ओके सर!
थैंक्यू!

Begging a Poem

Can't forget my childhood,
I remember it as it is.

In my front yard stands a girl,
begging for flowers.

Come, let us go to see the train,

We'll end our lives from the mountain top,
you are asking!
How to write poems?
Does one really have to write poems?

Grace

Translated from the Marathi by the poet

186

कविता भीख की

भूल नहीं पाता मैं लड़कपन
वैसे का वैसा याद आता है

मेरे आंगन में...
इक लड़की खड़ी
फूलों की भिक्षा मांगे

ऐ, चल रेलगाड़ी देखने जायें
कूदें पहाड़ से और जां दे दें
तुम पूछ रही हो!
कविता कैसे लिखते हैं?
सचमुच क्या कविता लिखनी ही पड़ती है?

Fated

A few street dogs
I know—
I always see them
Tirelessly chasing buses
Getting fagged out
And drooling
In utter exhaustion

I feel an urge, irresistible
To do likewise—
At least once
To give a bus a mad chase
And bark to my heart's content

But
I am fated otherwise;
I'm condemned
To travel in buses.

Lakshmi Manivanna

Translated from the Tamil by K.S. Subramanian

187

क़िस्मत

सड़क के चंद कुत्ते
मैं जानता हूं!
हमेशा देखा है उनको
बसों के पीछा करते बेतहाशा दौड़ते
हांप जाते हैं
टपकने लगती हैं रालें,
निढाल हो कर!

बड़ा जी चाहता है
मैं वैसा ही करूं
इक बार कम से कम
मैं बस के पीछे भागूं, पागलों-सा
और फिर जी भर के भौंकूं!

मगर—
मेरी क़िस्मत ही उल्टी है
मलामत है
मैं बस के अन्दर हूं!

Conference of Poets

Poems will now be read on the stage
Hence this bodes well for you
In other words you can now get up from your seat in the audience
Go out and puff at a cigarette.

And the gentleman just behind you
Who'll presently tap you on the shoulder and leave
Pretending to have remembered something urgent
He too decided
After a couple of glances at his watch and the sky above
This was the time to make way homewards
Because poems are now being read on the stage.

Respected sir, or dear sir
You too, who consider this mass exodus
A bit impolite
I've watched you too
Your over-curious eyes tell it all
It was only last Thursday in the evening market
That the gentleman with a nylon bag in his hand
Could have been a poet!

188

मुशायरा

पढ़ी जायेंगी नज़्में मंच पर अब
तुम्हारे वास्ते अच्छी ख़बर है
या यूं कहिये, कि उठ सकते हो अपनी 'सीट' से अब
ज़रा सिगरेट का कश लेने कहीं बाहर

तुम्हारे पीछे जो बैठा हुआ है
अभी कन्धा तुम्हारा थपथपायेगा
दिखायेगा ज़रूरी काम कोई याद आया है
घड़ी देखेगा दो इक बार, और फिर आस्मां को,
हुआ है वक़्त, घर जाना पड़ेगा
पढ़ी जायेंगी क्योंकि, नज़्में अब इस मंच पर!

हुज़ूर, या डियर सर,
अगरचा आपको लगता है यूं मजमे से उठ जाना
है बेअदबी,——
तो मैंने आपको भी देखा है
परेशान आपकी आंखें बताती हैं!
जिसे कल वीरार की शाम मार्किट में मिले थे
कभी ये ख़्वाब में सोचा न होगा,
वो जिसके हाथ में नायलोन का थैला था, कल
वो शायर था!!

O young friend of mine in the audience
Lower your mouth to the girlfriend beside you
Whisper in her ears
Where exactly you'll meet her
Tomorrow evening at six
Where exactly you'll wait for her
What could have been a better time
To carry on all those urgent conversations
Of your entire lifetime
Because poems are now being read on the stage.

Friends! I envy you
Because like all of you
Such opportunities once came my way
But my leaves have all dropped off in the last spring
And I realize
Amidst the confused hints of my barren branches
I, the poet on stage,
Have become your adversary.

Shaktipada Brahmachari

Translated from the Bengali by Sudeshna Banerjee

ओ मेरे नौजवान दोस्त, मजमे में,
ज़रा-सा झुक के अपनी गर्लफ़्रेन्ड के कान में कह दो

कहां पर ठीक तुम उसको मिलोगे
शाम कल, और छह बजे पूरे!
कहां पर राह देखोगे?
तुम्हारी ज़िन्दगी की—
ज़रूरी बातें ये सारी बताने का
भला इससे मुनासिब वक़्त कब होगा?
पढ़ी जायेंगी क्योंकि, नज़्में अब इस मंच पर!

जलन होती है तुमसे दोस्तो—
कि तुम सबकी तरह ही—
मेरी राह में भी ऐसे मौक़े आये थे
मगर अब मेरे पत्ते झड़ चुके हैं, पिछले मौसम के
मुझे महसूस होता है,
मेरी शाख़ें इशारे कर रही हैं
कि मैं—इस मंच का शायर,
तुम्हारी आंख से अब उतर गया हूं!

I Need No God

If he is a scarecrow and a policeman,
To frighten errants and wrongdoers,
There are enough tyrants here
So, I need no God.

If he is a grocer and a banker
To measure my deeds and then give,
There are enough traders here
So, I need no God.

If he is a Baba, Guru or a preacher
To drive the herds on sectarian paths,
There are enough such tribals here
So, I need no God.

If he sits in stones and in scriptures
And is immune to evolving reason,
There are enough bigots here
So, I need no God.

If he is kind to unkind, just to unjust
And loves all the living beings,
I am already doing His work here
And, so, I need no God.

189

Badrinarayan Bhatt

Translated from the Gujarati by the poet

क्या ज़रूरत है ख़ुदा की?

बजूका है अगर वो, और हवलदार है वो
डराना, जिसका मक़सद है ग़लत कारों को, बाज़ आयें
यूंही दहशत पसंद काफ़ी हैं दुनिया में
मुझे फिर क्या ज़रूरत है ख़ुदा की?

किरानी है अगर वो और बैंकर है
ज़रूरत देख कर मेरी मुहय्या करता रहता है
यहां काफ़ी हैं ताजिर, इसलिये
मुझे फिर क्या ज़रूरत है ख़ुदा की?

अगर बाबा है वो, कोई गुरू है, या वो परचारक
जो भेड़ों को किसी इक मत के रस्ते पर चलाता है
तो काफ़ी हैं क़बीले इस तरह के, तो
मुझे फिर क्या ज़रूरत है ख़ुदा की?

चट्टानों पर अगर वो बैठता है, और ग्रन्थों पर
अगर वाक़िफ़ नहीं है, वो बदलते कारणों से
तो इस तरह के कट्टर भी बहुत हैं
मुझे फिर क्या ज़रूरत है ख़ुदा की?

रहम करता है बेरहमों पे गर वो
और इंसाफ़, नाइंसाफ़ियों से
मुहब्बत करता है हर एक बन्दे से
तो मैं पहले से उसका काम करता आ रहा हूं
मुझे फिर क्या ज़रूरत है ख़ुदा की?

The Wailing Wall, Revisited

I gently touch you now
not the way I did
eleven years ago—

not with that yearning
for faith and peace,
but with a private prayer

for inner calm, care,
stillness; and
for forgiveness and love.

The gleaming had—worn
shine on Jerusalem stone,
where the public merges

with the private,
where prayer and passion
collide and unite—

where a certain kind
of kindness changes
to another kind—

where a certain kind
of passion changes
to another kind

of desire. It is
a blessing of time—
eleven years is a lifetime.

190

Sudeep Sen

Written originally in English

संगे येरुशलम

तुम्हें हल्के से छू लेता हूं, अब
वैसे नहीं जैसे छुआ, ग्यारह बरस पहले
वो बेताबी नहीं
अक़ीदत की, सुकूं की,
मगर ख़ामोश-सी दिल में दुआ है

किसी अन्दरूनी, इत्मीनान और तस्कीन,
माफ़ी और मुहब्बत के लिये बस!

चमकता और चिकना, हाथों के मस से
वो संगे येरुशलम
जहां पे लोग आते हैं

मगर अन्दर—
जहां जज़्बा, दुआ टकरा के मिलते हैं
जहां इक तरह की नरमी
बदल कर और तरह हो जाती है

जहां इक तरह का जज़्बा
बदल कर और तरह की आरज़ू हो जाती है
दुआ है वक़्त की ये,
कि ग्यारह साल इक अरसा, ज़िंदगी का है!

Smile Freely with Joy

Smile freely with joy
Let the pain feel coy
Let these drops play
A tune on the earth today

The wind says
Let's swing by
Caress the cheeks
Of the heavens high

The lake is a habit
That resides within you
The river, a mischief
That flows with you

Remove the socks of sadness
Let the ground hum
Let this scattered gravel
Tickle your feet, come

Why do these tunes dance
In the windows of a flute?
Why do my eyes brim over
Like the oceans brute?

191

खुल के मुस्कुरा ले तू

खुल के मुस्कुरा ले तू
दर्द को शर्माने दे
बूंदों को धरती पर
साज़ एक बजाने दे

हवायें कह रही हैं
आजा झूलें ज़रा
गगन के गाल को चल
जाके छूलें ज़रा

झील इक आदत है
तुझ में ही तो रहती है
और नदी शरारत है
तेरे संग बहती है
उतार ग़म की मौजें
ज़मीं को गुनगुनाने दे
कंकरों को तलवों में
गुदगुदी मचाने दे

बांसुरी की खिड़कियों पे
सुर ये क्यों ठिकठिकाते हैं
आंख के समन्दर क्यों
बेवजह छलकाते हैं
तितलियां ये कहती हैं

The butterflies say it
Let spring arrive
Let the weather of woods
In dwellings, thrive

The wind says
Let's swing by

Caress the cheeks
Of the heavens high

Smile freely with joy
Let the pain feel coy
Let these drops play
A tune on the earth today

Prasoon Joshi

Translated from the Hindi by the poet

अब बसंत आने दे
जंगलों के मौसम को
बस्तियों में छाने दे

हवायें कह रही हैं
आजा झूलें ज़रा
गगन के गाल को
चल जाके छूलें ज़रा

खुल के मुस्कुरा ले तू
दर्द को शर्माने दे
बूंदों को धरती पर
साज़ एक बजाने दे

Original text of the poem written in Hindi

Time

What is time?
What is this thing that goes on without pause?
If it did not pass,
Then where could it have been?
It must have been somewhere.
It has passed.
So where is it now?
It must be somewhere.
Where did it come from? Where did it go?
Where did the process start? Where will it end?
What is time?

These events
Incidents
Conflicts
Every grief
Every joy
Every torment
Every pleasure
Every smile
Every tear
Every song
Every scent.
It may be the pain of a wound
Or the magic of a tender touch,
One lonely voice or cries around;
Successes and failures assailing the mind;

192

वक़्त

ये वक़्त क्या है
ये क्या है आख़िर जो मुसलसल गुज़र रहा है
ये जब न गुज़रा था
तब कहां था
कहीं तो होगा
गुज़र गया है
तो अब कहां है
कहीं तो होगा
कहां से आया किधर गया है
ये कब से कब तक का सिलसिला है
ये वक़्त क्या है

ये वाक़्ये
हादसे
तसादम
हर एक ग़म
और हर एक मस्सर्रत
हर इक अज़ियत
हर इक लिज़्ज़त
हर इक तबस्सुम
हर इक आंसू
हर इक खुशबू
वो ज़ख़्म का या हो दर्द का हो
कि लम्स का हो जादू

खुद अपनी आवाज़ हो कि माहौल की सदायें
ये ज़हन में बनती और बिगड़ती हुई फ़िज़ायें
वो फ़िक्र में आये ज़लज़ले हों कि दिल की हलचल

The upheavals of care, the tumult of the heart.
All feelings
All emotions
Are like leaves
Floating on the surface of the water.
As they swim along
Now here,
Now there

And now they disappear,
Gone from sight, but
There must be something
Flowing along.
What is this river?
What hills has it come from?
To what sea is it going?
What is time?

Sometimes I think
When I see trees from a moving train,
It seems
They go in the opposite way.
But in reality
The trees are standing still.
So can it be
That all our centuries,
Row upon row, are standing still?
Can it be that time is fixed,
And we alone are in motion?
Can it be that in this one moment
All moments,
All centuries are hidden?
No future
No past.
What has gone by

तमाम अहसास
सारे जज़्बे
ये जैसे पत्ते हैं
बहते पानी की सतह पर
जैसे तैरते हैं
अभी यहां हैं
अभी वहां हैं

और है हैं ओझल
दिखायी देता नहीं है लेकिन
ये कुछ तो है
जो बह रहा है
ये कैसा दरया है
किन पहाड़ों से आ रहा है
ये किस समन्दर को जा रहा है
ये वक़्त क्या है

कभी कभी मैं ये सोचता हूं
कि चलती गाड़ी से पेड़ देखूं
तो ऐसा लगता है
दूसरी सिमत जा रहे हैं

मगर हक़ीकत में
पेड़ अपनी जगह खड़े हैं
तो ये मुम्किन है
सारी सदियां
क़तार अन्दर क़तार अपनी जगह खड़ी हों
ये वक़्त साकित हो
और हम ही गुज़र रहे हों
इस एक लम्हे में
सारे लम्हे
तमाम सदियां छुपी हुई हैं

Is happening now.
What will come about
Is happening now
I think—
Can it be possible
That this is true,
That we are in motion?

We pass by,
And what we imagine
Is moving
Is really motionless,
Moving, not moving?
Whole or divided?
Is it frozen,
Or is it melting?

Who knows?
Who can guess?
What is time?

This glorious universe
It seems
Even today is not content
With all its glory
At every moment
It becomes wider and more vast.
It stretches out its arms
And with its fingers like galaxies
Touches other parts of space.

न कोई आईन्दा
न गुज़श्ता
जो हो चुका है
वो हो रहा है
जो होने वाला है
हो रहा है
मैं सोचता हूं
कि क्या ये मुमकिन है
सच ये हो

कि सफ़र में हम हैं
गुज़रते हम हैं
जिसे समझते हैं हम
गुज़रता है
वो थमा है
गुज़रता है या थमा हुआ है
इकाई है या बटा हुआ है
है मुनजमिद
या पिघल रहा है
किसे ख़बर है?
किसे पता है?
ये वक़्त क्या है?

ये कायेनाते अज़ीम
लगता है
अपनी अज़मत से
आज भी मुतमईन नहीं है
कि लम्हा लम्हा

If this is true
Outside the bounds of all we can imagine
Somewhere there will certainly be a part of space,
Which
So far it has not touched
With its fingers like galaxies,
Where nothing has happened
A part of space,
Which has not heard the Creator's command,
'Be!'
Where God does not yet exist.
And in that place
There will be no time
One day
This glorious universe will reach
This untouched part of space.
And then with its whole existence
It will cry:
'Be!'
Time will be born there also.
If there is birth, then there is death.
I think
It is not true
That time has no end and no beginning.
That thread but is very long
But
Somewhere the thread will have an end.

Now mankind is confused
Because it was born in this cage of time
It was brought up and raised here.
But now man has discovered

वसीतर और वसीतर होती जा रही है
ये अपनी बाहें पसारती है
ये कहकशाओं की उंगलियों से
नए ख़लाओं को छू रही है
अगर ये सच है
तो हर तसवुर की हद से बाहर
मगर कहीं पर
यक़ीनन ऐसा कोई ख़ला है
कि जिसको
इन कहकशाओं की उंगलियों ने
अब तक छुआ नहीं है
ख़ला
कि जहां कुछ हवा नहीं है
ख़ला
कि जिसने किसी से भी 'कुन' सुना नहीं है
जहां अभी तक ख़ुदा नहीं है
वहां
कोई वक़्त भी न होगा
ये कायेनाते अज़ीम
इक दिन
छूयेगी
उस अन-छूये ख़ला को
और अपने सारे वजूद से
जब पुकारेगी
''कुन''
तो वक़्त को भी जन्म मिलेगा
अगर जन्म है तो मौत भी है
मैं सोचता हूं
ये सच नहीं है

That outside the cage of time
There lies another part of space.
So he thinks,
He asks,
What is time?

Javed Akhtar

Translated from the Urdu by the poet

कि वक़्त की कोई इब्तदा है न इन्तेहा है
ये डोर लम्बी बहुत है
लेकिन
कहीं तो इस डोर का सिरा है

अभी है इन्सां उल्झ रहा है
कि वक़्त के उस क़फ़स में
पैदा हुआ
यहीं वो पला बढ़ा है
मगर उसे इल्म हो गया है
कि वक़्त के इस क़फ़स से बाहर भी इक फ़िज़ा है
तो सोचता है
वो पूछता है
ये वक़्त क्या है?

Original text of the poem written in Urdu

Triveni

Met me, saw me, spoke with me
Smiled as well, for the sake of an old relationship

Yesterday's newspaper, seen and put aside!

***

Time is measured and put in every hourglass
When one side empties it is turned upside down

When my life ends, can he not turn me around?

***

A circus tent in which
Trapeze artists swing endlessly

The mind is never empty!

***

Who has hung these wet clothes on the barbed wire?
Blood drips and flows into the gutter

Why does this soldier's widow wash his uniform every!

193

Gulzar

Translated from the Urdu by Pavan K. Varma

त्रिवेणी

सामने आये मेरे, देखा मुझे, बात भी की
मुस्कुराये भी, पुरानी किसी पहचान की ख़ातिर

कल का अख़बार था, बस देख लिया, रख भी दिया!

***

नाप के, वक़्त भरा जाता है, हर रेत घड़ी में
इक तरफ़ ख़ाली हो जो फिर से उलट देते हैं उसको

उम्र जब ख़त्म हो, क्या मुझको वो उलटा नहीं सकता?

***

एक तंबू लगा है सर्कस का
बाज़ीगर झूलते ही रहते हैं

ज़ेहन ख़ाली कभी नहीं होता!

***

कांटे वाली तार पे किसने गीले कपड़े टांगे हैं
ख़ून टपकता रहता है और नाली में बह जाता है

क्यों इस फ़ौजी की बेवा हर रोज़ ये वर्दी धोती है!

Original text of the poem written in Urdu

My Parents and I

A

I never go to visit Puri with my father and mother
Nor Shimla or Ooty.
Never mind those distant places, we didn't even go to the zoo or
The book fair
I only got back home, switched on the light, entered
My own room and observed
How, adding to their mutual distance every day
My father and mother made room for me to go away.

B

On some nights the force of gravity stops working in our locality
When I'm late getting home, I start floating on the road,
Dogs, cats, rickshaws, all float past me. Somehow I manage to
Open the front door and find the food strewn on the floor while
The crockery is happily floating about and among them my mother
Floats too, her head on my father's shoulder … no annoyance,
No squabbles or catfights … as though I haven't even been born yet,
The house redolent with the aroma only of peace and joy. In happiness
And embarrassment I float too in a corner of the kitchen, falling asleep
Slowly till things return to normal, till their bitter quarrel awakens me.

194

मां, बाप और मैं

क

कभी 'पुरी' नहीं जा पाया, मां और बाप के साथ
न शिमला और न ऊटी–
फ़क़्त वो दूर की जगह नहीं, न चिड़ियाघर, न 'बुक फेयर' में
फ़क़्त घर आना, लाइट ऑन करना कमरे में रहना
बस अपना कमरा, और मैं देखता था,
कि कैसे दिन ब दिन आपस में उनका फ़ासला बढ़ता गया और...
मेरे मां बाप ने काफ़ी जगह दे दी थी मुझको, भाग जाने के!

ख

हमारी बस्ती में ऐसा भी होता था, कभी ग्रैविटी चली जाती
थी रातों में
मुझे घर लौटने में देर होती तो,
मैं उड़ने लगता सड़कों पर
सभी कुछ बिल्लियां, कुत्ते भी, रिक्शे तैर कर आगे निकल जाते
मैं जूं तूं खोलता दरवाज़ा जाकर, सामने का
तो खाना फ़र्श पर बिखरा हुआ होता, हवा में तैरते प्याले पलटें
और उनमें–
बाप के कन्धे पर सर रखे, मेरी मां तैरती मिलती
कोई गुस्सा नहीं, झगड़ा नहीं, खटपट नहीं, जैसे
अभी जन्मा ही नहीं मैं
ख़ुशी और अमन से महका हुआ माहौल घर का
ख़ुशी और झेंप से बचता हुआ, जाकर रसोई के
किसी कोने में सो जाता

H

Perhaps I was asleep one day and my father had gone out
When my mother's old lover came and said on seeing me
—Which class is he in now?

Perhaps I was asleep again another day and my mother had
gone out
When my father's old lover came and on seeing me, said
—He's just like you

Awake now after all these years
I'm looking for those two again

Did they ever meet?
Fall in love?
Did they marry and settle outside the city?
Couldn't I go and live with them?

Srijato

Translated from the Bengali by Arunava Sinha

बड़े धीरे से फिर मामूल पर आ जाता सब माहौल
और मैं जाग जाता
सुन के सख़्त झगड़े की आवाज़ें!

ग

मैं शायद सो रहा था, एक दिन बाहर गया था बाप मेरा
मेरी मां का पुराना एक आशिक़ आ गया
और देख कर मुझको, वो बोलाः
'ये किस दरजे में पढ़ता है?'

मैं शायद फिर किसी दिन सो रहा था, मां मेरी बाहर गई थी
पुरानी कोई इक माशूका मेरे बाप की आई
मुझे देखा, तो बोलीः
'ये बिलकुल तुम-सा लगता है!'

बहुत सालों के बाद अब जाग रहा हूं, और उनको
ढूंढ़ रहा हूं मैं—दोनों को—
कभी दोनों मिले थे क्या?
पड़े थे इश्क़ में क्या?
वो दोनों शादी कर के, शहर के बाहर कहीं जाकर बसे हैं क्या?
मैं उनके साथ रह सकता हूं क्या जाकर?

A Man with a Door!

A man walks with a door
along the city street;
he looks for its house.

He had once dreamt
of his woman, children and friends
coming in through that door.
Now he sees the whole world
pass through this door
of his never-built house;
men, vehicles, trees,
beasts, birds, everything.

And the door, its dream
rising above the earth,
longs to be the door of heaven;
imagines cloud, rainbow,
demons, fairies and saints pass through it;
and shines like gold.

But it is the owner of hell,
who awaits the door.
Now it just yearns
to be its tree, full of foliage
swaying in the breeze;
just to provide some shade
to its homeless haulier.

A man walks with a door
along the city street;
a star walks with him.

K. Satchidanandan

Translated from the Malayalam by the poet

एक शख़्स दरवाज़ा लिये

दरवाज़ा लिये इक शख़्स चला जाता है
शहर की गलियों में
घर ढूंढ़ता है!

इक ख़्वाब कभी देखा था उसने
इक ख़्वाब कभी अपनी औरत का बच्चों का और दोस्तों का
दरवाज़े से दाख़िल होने का
अब दुनिया भर को देखता है
उस दरवाज़े से आते-जाते
जो घर न कभी तामीर हुआ
लोग और गाड़ियां, पेड़, मवेशी, पंछी सब कुछ।

दरवाज़ा और ख़्वाब उसका
अब ज़मीं से उठकर
जन्नत का दरवाज़ा बनना चाहता है
सोचता है, बादल, सतरंगियां
देव और परियां, संत वहीं से गुज़रते हैं
सोने की तरह चमकता है।

लेकिन दोज़ख़ के मालिक को
इन्तज़ार है दरवाज़े का!

अब ख़्वाहिश है उसकी,
वो उसका पेड़ बने और पूरी हरियाली लेकर
झूमे हवा में, छांव करे
अपने इस बेघर एक कुली के लिये!

दरवाज़ा लिये इक शख़्स चला जाता है
शहर की गलियों में
घर ढूंढ़ता है!
एक सितारा साथ-साथ चलता है उसके!

The Last Thirty-four Years

1

'Why do you write poems?
Go do your study.'
Mom who used to say this
And Dad who
Seeing something in print
Proudly showed it to people …
These last thirty-four years are
For the two of you.

2

Like I was the wagging tail of Dad's
I'd go behind him to listen to the tales from the Puranas
Waiting only for the tea break and the butter biscuits

Now I hang from the string
Between belief and atheism

3

I have no hometown
By and by, my address got minimized
By and by, as I grew up
I'd seen the name of so-and-so post office, so-and-so taluk,
so-and-so

पिछले चौंतीस साल

1

'क्या कविता लखते रहते हो
जाओ पढ़ाई करो,
मां कहती रहती थी—!
और बापू —
छपा हुआ मेरे बारे में
जब भी कुछ पढ़ लेते थे
गर्व से दिखलाते थे लोगों को—
पिछले चौंतीस साल मेरे
तुम दोनों को समर्पित हैं!

2

मैं तो जैसे दुम था अपने बापू की
उसी के पीछे-पीछे रहता था
'पुराने' के क़िस्से सुनने के लिये
और इन्तज़ार में, कब चाय और बिस्कुट का वक़्फ़ा हो
पतले धागे पर अब लटका रहता हूं
दरम्यान में 'आस्था' और 'नास्तिकता' के!

3

मेरा कोई गांव नहीं है!
आहिस्ता-आहिस्ता मेरा पता कम होता गया
आहिस्ता-आहिस्ता मैं बड़ा भी होता गया

Then post office so-and-so, taluk so-and-so, district so-and-so,
Now the p.o., the taluk, the district, all is Mumbai
By and by I gained independence
I became global
Even now my friends of my so-and-so village
Remain dependent to their circumstance.

Hemant Divate

Translated from the Marathi by Dilip Chitre

फिर फ़लां-फ़लां पोस्ट ऑफिस, तालुक़ा, और ज़िला देखा
अब ज़िला, तालुक़ा, पोस्ट ऑफिस सब मुम्बई है
आहिस्ता-आहिस्ता ख़ुदमुख़्तार हुआ हूं मैं
मैं हुआ ग्लोबल!

फ़लां-फ़लां गांव के मेरे दोस्त सभी
अब तक उन ही हालात में ज़िंदा हैं!

To a Newborn

You are now
What we were once.
Soon, they will scribble chalk
On your eyes,
Spray graffiti in your ears,
Tattoo a flag
On your smooth skin;
Soon, they will write a sum
On the blank cheque of your soul.

A mirror,
You will absorb their masks;
A parrot, you will mimic
Their words; your heart
Will open doors to house their lies.
Your mind will be a canvas
To be painted with illusions.
Your choices will be tangled in a rabble
Of newspapers and radio waves …

They have already
Given you a name, little one!
Soon, the world will sit back and watch
The unfolding drama of you.

197

Asgar Hussein

Written originally in English

नये बच्चे

जो, अब तुम हो
कभी हम थे
बड़ी जल्दी, तुम्हारी आंखों में वो चूना झोंकेंगे
तुम्हारे कान खुर्चे जायेंगे, पलस्तर लगा कर
तुम्हारी नर्म चमड़ी पर वो अपना झंडा गोदेंगे
बड़ी जल्दी – तुम्हारी रूह के चेक पर वो लिख देंगे रक़म कोई!

इक आईना बनोगे
मुखौटे उनके पहनोगे
करोगे नक़लें तोते की तरह फिर उनके लफ़्ज़ों की
तुम्हारा ज़ेहन कैनवस होगा, उस पर सब ख़्याली नक़्श पेंट होंगे
तुम्हारे मुद्दे उलझेंगे, अखबारों में, रेडियो पर!

अभी से नाम उन्होंने दे दिया है तुमको बच्चे
बहुत जल्द देखना–देखेगी दुनिया बैठ कर, ड्रामा तुम्हारा

Sunrise

This morning
The newborn sun
Bleeding
Fell from the womb of the East

East
Wriggling with the throes of childbirth
Cleared
With the joyous experience
Of begetting a son
Let this auspicious moment
Of sunrise
Not be disturbed
O sky!

Pour profusely
And anoint it!
In the lead of the sun
Troops of rays
In thousands and thousands
Are ready to climb
Up very high.

Banira Giri

Translated from the Nepali by the poet

1998

सनराइज़

आज सुबह—
नौज़ायदा सूरज
लहूलहान
पूरब की कोख से आके गिरा

पूरब
ज़चगीं की कर्ब से बाहर निकला
ख़ुश था, अपने अनुभव से
बेटा हुआ था उसको!
ऐसे मुबारक लम्हे में
सूरज के तुलू होने पर
कोई ख़लल न हो!
ऐ फ़लक!

ख़ूब उढ़ेलो किरनें और मालिश कर दो
सूरज की रहनुमायी में
किरनों के लश्कर
लाखों हज़ारों में
तैयार हैं अब चढ़ने के लिये
ऊंची-ऊंची चोटियों पर!

A Modest Proposal

As you've asked for black and white,
May I send these lines to you
In the tacit hope you might
Take my type at least as true.

Let this distance disappear
And our hearts approach from far
Till we come to be as near
As acrostically we are.

Vikram Seth

Written originally in English

199

प्रस्ताव

तुमने चाहा था कि सब लिख के कहूं
मैं सतरें लिख के भेजूं क्या?
सिर्फ़ इस उम्मीद पर—
शायद मुझ से शख़्स पर यक़ीं करलो

फ़ासला ये ख़त्म होने दो
पास आने दो दिलों को
जब तलक इतने क़रीब आ जायें हम
जितने इस दम, ज़ावे पर हैं!

Banalata Sen of Natore

For a thousand years have I walked upon this earth
From the seas of Ceylon to the straits of Malaya
I have journeyed, alone, in the enduring night,
And down the dark corridor of time I have walked
Through the mist of Bimbisara, Asoka, darker Vidarbha.
Round my weary soul the angry waves still roar;
My only peace I knew with Banalata Sen of Natore.

Her hair was dark as night in Vidisha;
Her face the sculpture of Sravasti.
I saw her, as a sailor after the storm,
Rudderless in the sea, spies of a sudden
The grass-green heart of the leafy island.
'Where were you so long?' she asked, and more
With her bird's-nest eyes, Banalata Sen of Natore.

As the footfall of dew comes the evening;
The raven wipes the smell of a warm sun
From its wings; the world's noises die.
And in the light of fireflies the manuscript
Prepares to weave the fables of night;
Every bird is home, every river reached the ocean.
Darkness remains; and time for Banalata Sen.

200

Jibanananda Das

Translated from the Bengali by Chidananda Das Gupta

बनलता सेन

हज़ारों सालों से इस ज़मीं के रास्तों पर चल रहा हूं
मैं सिलोन के समन्दर से, मलाया के जज़ीरों तक
घनेरी रातें झेली हैं, अकेले ही सफ़र करते
अँधेरे हाशियों से वक़्त के गुज़रा
मैं 'बिम्बसार', 'अशोक'
और 'विदर्भ' की धुंध से चल कर गया हूं
थकी इस रूह से मेरी,
समन्दर का गर्जता शोर है, लिपटा हुआ है
सुकूं मुझको दिया था, तो
'नाटोर' की— बनलता सेन!

सिया थे बाल उसके, जैसे रातें हों 'विदिशा' की
मुजस्मा सरस्वती का, उसका चेहरा
नज़र आई मुझे जैसे ...कोई मल्लाह
भटक जाये जो तूफ़ां से, समन्दर में
बिना लंगर...
अचानक देख ले, सरसब्ज़ हरियाली भरा कोई जज़ीरा
'कहां थे अब तलक?' पूछा
घोंसलें जैसी दो आंखों ने
वही, 'नाटोर' की— बनलता सेन!

सुबक-सी, ओस की आहट-सी जैसे शाम आती है
परों से पोंछ कर सूरज की गर्मी की महक, आती है चील

511

जिबानानदास की ये नज़्म हिंदुस्तान की तक़रीबन हर बड़ी
   ज़बान में तर्जुमा
हुई है। लेकिन नज़्म के साथ साथ 'बनलता सेन' भी एक
   अलामत यानी
Symbol की तरह quote की गई है। जिबानानदास की मौत
   का हादसा भी
एक बहुत दर्दनाक हादसा था। वो ट्राम से टकरा के फ़ौत हुये।

धुआं है, झटपटा है शाम का, जाड़ों का कोहरा,
और उसमें ट्राम की दो पटरियाँ हैं
पटरियों में ख़ूं चमकता है
कोई दो पटरियों के बीच पढ़ता आ रहा है नज़्म बंगला में
'हजार बिछोर धोरे आमी पोथ हाटीतैछी, प्रथवीर पोथे...'
किसी बादल ने चहरा ढांप रक्खा है
नज़र आती हैं लेकिन दो सिया आँखें
'मोने पोड़े नाटोरेर बनलता सेन...!'

गुलज़ार

सभी शोर बंद हो जाते हैं दुनिया के—
बयाज़ खुलता है उस वक़्त रात के
अफ़सानों का तब, जुगनूओं की रौशनी में

परिन्दे घोंसलों में, और सब दरया
पहुंचते हैं समन्दर में
बस इक तारीकी रह जाती है बाक़ी
और सामने बनलता सेन!

Kerosene

2

She picks a card (Oh good,
the queen of spades
leaves her highness happily sandwiched

between a jack and a king)
and is wondering which one to discard
—the ace of diamonds or the jack of hearts—

when, unable to make up her mind,
she looks past her cards
for inspiration at the road beyond

and ZOOM
—her eyes come to focus on
a passing kerosene cart.

4

Sari pulled up to her knees
and jerrycan in hand she runs,
shanks flashing

with the loping stride of, well,
a gazelle, a lame one perhaps
but a gazelle none the less.

A scooter spins around
a white Mercedes stops to let her pass
as she cuts across the street

blind to everything else
to head off the kerosene cart

घासलेट

2

इक पत्ता खींचा उसने
ओ–हो– हुकुम की बेगम निकली!
ठीक लगी जाकर दोनों में
बाशा और ग़ुलाम के बीच!

सोच में पड़ गई, किस को फेंकूं?
ईंट का इक्का? पान का गुल्ला?

फ़ैसला न कर पायी तो–
पत्तों के ऊपर से देखा
पार सड़क के शायद–

और ज़ूम–
आंख पड़ी फ़ौरन उस पार
घासलेट वाला ठेला गुज़र रहा था!

4

साड़ी खींच के घुटनों तक
और–हाथ कनस्तर, दौड़ी वो
चमकाती पिंडलियां–
हिरनी-सी छलांग लगाती हुई
शायद लंगड़ी
फिर भी हिरनी ही की तरह
इक स्कूटर चकराया
इक मर्सीडीज़ रुकी, वा निकल जाये
सड़क पार जब लपकी
अंधांधुंध हर चीज़ छोड़ कर

before it disappears round the bend.

7

After they have gone—he
with his cart
to complete his rounds of deliveries,

she with her jerrycan, now full,
to deposit it between
the buttresses of the banyan

and to pick up her cards,
her mind made up to
to discard the jack of hearts—

an old crow lands on the edge
of a small puddle of kerosene
left on the road,

shakes his head,
declares it unfit for corvine consumption
and flies off in disgust

to perch on the steeple
of St Andrew's Church
from where he sees a sight

that never fails to cheer him up:
the butcher about to enter Lion Gate
on his bicycle

with the daily supply
of meat
for the dockyard canteen.

Arun Kolatkar

Translated from the Marathi by the poet

घासलेट के ठेले को,
इससे पहले वो मोड़ पे ग़ायब हो जाये!

7

जब दोनों चले गये
वो ठेला लेकर, अपनी फेरी पूरी करने
वो अपना कनस्तर भरा हुआ
बरगद की डालियों में रख के

वापिस अपने पत्ते उठाकर
उसने सोच लिया
पान का गुल्ला फेंक दिया

इक बूढ़ा काग उतरा
सड़क पे फैले
घासलेट के टुकड़े पर
सूंघा, सर झटकाया—देखते वो कव्वे की ग़िज़ा नहीं
और उड़ गया!

'सेंट एन्डरू' (St. Andrews) के गिरजे की गुम्टी पर
बैठ के मन्ज़र देखा
जी ख़ुश कर देता था जो हमेशा!
लॉयन गेट (Lion Gate) में,
साइकिल पे क़साई
पहुंचा था—
'डॉकयार्ड' के कैन्टीन में
गोश्त की रोज़ाना सप्लाई लेकर!

In the Silence of an Endless Night

On your soft bed, my love,
in the silence of an endless night
my limbs become drunk with lust
and my mind becomes quicksand
in some wilderness, heavy with pleasure.

Sleep, like a hunted prey
like some frightened bird
flaps its wings and shrieks.
In the silence of an endless night
on your soft bed, my love,
my desires roam the peaks of your breasts
and crawl like beaten slaves.

For a moment then I think
that you are not my love:
you are a maiden of some island
and I, an enemy of your country
who is forever seeking
a night to lighten his burden;
who, agitated and anxious,
deserts his friends and comrades
in search of limitless pleasure.
This thought also comes into my heart
on your soft bed, my love,
in the silence of the night.

202

Noon-Meem Rashid

Translated from the Urdu by Mahmood Jamal

बेक़रार रात के सन्नाटे में

तेरे बिस्तर पे मेरी जान कभी
बेक़रार रात के सन्नाटे में
जज़्बा, शौक़ से हो जाते हैं आज़ा मदहोश
और लिज़्ज़त की ग्रांबारी से
ज़हन बन जाता है दलदल किसी वीराने की
और कहीं इसके क़रीब
नींद, आग़ाज़े ज़मस्तां के परिन्दे की तरह
ख़ौफ़ दिल में किसी मोहूम शिकारी के लिये
अपने पर तोलती है चीख़्ती है
बेक़रार रात के सन्नाटे में

तेरे बिस्तर पे मेरी जान कभी
आरज़ूयें तेरे सीने के कुहस्तानों में
ज़ुल्म सहते हुये हब्शी की तरह रेंगती हैं

एक लम्हे के लिये दिल में ख़्याल आता है
तो मेरी जान नहीं
बल्कि साहिल के किसी शहर की दोशीज़ा है
और तेरे मुल्क के दुश्मन का सिपाही हूं मैं
एक मुद्दत से जिसे ऐसी कोई शब न मिली
कि ज़रा रूह को अपनी वो सुबक बार करे
बेपनाह, ऐश के हीजान का अरमां लेकर
अपने दस्ते से कई रोज़ से मफ़रूर हूं मैं
ये मेरे दिल में ख़्याल आता है
तेरे बिस्तर पे मेरी जान कभी
बेक़रार रात के सन्नाटे में!

Original text of the poem written in Urdu

The Ruler's Rifle

Something in the outcry of mere skeletons,
Stands massive and menacing the ruler's rifle.
Everyone spits on the ruler's Hitler-conceit,
in which the rifle is now one-eyed—

deafness grows tenfold; Vinoba too is silent now,
thanks are due, thanks are due to the ruler's rifle.
Truth lies wounded, non-violence has failed
there, and there goes bang-bang
the ruler's rifle.

The cuckoo, however, sitting on a burnt branch
sings and mocks:
'It shall not stifle—
the ruler's rifle.'

Nagarjun

Translated from the Hindi by Sunita Jain

203

शासन की बंदूक़

खड़ी हो गई चांपकर कंकालों की हूक
नभ में विपुल विराट-सी शासन की बंदूक़
उस हिटलरी पर गुमान सभी रहे हैं थूक
जिसमें कानी हो गई शासन की बंदूक़
बढ़ी वधिरता दसगुनी, बने विनोबा मूक
धन्य-धन्य वो, धन्य वो शासन की बंदूक़
सत्य स्वयं घायल हुआ, गई आहिंसा चूक
जहां-तहां दग़ने लगी, शासन की बंदूक़
जली ठूंठ पर बैठकर गई कोकिला कूक
बाल न बांका कर सकी शासन की बंदूक़!

Original text of the poem written in Hindi

Revelation

Like Siddhartha—
I cannot
Run away at midnight
Leaving behind my wife and child

First reason:
Wife and child
Sleep with their legs across me
It's no easy thing
To escape their grip

Even it I do
I have to face those devils—
The street dogs—
How furiously they bark
At innocents like me!

Third problem
But,
The most important
If leave by night
Where do I find
A toilet in the morning?

204

Tapasi

Translated from the Tamil by K.S. Subramanian

हक़ीक़त

सिद्धार्थ के साथ
मुमकिन ही नहीं
आधी रात फ़रार हो जाऊं
पीछे छोड़ के बीवी बच्चा!

पहली वजह,
बीवी और बच्चा सोते हैं
मेरे सीने पर टांगें रखके
आसान नहीं,
मैं उस चंगुल से भाग सकूं

कर भी लूं तो
उन शैतानों से कैसे निबटूंगा
गली के कुत्ते–
मुझ जैसे मासूम पे भी
बुरी तरह से भौंकते हैं

तीसरा मसला–
लेकिन,
सब से अहम है
रात के वक़्त निकल भी जाऊं
सुबह-सुबह फिर
'शौचालय' भी कहां मिलेगा?

Ill-famed Well

Yes, yes, that man is happily alive
in his house, still.
But he is dead for me.
And that is why daily
I imagine different deaths for him.
While walking he is run over by a truck
and I pass calmly by like a pedestrian.

Or sometimes his corpse is found between railway tracks
and I am in the train that has crushed his body.
At times I tie a knot to the palav of my sari
and there is a noose round his throat.
I light lamps in the temple
and his whole body is ablaze.

Occasionally he is at the bottom of an ill-famed well
and I draw water from it.

Every night arrives the god of death
riding on that lethal male buffalo.
Implores me to let him be carried away.
But I refuse permission!

Manisha Joshi

Translated from the Gujarati by the poet

205

मनहूस कुआं

हां-हां, वो शख़्स अपने घर में, अच्छा-भला ज़िन्दा है, लेकिन
मेरे लिये वो मरा हुआ है
क्योंकि रोज़ नई-नई मौतें उसकी
मैं सोचती हूं –
राह में, चलते-चलते ट्रक के नीचे कुचला गया
मैं पटरी पर पास से बस, आराम से निकल गई।

रेल की पटरियों से कभी, पाई गयी है उसकी लाश
और मैं ट्रेन में बैठी, लाश के ऊपर से भी गुज़र गई
कभी-कभी मैं, साड़ी के पल्लू में गांठ लगाऊं तो
उसके गले का फंदा बन जाता है वो
मैं दीप जलाऊं मन्दिर में तो–
उसके जिस्म पे आग सुलग उठती है!

डूबा हुआ मिलता है कभी मनहूस कुएं में
और मैं कुएं से–पानी भर रही होती हूं!

रोज़ रात यमराज आते हैं
अपने काले सांड पे बैठ कर
मिन्नत करते हैं उसको ले जाने की
पर मैं वो इजाज़त देती नहीं!

Of a Questionable Conviction

This is a man who talks of pain
as though it belonged to him alone.
Maybe he has invented it himself
and made a virtue of it.
Maybe he is a poet.

For hours he waits, in the night.
Towards another night he waits
for that is his excuse to live.
The empty window in his lonely wall
belongs to him.

For months together
the window has been deceiving him
light comes in, then goes away on its own.
He has been trying
to polish the light on his heart.

They all say he was a poet,
his eyes saw the pain in the mirror
that occupied him.
They didn't grudge him that:
such a harmless pastime never ruined anybody's sleep.

Jayanta Mahapatra

Translated from the Odiya by Poet

206

शायर

इक शख़्स है ये, जो दर्द की बातें करता है
जैसे सिर्फ़ उसी का है ये
शायद उसकी अपनी ही ईजाद है ये
और अपनी सिफ़त बना ली है
शायद वो शायर है।

घन्टों रात को बैठा हुआ वो
अगली रात का, इन्तज़ार करता है
जीने के लिये वो उसकी वजह है
सूनी-सी दीवार में इक ख़ाली खिड़की
उसकी पूंजी है।

कितने महीनों से वो खिड़की
उसको धोखा देती है
रौशनी अन्दर आती है और अपने आप चली जाती है
वो कोशिश करता रहता है
वो रौशनी दिल में भर ले।

सब कहते हैं शायर था
दर्द दिखा करता था उसकी आंखों को, आइने में
मसरूफ़ रहा करता था उसमें
लोगों को उससे गिला नहीं था उसके लिये
उसके इस मासूम शौक़ से, नींद नहीं उजड़ी थी किसी की!

Dawn

Does the day break
with the sound of guns?
No,
it breaks with the cry
of that bird
which nibbles through
the night's darkness
very slowly.

Nirmal Prabha Bordoloi

Translated from the Assamese by D.N. Bezbaruah

207

पौ फटे

पौ फटती है तो,
बन्दूक़ की आवाज़ से फटती है क्या?
नहीं-नहीं!
उस पंछी की सिसकी से फटती है जो
धीरे-धीरे सारी रात अँधेरा कुतरता है!

Amma

Down the stairs of this house where plaster flakes and falls
Through the intimate emptiness of its rooms and hall
I hear your slow footsteps, grandmother, echo or pause

As they used to through long summer afternoon spent within
The watered down four walls of khus and fragile drinks
Of ice, mango or lemon, the circle of watermelon crescents,

Slowly you shuffle examining each new tear in the curtains
Which will have to be mended when the first monsoon rain
Provides a respite from the sun, curtails the need for shade.

Slowly on arthritic joints you move from room to room
Marking the damage of the years, evaluating how soon
The past will collapse or how long the present last.

You never need glasses to mark the contours of your house
Though you can't see grandsons at a distance, once wore a
    blouse
Inside out. Nothing has changed, grandmother, no, not yet;

Though your collected steps never turn the corner into you
In a starched and white sari, the fragrance of soap around you.
And all the curtains have long been taken down.

208

Tabish Khair

Written originally in English

अम्मा

ज़ीने के नीचे उधड़ता पलस्तर है जहां
उन्हीं कमरों के, और हॉल के, मानूस से ख़ालीपन में
सुनता रहता हूं तेरे क़दमों की चाप की गूंज, मैं नानी जान!

मौसम-ए-गर्मा की लम्बी दोपहरों में
ख़स की दीवारों पे जब पानी छिड़कते हैं
और पीते थे शिकंजवी, कभी पाना, कभी तरबूज़ की क़ाशें!

धीरे से सिलवटें परदों की बदल देती थीं, हर चाक पे तुम
आते सावन में रफ़ू करने होंगे
धूप से थोड़ी फ़ुर्सत होगी
छांव की कम ही ज़रूरत होगी।

एक इक कमरे में तुम, जोड़ों में घुठया लिये घूमती थीं
गुज़रे सालों के ज़वालों का हिसाब, और अन्दाज़ा लगाती
हाल अब कब तलक, और छूटेगा माज़ी कब!

कोने-खुदरों के लिये घर के तुम्हें, ऐनक की ज़रूरत न थी
गरचा कुछ दूर पे तुम देख न सकती थीं नवासा अपना
एक बार उल्टा पहन रखा था 'ब्लाउज़' तुमने
कुछ भी बदला नहीं, नानी जां, कुछ भी नहीं!

कल्फ़ लगी साड़ी सफ़ेद—और साबुन की महक में बसी तुम!
परदे जितने थे, उतार दिये हैं कब के!

Dopehar

The sun scorches at midday
My shadow is receding
Graves await me like
Like mothers await their sons

The soil of life simmers
My existence amidst is of a lone tree
The haze of sorrow envelops
And the swift storm of suffering blows
I am an accursed tree
Devoured by its own shade
Graves await me like
Like mothers await their sons

In separation, they rotted
Parched rotis and sweetmeats
Life is bidding adieu

But not the distance between us
A whole pack of lies was told
to me by these wretched crows
Graves await me like
Like mothers await their sons

209

दोपहर

सर पे है दोपहर का सूरज
और मेरी परछाईं घटने लग गई है
क़ब्रें मेरी मुन्तज़िर हैं
जैसे बेटों के लिये मांएं

तप रहा है ज़िन्दगी का रेज़गार
मेरी हस्ती एक अकेला पेड़ उसमें
चढ़ रही है धुंध ब ग़म की
तेज़ आंधी का चलन है
मैं वो बदबख़्त पेड़ जिसको
उसकी छांव खा गई है
क़ब्रें मेरी मुन्तज़िर हैं
जैसे बेटों के लिये मांएं

हिज्र में सड़ते रहे हम
रूखी रोटी, सूखी चूरी,
उम्रें ख़त्म होने लगीं, पर
माथे की शिकनें नहीं जातीं!

मुझ से जी भर-भर के बोला,
झूठ इन कमबख़्त कव्वों ने!
क़ब्रें मेरी मुन्तज़िर हैं
जैसे बेटों के लिये मांएं

People listened to my songs
But no one guessed of the pain within
Many kissed my forehead
But no one recognized my face
Today from this face of mine
I hide my own being
Graves await me like
Like mothers await their sons

Shiv Kumar Batalvi

Translated from the Punjabi by Nirupama Dutt

लोग मेरे गीत तो सुनते रहे
पर मेरे अन्दर का ग़म देखा कहां?
मेरी पेशानी को चूमा लाखों ने
चेहरा मेरा पहचाना किसने?
आज उसी चेहरे में,
खुद को मैं छुपाता हूं
क़ब्रें मेरी मुन्तज़िर हैं
जैसे बेटों के लिए मांएं!

Ghazal

He who collided with me in the dark, it was me
He who got frightened as I touched him and gave a cry, it
was me

Whom I saw with my eyes closed, it was me
He who surprised me in the mirror, it was me

He who cried as child for the moon, it was me
Whom I cajoled with toys, it was me

It occurred to me in years that though I found so much
Yet whom I lost, it was me

Looking at my stature I am still in disbelief
The shadow that stretched on the wall, it was me

It is me who is standing at the king's doorstep with folded
hands
Who once declined the honour it was me

It is me who is now counting the profits of evil
Who once gave sermons of good deeds, it was me

Rajesh Reddy

Translated from the Urdu by the poet

210

ग़ज़ल

अँधेरे में, मैं जिससे जा के टकराया था, मैं ही था
मेरे छूते ही जो घबरा के चिल्लाया था—मैं ही था

मुझे जो बंद आंखों से नज़र आया था—मैं ही था
वो जिसने आईने में मुझको चौंकाया था—मैं ही था

जो बच्चा चांद की ज़िद पर उतर आया था, मैं ही था
खिलौना दे के जिसको मैंने बहलाया था... मैं ही था

खुला है अब कहीं जा कर ये मुझ पे इतने बरसों में
कि जिसको खो के मैंने कितना कुछ पाया था, मैं ही था

यक़ीं होता नहीं अब तक भी क़द को देख कर अपने
कि वो दीवार पर लम्बा-सा जो साया था, मैं ही था

ये मैं ही खड़ा हूं जो दस्त बस्ता शाह के दर पर
वो जिसने शाह का एज़ाज़ ठुकराया था, मैं ही था

गिनाता हूं बदी के फ़ायदे भी अब उसे मैं ही
चलन नेकी का जिसने उसका सिखलाया था, मैं ही था

Original text of the poem written in Urdu

Someone Else's Song

I am a million, million people
Talking all at once, with voices
Raised in clamour, like maids
At village wells.

I am a million, million deaths
Pox-clustered, each a drying seed
Someday to be shed, to grow for
Someone else, a memory

I am a million, million births
Flushed with triumphant blood, each a growing
Thing that thrusts its long-nailed hands
To scar the hollow air.

I am a million, million silences
Strung like crystal beads
Onto someone else's
Song.

Kamala Das

Translated from the Malayalam by the poet

211

और किसी का नग़मा

मैं ही लाखों-लाखों लोग हूं
एक साथ ही बोलती हूं
गुल करती आवाज़ों में
गांव में जैसे लड़कियां पनघट पर

मैं ही लाखों-लाखों मौतें हूं
चेचक के छिलके
सूख के गिरते बीज
एक उतारे, दूजे पे चढ़ जाये, याद रहे

मैं ही लाखों-लाखों जन्म हूं
ताज़ा ख़ून से भरी हुई
हर बढ़ती शह, जो हाथ के
लम्बे नाख़ूनों से,
खोखली हवा को नोंचे!

मैं लाखों-लाखों ख़ामोशियां
और पिरोई हुई बलोरी मोतियों-सी
और किसी के नग़में में!

Empty Room

The minute I see an empty room I imagine someone will come.

Some, meaning you.
From the third-floor window a house is visible in the distance,
Workers on the scaffold. Some people from the flat next door
Are taking a fridge down the shared backstairs, what
A ruckus!
The one whose house I'm in, his landline jangles from time to
time
I've been told not to answer. If the doorbell rings, let it ring,
I've been told
Not to open. Startled by those noises we've no sooner sprung
apart
Than we calm down and take refuge in each other again—
The room detaches itself from this third-floor flat
And goes floating far far away on the summer breeze …

It's been twelve years. Even now when I enter an empty room
anywhere
Those afternoons come back.

Joy Goswami

Translated from the Bengali by Sampurna Chattarji

212

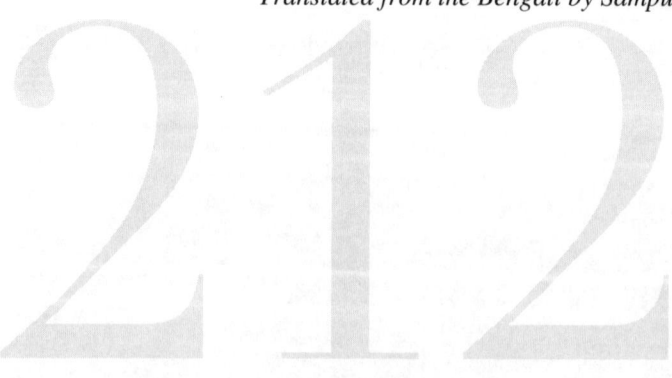

ख़ाली कमरा

ख़ाली कमरा देखते ही लगता है कोई आयेगा
कोई मतलब तुम!
तीसरी मन्ज़िल की खिड़की से,
दूर वहां से इक घर दिखता है।

मज़दूर 'मचान' के ऊपर हैं
साथ के फ्लैट से एक 'फ्रीज'
कुछ लोग उठाकर पीछे वाली सीढ़ी
से नीचे उतर रहे हैं
क्या हलचल है
जिसके घर में हूं मैं,
उसके फ़ोन की घन्टी बीच-बीच में
बज उठती है
मुझसे कहा गया है कोई जवाब न दूं
दरवाज़े की घन्टी भी बजती है तो बजने दो बस!
खोलो नहीं!
चौंक के इन आवाज़ों से, हम उछल के अलग हो जाते हैं
जब सांस आती है
इक दूसरे में हम फिर से पनाह ले लेते हैं

ये कमरा, तीसरी मन्ज़िल के इस फ्लैट से अलग हो जाता है
तैर के दूर-दूर कहीं, ठंडी हवा में निकल जाता है

बारह साल हुये—
जब भी किसी ख़ाली कमरे में दाख़िल होता हूं मैं तो
कहीं भी हूं,
दोपहर वो लौट आती है!

213

Getting Used to the Sea

I am not accustomed
to the sea.
I look towards it
and breathe its salt,
the wild streaming
about my body.

The sea spits out—
a single chappal escaping
from some closely guarded mystery,
plastic bottles,
crumpled paper.

A white garland
speaks to my feet
in the sea's language,
about death.

The ships are ready to journey
plunging through the sea
eager to conquer the sky
fallen into its deep blue water.

You gather amidst the waves
to help me embark.

But ask me first, whether
I am ready to set sail at all.

Salma

Translated from the Tamil by Lakshmi Holmström

समन्दर के सफ़र पर

मुझे आदत नहीं,
समन्दर की,
मैं उसको देखती हूं और
नमक भरती हूं सांसों में
लिपटती रहती है पागल हवा मेरे बदन से

समन्दर थूक देता है,
अकेली एक चप्पल,
छुपा कर राज़ कोई–
कोई बोतल प्लास्टिक की
कोई मुचड़ा हुआ काग़ज़

सफ़ेद इक हार, मेरे पैरों से
समन्दर की ज़ुबां में
अजल की बात करता है

जहाज़ तैयार हैं,
निकलने को सफ़र पर
समन्दर से गुज़र के,
फ़तह करने फ़लक को
जो नीले पानियों में गिर पड़ा है!

मुझे लहरों पे लेकर
ले चले हो तुम

सफ़र पर,
मगर मुझ से ज़रा पूछो तो पहले
भला तैयार हूं क्या मैं,
समन्दर के सफ़र पर!

Roaming the Villages at Evening

It is almost night.
I left behind that remote village.
I can see rows of lights on the city streets
in the heart of Imphal.
I hear again the bustle, the talk, the shouts.

I hear the spasmodic bark of dogs.
Then I saw right in front of me,
rows upon rows of
the hooded and the cloaked
numberless denizens of the city
riding away at breakneck speed;

in remote foothills even now
there are unknown slumbering villages.

Thangjam Ibopishak

Translated from the Manipuri by the poet

214

गांव का दौरा

रात होने वाली है
मैं पीछे छोड़ आया हूं वो गांव दूर का
शहर की क़तारें रौशनी की दिख रही हैं सड़कों पर
बीचोंबीच 'इम्फाल' के
आवाज़ें आने लग गई हैं, गहमा-गहमी, शोर-व-गुल, हुजूम की
सुन रहा हूं रह-रह के भौंकना भी कुत्तों का!

और मेरे सामने—
क़तार दर क़तार—
छत्तरदार टोपियों और वर्दियों में
बेशुमार शहर के अजनबी हुकमरां
सवारियों पे जा रहे हैं तेज़ रफ्तार में!

दूर की पहाड़ियों में, हैं अभी
कितने और गांव जो ग़ाफ़िल हैं और गुमनाम हैं!

People Perceive the Whole Sky for Themselves

In perceiving a piece of the sky for themselves
people perceive the whole sky.
The whole sky is everyone's piece of sky.

In perceiving their own piece of the moon
people perceive the entire moon.
The entire moon is everyone's piece of moon.

Everyone gets his share of air somehow—
the one who sits in his garden reading a newspaper,
and the one who lives surrounded by filth and stink.

Everyone's share of air is not the same air.

With their hunger
everyone does not get his full share of rice;
the bread you see in the market being baked
is not everyone's share of baked bread.

The time by your watch
is not everyone's time, as of now.

Vinod Kumar Shukla

Translated from the Hindi by Sunita Jain

215

अपने हिस्से में लोग
आकाश देखते हैं

अपने हिस्से में लोग आकाश देखते हैं
और पूरा आकाश देख लेते हैं
सब के हिस्से का आकाश
पूरा आकाश है।

अपने हिस्से का चंद्रमा देखते हैं
और पूरा चंद्रमा देख लेते हैं
सब के हिस्से का चंद्रमा वही पूरा चंद्रमा है!

अपने हिस्से की जैसी-तैसी सांस सब पाते है
वह जो घर के बग़ीचे में बैठा हुआ
अख़बार पढ़ रहा है
और वह भी जो बदबू और गंदगी के घेरे में ज़िंदा है।
सब के हिस्से की हवा वही हवा नहीं है!

अपने हिस्से की भूख के साथ
सब नहीं पाते अपने हिस्से का पूरा भात
बाज़ार में जो दिख रही है
तंदूर में बनती हुई रोटी
सब के हिस्से की बनती हुई रोटी नहीं है!

जो सब की घड़ी में बज रहा है
वह सब के हिस्से का समय नहीं है।
इस समय।

Original text of the poem written in Hindi

Just Wanted

Just wanted to say … I …

You interrupted me with a wave
of your hand, as if to say:

'You don't have to say it, yet …
We barely know each other; we've only just met.'

Which you did! And I said:
What's wrong with saying it to friends?

To which you responded incredulously:
'You say it to all your friends?'

Yes, I say it to all my friends—

'You do? Perhaps, you don't mean it?
I mean … not in the same way?'

Of course, I mean it; why else say it!

'Well, what can I say—
I thought things between us were special.'

Yes, they are; that's why I want to say it.

216

कहने लगी थी

मैं कहने लगी थी कि, 'मैं...'
मगर तुमने टोका मुझे हाथ हिला कर

कि जैसे ये कहने...
'ज़रूरत नहीं है तुम्हें कहने की...
हम इक दूसरे को अभी जानते ही कहां हैं?
अभी तो मिले हैं!'

कहा तुमने, और मैं बोली
'ग़लत क्या है, गर दोस्तों से कहें तो?'

जवाब आया बेपरवाही से
'सभी दोस्तों से ये कह लेती हो?'

'हां... सभी दोस्तों से यही कहती हूं!'

'यही... या यूंही कहती हो?
यानी... इस तरह से नहीं!'

'यूंही कहती हूं—वरना कहती ही क्यों?'

'ख़ैर— मैं क्या कहूं?
मैं समझा हमारी... आपस की ख़ास बात होगी!'

'Say it as if you mean it.'

'I'll do my best,' I said, flushing my winter
throat with mulled wine and Xmas cheer—

'Here's wishing you a very Happy New Year!'

Shanta Acharya

Written originally in English

‘हां वो है ना!
तभी तो मैं कहने लगी थी के...’

‘तो कह दो—अगर कहना है’

‘मैं कोशिश करूंगी...’

कहा और जाड़ों की ख़ुश्की गले से उतारी
ज़रा ‘वाइन’ का घूंट और ‘क्रिसमस चीयर्स’ के साथ
‘हेयर्स विशिंग यू ए वैरी हैप्पी न्यू ईयर!’

Adolescence

My poem, just an infant was

In my embrace for hours played
Fingers of verses half-composed
Playfully around my neck laid.

Words and phrases—
Restless, in the cradle of my mind
On the floor of my heart, weeping
Stubborn, on the tip of my pen,
Chasing butterflies of meaning

Still younger than me my poem was

And how now the time has passed
Wingless dolls like fairies have flown
Adolescent words tread paths of expression
And I here, detached, alone

Watch with my distant gaze,
The poem, that once needed my hand
Now strong upon its feet stays

My poem is bigger than me.

217

Abdul Ahad Saaz

Translated from the Urdu by Nyela Saeed and Sadia Raval

बलाग़त

मेरी नज़्म—
मुझ से बहुत छोटी थी

खेलती रहती थी पहरों आग़ोश में मेरी
आधे-अधूरे मिसरे मेरे गले में बांहें डाले
झूलते रहते!

ज़हन के गहवारे में हुमकते
दिल के फ़र्श पे रोते-मचलते
नोंके क़लम पर शोर मचाते, ज़िद करते
मानी के तितलियों के पीछे दौड़ते-फिरते थे अल्फ़ाज़।

ये नज़्म—मुझसे बहुत छोटी थी

जाने समय कब बीत गया
गुड़ियों के पर निकले, और वो परयों से आज़ाद हुई
लफ़्ज जवां होकर इज़हार की राह चल निकले...
...और मैं तन्हा
अपनी परायी आंखों से ये देख रहा हूं
मेरी उंगली थाम के चलने वाली नज़्म
अब अपने पैरों पे खड़ी है!

मेरी नज़्म,
मुझ से बड़ी है!

Original text of the poem written in Urdu

A Poem for a Dali painting

These refusals
Scattered everywhere
These faces
Pouring out of words
This dead eyelash

Everything is arid

Even then, time is still alive
Resting on it
Dali's watch still elongates
The tongue of time
Soaked and squirming
Even then
How come these black and red ants of desires

Are still alive

Who is alive?
Time? Or is it us? Or is it this shapeless space?
This throbbing of breath
Or are we listening to the ticking of this watch

Primitive millions of years ancient

What is behind that huge eyelid?
A watch
A moment of silence
Or a dead tear?

218

Malika Amar Sheikh

Translated from the Marathi by Sachin Ketkar

डाली की पेन्टिंग पर नज़्म

ये इन्कार बिखरे हुये—हर तरफ़!
ये चेहरे,
उन्डले हुये लफ़्ज़ों से
ये मुर्दा पलक!

सभी ख़ुश्क है!
अभी वक़्त ज़िन्दा है, फिर भी रक्ख़ा हुआ
घड़ी 'डाली' की तूल देती हुई
वक़्त की जीभी को
भिगोती हुई, पेच खाती हुई
मगर फिर भी,
ख़्वाहिशों की ये लाल और काली च्यूंटियां क्यों जिंदा हैं?

अभी ज़िन्दा हैं!
ये कौन ज़िन्दा है?
ये है वक़्त, या हम, या ख़ाली ख़ला—
या सांसों की धड़कन,
या हम सुन रहे हैं ये टिक टिक घड़ी की!

हज़ारों, करोड़ों बरस से क़दीम!
है क्या उस बड़ी-सी पलक के परे?
घड़ी एक—
एक लम्हा ख़ामोशी का
या इक मुर्दा आंसू?

The Poet and His Unfinished Poem

A poet falls asleep with his poem unfinished
his tousled hair spread over opened pages
as if looking for warmth from words and verses
his body curled up in sad weariness
the poet, like a helpless child, is fast asleep.

The lights on the walls keep burning all night
and flowers keep falling on window shutters
like little flakes of snow,
the words from the poem look back at the poet
even the dots and dashes look on eagerly,
as if they too have something to say.
Let everything else stay untouched,
everything—as it is,

let man fade out, let society
and the world move in the open space
in their own special ways
only a poet stays incomplete—with his poem unfinished.
Resting his head in gratitude,
next to the opened pages of his book,
the poet sleeps on—
a sad look drawn clearly on his forehead and lips.

219

Sunil Gangopadhyay

Translated from the Bengali by Sheila Sengupta

अधूरी नज़्म और शायर

एक अधूरी नज़्म लेकर, एक शायर सो गया है
बिखरे बिखरे बाल हैं फैले हुये सफ़हों पे उसके सामने
चाहता है लफ़्जों और मिसरों से गर्माइश मिले शायद
जिस्म दोहरा हो गया है कुछ थकावट से
वो शायर सो रहा है,
जैसे बेबस इक बच्चा सो गया है!

रात भर दीवार पर जलती रहेंगी बत्तियां
खिड़कियों पर रात भर गिरते रहेंगे फूल
जैसे बर्फ़ गिरती है
अल्फ़ाज़, मुड़ के देखते हैं अपने शायर को
नुक़्ते, वक़्फ़े, देखते हैं शौक़ से
जैसे वो भी कुछ कहेंगे
बाक़ी हर इक चीज़ रहने दो जहां पर है
जिस तरह भी है!

मांद हो जाने दो, आदमी को
दुनिया और सोसाइटी चलती रहे अपनी तरह
सिर्फ़ इक शायर रहेगा ना-मुकम्मिल—एक अधूरी नज़्म लेकर
सर टिकाये अपने शुकराने में, फैले सफ़हों पर
एक शायर सो गया है—
इक उदासी खिच गई है, होंठों और पेशानी पर!

Small Change

Paisa by paisa, I was growing,
not into a ten or a hundred-rupee note
perhaps, but into a one rupee.
But then, my friend, you tied the wedding knot
and started changing me into small change.

My brains, skills and talent,
you have decided, are to make secure
a feeling of well-being in your belly and head.
Incensed, I look for words
stronger than 'Down with …'
To condemn your age-old belief
That my limbs are for the pleasure of your senses.

I am amazed that you value more
your whiskers than my breasts
that burst with nourishing milk.
I am waiting, waiting, waiting
to whisper into your ears
that, if your fatherhood is just a part
of your life, so is my motherhood, too.

B.T. Lalitha Naik

Translated from the Kannada by B.C. Ramachandra Sharma

220

रेज़गारी

पैसा-पैसा हो रही थी मैं बड़ी
दस या सौ के नोट के लिये नहीं
सिर्फ़ इक रुपया होने के लिये
मगर ऐ दोस्त बांध दिया तुमने इस शादी की गांठ में
और तुड़ाने लग गये मुझे, छोटी-छोटी रेज़गारी में

मेरी सोच, और हुनर और फ़न मेरा
तुमने फ़ैसला किया कि हैं वो सिर्फ़ पेट और सर की सेहत के लिये
ताव खा के, ढूंढ़ने लगी हूं मैं
'मुर्दाबाद' से शदीद लफ़्ज़ कोई...
तुम्हारे इस फ़र्सूदा इक यक़ीन के लिये
कि मेरा जिस्म भी, तुम्हारी इक हवस के लिये है

हैरान हूं कि तुमको अपनी मूंछों की
मेरी छातियों से भी ज़्यादा क़दर है
जो भरी हुई हैं ज़िंदगी के दूध से

मैं मुन्तज़िर हूं, मुन्तज़िर हूं, चाहती हूं
ये तुम्हारे कानों में भी डाल दूं
कि तुम्हारा बाप होना एक हिस्सा है तुम्हारी ज़िंदगी का तो—
मेरा मां का होना भी—मेरा हिस्सा है!

Banishment

Away from home
I live in my thirty-sixth rented room
with a trapped bee
and a three-legged spider.
Spider crawls on the wall
and I on the floor.
Bee bangs at the window
and I on the table.
Often we stare at each other
sharing our pool of loneliness.
They paint the wall
with droppings and webs.
I give them isolated
words: net, maze, tangle
wings, buzz, flutter.

Away from home
my minutes are hours.
Spider travels from the window to the ceiling
bee flies from the window to the bin.
I stare out of the window.
Neither speaks each other's tongue.

I wish
you would go deaf
before my silence.

221

Bhuchung D. Sonam

Translated from the Tibetan by the poet

देश निकाला

दूर वतन से—
छत्तीसवीं—एक किराये के कमरे में रहता हूं
इक फसी हुई मक्खी के साथ
और इक मकड़ी तीन टांग की!

मकड़ी दीवार पे रेंगती है
मैं फ़र्श पे रेंगता हूं
मक्खी टकराती है सर खिड़की से
और मैं मेज़ के ऊपर।
अक्सर हम इक-दूसरे को घूर के देखते हैं
और अपनी तन्हाई बांटते हैं
वो दीवारें रंग देते हैं
'बीट' से और जालों से
मैं उनको बेजोड़ से कुछ अल्फ़ाज़ बताता हूं
'भूल-भुलैया, जाल, पंख, उलझन, घंटी, फड़-फड़, फड़-फड़ाओ।

दूर वतन से
मिनट मेरे, बन जाते हैं घंटे
मकड़ी खिड़की से चल कर, जब तक छत पर जाती है
मक्खी उड़ कर खिड़की से, कचरे के डिब्बे तक!
मैं घूरता हूं खिड़की के बाहर
कोई भी इक दूजे की, ज़बान समझता नहीं!

काश कि तुम बहरे हो जाओ
मेरी ख़ामोशी सुनने से पहले!

Even Now While You Smile, O Dear

Even now while you smile, O dear,
this old banyan gets new sprouts
and from the burning stone,
the frozen mercury drops.
Even now while you smile, O dear,

the ocean—a lyre sings in the sky
and dreams are guilded with
the quicksilver of starry heaven.
Even now while you smile, O dear,

there is a sudden shower of pearls,
the lamp of your heart brightens
the soot of the wick drips down.
Even now while you smile, O dear,

the moonlight buried in the crevices laughs,
in the empty ring of the vacant moments
old wounds get studded like diamonds.
Even now while you smile, O dear,

the autumn meets its honeyed moon
in the milky ocean of subtle emotions
the tide of associations is arisen.
Even now while you smile, O dear,
my poetic creed is awakened
on the dark night of amavasya
the moonlight of rasa meets the soul.

222

B.B. Borkar

Translated from the Kokani by Prabhakar Machwe

अब भी जब तुम मुस्कुराती हो डियर—

अब भी जब तुम मुस्कुराती हो डियर...
बूढ़े बरगद से नई कुछ कोंपलें—फूट पड़ती हैं
जलते पत्थर से, ठिठरते क़तरे पारे के, टपकते हैं
अब भी जब तुम मुस्कुराती हो डियर—

आसमां में बहरी पंछी गाने लगता है
ख़्वाब ढलते हैं फ़लक के सिमीं तारों से

फिर अचानक मोतियों की, बारिश होती है
ऊंची हो जाती है तब दिल के दीये की लौ
क़तरे गिरने लगते हैं बाती से तब
अब भी जब तुम मुस्कुराती हो डियर—

फिर दरारों में दबी जो चांदनी है
हंसती है वो दायरों में ख़ाली लम्हों के
और पुराने ज़ख़्मों के हीरे चमकते हैं
अब भी जब तुम मुस्कुराती हो डियर—

इक ख़िज़ा का मिलना आकर शहद जैसे चांद से
नर्म जज़्बों के—
दूधिया समन्दर में
एक रिश्ते की लहर उठती है तब
अब भी जब तुम मुस्कुराती हो डियर—

जाग जाती है मेरी रग शायरी की
तब अमावस की अंधेरी रात में
चांदनी का रस मेरी रूह में समाता है!!

My Reflection

Looking as though
He had lost something
Forgotten something
Who's he that's coming along the path?

Walking like a dog
Buying pain with infirmity
Who is he that's coming along the path?

Like a rock upon two sticks
And a pumpkin over the rock
And pulled by children
Saying that it's a man
Who's he that's coming along the path?

Oblivious of truth
Welcoming only falsehood
Descending
But claiming that I'm ascending
Polluting the air around
Unable to look and see the surroundings
Who's he that's coming along the path?

A shape without beauty
A language without feeling
A man without soul
Thoughts closed on all sides:
That's my own image
Coming along the path.

223

Siddhicharan Shrestha

Translated from the Nepali by Abhi Subedi

कुछ ऐसा लगता है

कुछ ऐसा लगता है, जैसे कुछ
खो गया है उसका
या भूल आया है कुछ कहीं पर
वो कौन रस्ते पर आ रहा है?

ज़ईफ़ कमज़ोर कुत्ते की चाल चल रहा है
वो कौन रस्ते पे चल रहा है?

चट्टान दो खपचियों के ऊपर—
चट्टान पर एक 'भोपला' सा रक्खा हुआ है
जो खींच कर ला रहे हैं बच्चे
है उनका कहना कि, 'आदमी' है
वो कौन रस्ते पर आ रहा है?

अनजान सच से,
बनावटों को गले लगाये
उतर रहा है, मगर समझता है चढ़ रहा है
ख़राब करता हुआ हवायें
इधर-उधर देखता नहीं है
वो कौन रस्ते पर आ रहा है?

न शक्ल में ख़ूबसूरती है,
न कोई एहसास है ज़बां में
बिना रूह का ये बन्दा
ख़्याल भी हर तरफ़ से बंद हैं
वो मुझ-सा लगता है, रास्ते पर जो आ रहा है!

Request (or Plea)

Relations should not be snapped in such way
So that they may never be restored again
That life may become a sunken, poisoned sword
Love is not abandoned in this way
There are modes and methods of alienation
Rules to display displeasure
There are a hundred books that explicate the ways and means of rupturing relationships

Wherein it is stated
The road to relationships is not deserted casually
Perchance the nightingale is disheartened with the mute flower
But the next year
She returns after forgetting what transpired earlier
If the saplings are deprived of water
Then through the roots of the neighbouring trees
Messages are delivered
All of us assess each other in matters of love
But refrain
Lest all hopes, all possibilities are extinguished
We are careful
How far we are tightening the rope
And nurture an idea
To always keep a door ajar in the confined compound, lest separation becomes

224

दरख़्वास्त

तालुक़ इस तरह तोड़ा नहीं करते
कि फिर से जोड़ना दुश्वार हो जाये
हयात इक ज़हर में डूबी हुई तलवार हो जाये
मुहब्बत इस तरह छोड़ा नहीं करते
ख़फ़ा होने की रसमें हैं
बिगड़ने के तरीक़े हैं
रिवाज-व-रसम-व-तर्क-ए-दोस्ती पर सौ किताबें हैं
रवादारी का ऐसे रास्ता छोड़ा नहीं करते
तालुक़ इस तरह तोड़ा नहीं करते...

कभी बुलबुल गुलों की ख़ामोशी से रूठ जाती है
पर अगले साल सब कुछ भूल कर फिर लौट आती है
अगर पौधों से पानी दूर हो जाये
तो हमसाया दरख़्तों की जड़ों के हाथ पैग़ामात जाते हैं
मुहब्बत में सभी इक-दूसरे को आज़माते है।
मगर ऐसा नहीं करते
कि हर उम्मीद, पर अमकान मिट जाये
कहां तक खींची है डोर, ये अन्दाज़ रखते हैं।

Eternal
And this life a prison be
If fragrance withdraws its links from the winds
Then it may sink in itself and suffocate
Listen
One does not turn his face away from life
Love is not discarded in this manner.

Shahnawaz Zaidi

Translated from the Urdu by Zafar Hassan

हमेशा चार दीवारी में इक दरवाज़ा रखते हैं
जुदाई मुसत्क़ल हो जाये तो ये ज़िन्दगी ज़न्दान हो जाये
अगर ख़ुशबू हवाओं से मरासिम मुन्तक़ा कर ले
तो ख़ुद में डूब कर बेजान हो जाये
सुनो–
जीने से मुंह मोड़ा नहीं करते
ताल्लुक इस तरह तोड़ा नहीं करते!

Original text of the poem written in Urdu

Etc.

A few people who owned some positions were named, the rest were Etc.

Etc. were always more in numbers
Etc. would bargain while purchasing vegetables
and after having taken their meals
would go to listen to the speech of certain important people.
Etc. would increase the number of presence in every seminar.
Etc. would participate in the rallies, would hold the banners and monger slogans.
Etc. would stand in long queues for voting.
They were always given the impression that they are the ones
who make the Government in this democracy
Etc. would always participate in the agitation
sometimes resulting in their death in police firings.

When they were killed in such police firings
then their names were also told to us
those which were used during their school admission
or those by which some of them would get paid.
Some would still remain Etc. in such accidents also.
The Etc. were afraid of hazards
but when at times they were not frightened
then all others would fear them.

225

इत्यादि

कुछ लोगों के नामों का उल्लेख किया गया था जिनके ओहदे थे
बाक़ी सब इत्यादि थे–

इत्यादि तादाद में हमेशा ही ज़्यादा होते थे
इत्यादि भाव-ताव करके सब्ज़ी ख़रीदते थे और खाना-वाना खाकर
ख़ास लोगों के भाषण सुनने जाते थे
इत्यादि हर गोष्ठी में उपस्थिति बढ़ाते थे
इत्यादि जुलूस में जाते थे तख्तियां उठाते थे नारे लगाते थे
इत्यादि लम्बी लाइनों में लग कर मतदान करते थे
उन्हें लगातार ऐसा भ्रम दिया गया था कि वे ही
इस लोकतंत्र में सरकार बनाते हैं
इत्यादि हमेशा ही आन्दोलनों में शामिल होते थे
इसलिये कभी-कभी पुलिस की गोली से मार दिये जाते थे।

जब वे पुलिस की गोली से मार दिये जाते थे
तब उनके वो नाम भी हमें बतलाये जाते थे
जो स्कूल में भर्ती करवाते समय रखे गये थे
या जिससे उनमें से कुछ पगार पाते थे
कुछ तो ऐसी दुर्घटना में भी इत्यादि ही रह जाते थे।

Etc. were the ones who would do all those works
which would make the country and the world move.
However, it would appear to them
as if they are doing so to run their own families.
Etc. were involved everywhere
but their names were mentioned nowhere.
Etc. would often appear only
in the poetry of certain cynical poets.

Rajesh Joshi

Translated from the Hindi by Nirupa Joshi

इत्यादि यूं तो हर जोखिम से डरते थे
लेकिन कभी-कभी जब वो डरना छोड़ देते थे
तो बाक़ी सब उनसे डरने लगते थे
इत्यादि ही करने को वो सारे काम करते थे
जिनसे देश और दुनिया चलती थी
हालांकि उन्हें ऐसा लगता था कि वो ये सारे काम
सिर्फ़ अपना परिवार चलाने को करते हैं

इत्यादि हर जगह शामिल थे पर उनके नाम कहीं भी
शामिल नहीं हो पाते थे
इत्यादि बस कुछ सिरफिरे कवियों की कवितायों में
अक्सर दिख जाते थे!

Original text of the poem written in Hindi

Compulsions

I want to pick my nose
in a public place
I want to sit in my officer chair
with my feet up
I want to slap the boy
who makes love in a café
while I wait alone for the waiter
to bring me coffee and sandwiches
I want to pay Sunday visits
totally undressed
I want to throw away
all my cosmetics
I want to reveal
my real age.

Mamta Kalia

Written originally in English

226

मजबूरी

नाक संकना है —
बाज़ार में सब के सामने मुझको
दफ़्तर में बैठना चाहती हूं मैं
पांव ऊपर रख के
चाहती हूं मैं झांपड़ दूं उस लड़के को
'कैफ़े' में इश्क़ लड़ाता है
और अकेली बैठी मैं वेटर को देख रही हूं
कब लायेगा, कॉफी और सेंडविच मेरी

इतवार के दिन में नंग-धड़ंग रहना चाहती हूं
सिंगार के सारे 'लेप' फेंक के—
अपनी असली उम्र दिखाना चाहती हूं!

Miracle

My anguish was exploited by the traditions of this theatre
Now I find no difference between a tragedy and a comedy
The tamashaa of fate, dashavataars of suffering
How time has flown, how much water under the bridge
Even the seedless tree has blossomed at last
The soil treated me as an outsider
The air turned its back on me
Finally, what took pity on me was the limitless sky!

Namdeo Dhasal

Translated from the Marathi by Dilip Chitre

227

मॉजज़ा

थिएटर की रिवायत के मुताबिक़
आज़माई जा चुकी हैं रंजिशें मेरी
मुझे क्या फ़र्क़ पड़ता है वो कोई अल्मिया है या मज़ाही है

तमाशा हो रहा था मुक़द्दर का
या 'दस अवतार' सहने का
बहुत गुज़रा है वक़्त और बह चुका पानी बहुत अब पुल के नीचे से
वो जिसका बीज न था, पेड़ वो भी पल गया आख़िर
मुझे तो अजनबी समझा था मिट्टी ने
हवा ने पीठ कर ली थी
फ़क़्त इक बेकरार ये आसमां था जिसको मुझ पर रहम आया था!

What Are You, You Pecking at the Soul

1

I know you
Who wake up like ghosts in distorted nights
Push darkness into darker darkness
Thrust silence into bags of void
And swoop on me
From the wounds of deathlike moments
You swooped on me in the past
I can spot your faces

2

You who wake us up quietly
Peel layer by layer
The soul, the skin inside the body,
And tear at it in front of me!
You can eat up the deer's orphaned fear
When he is out of mother's sight
You are crueller than jungle cats

3

I have seen you shapeless ones,
Seen your advent frightening to death—goddess too
Seen your nails sharpest in the world
I have seen and known them all
For how many more nights
Will you go on gobbling up hapless souls

228

हो क्या तुम, जो रूहें नोंचते हो?

1

मैं जानता हूं तुम्हें,
जो भूतों की तरह मुचड़ी हुई रातों में जागा करता है
अंधेरा और भी गहरे अंधेरे में धकेला करता है
ख़ला की थैलियों में भरता रहता है जो ख़ामोशी
लपकता है मुझ पर!
अजल से लम्हों के ज़ख़्मों से तुम
लपकते आये हो पहले भी, मुझ पर
तुम्हारे चेहरे मैं पहचानता हूं!

2

जगा देते हो तुम ख़ामोशी से हम को
कि छीला करते हो तुम तह-ब-तह रूहें
बदन की चमड़ी के अन्दर
मेरे ही सामने फिर फाड़ देते हो
हिरन का ख़ौफ़ज़दा बच्चा चबा जाते हो तुम
जब ओझल होता है मां की नज़र से!
के तुम जंगल के चीतों से भी ज़ालिम हो!

3

तुम्हें देखा है बिन आकार मैंने
तुम्हारे आने से, 'यमदूत' को भी ख़ौफ़ आये, मैंने देखा है

ज़माने भर से नाख़ून तेज़ तुम्हारे
वो सब देखा है, और मैं जानता हूं

Making every cold night traumatic?
When will your demon-hunger cease?

4

What are you gobbling up anguished souls?
Wayward agonies?
Cruel deities?

Eternal virgins gifting sorrows to us?
Don't enter my door-less nights
Drown me in inhuman silence
Forever if you like!

Tarini Shubhadayini

Translated from the Kannada by H.S. Shiva Prakash

कहो तुम कितनी रातें और निगलोगे यही मजबूर रूहें
कि ठंडी रातें तुम, दहशत से भर दोगे
तुम्हारी भूख शैतानी कहां, कहां पर ख़त्म होगी!

4

ये क्या मजबूर रूहों को निगलते रहते हो तुम?
भटकते दर्द?
और बेदर्द देवताओं को?
मत आओ, मेरी बेदर रातों में
डुबो दो मुझको वहशी ख़ामोशी में
हमेशा के लिये—अगर चाहो!!

Tale of a Pair of Shoes

'A pair of shoes had fallen in love
With a pair of feet'—Sapardi Djoko Damono

A pair of old shoes lies upon the granary platform

A spider resides in the right shoe
A mason wasp in the left
A web on the threshold of the right shoe—half-spun
Earthen capsules on the left.

Love of the shoes

Turning lifeless both the shoes
Keep reminiscing the past
The right muses about a road
Smooth as the cheeks of a woman just back from the parlour
The left thinks of muddy village paths
With puddles of slushy water
Both the shoes had fallen in love with a pair of brawny feet.

Rajeev Baruah

Translated from the Assamese by Krishna Dulal Baruah

229

जूतों की जोड़ी

'जूतों की जोड़ी को,
पैरों की इक जोड़ी से जा इश्क़ हुआ'– Sapardi Djoko Damono

एक पुराने जूतों की जोड़ी रखी है
गोदाम के अन्दर फट्टे पर!

दायें पैर के जूते में मकड़ी रहती है
बायें में एक तत्तैया मिस्तरी
दायें जूते पर आधा बुना मकड़ी का जाल
बायें पर मिट्टी के ख़ौल—

अधमुयें से पड़े हैं जूते
माज़ी को याद किया करते हैं
दायां याद किया करता है एक सड़क,
चिकना था, औरत के गालों से भी जो 'पार्लर' से निकली थी
बायां इक पगडंडी जो कीचड़ से भरी थी
मटियाले पानी के गड्ढे थे उसमें
दोनों ही जूतों को—गठीले दो पैरों से इश्क़ हुआ था!

Wicked Woman

If you come to my city
You are bound to find
my name in the roster
of wicked women
I have all that it takes
to be as wicked
as they come
I have a goblet
brimming over
in my hand
My laughter is known
for its abandon
Flames find a home
in my mouth
My heart beats and
every nerve does
a little dance
The road is at my feet
and just the sky above
I have the courage to bear
and express myself sans fear.

Nirupama Dutt

Translated from the Punjabi by the poet

230

लुच्ची, औरत

अगर मेरे शहर आओ
तुम्हें मालूम होगा
कमीनी औरतों में नाम है मेरा
मेरे अन्दर वो सब कुछ है
जिसे कहते हैं लुच्चा-पन

वो आयें तो—
छलकता प्याला होगा
हाथ में मेरे
है मेरा क़हक़हा मशहूर—
बड़ा बेबाक होता है
मेरे मुंह में—
हमेशा आग रहती है—
धड़कता है मेरा दिल—
और रग-रग नाचती है

मेरे पैरों में रस्ता—
और सर पे आस्मां है बस!
बड़ी बर्दाशत है मुझ में
बड़ी बेख़ौफ़ हो कर बोलती हूं!

Side by Side

They live in two rented rooms, side by side
There's just the one bathroom, though,
And one kitchen. But nothing else is shared.
Sometimes this one says,
I'm too tired to cook
Will you add a little rice to yours for me?
Another day the second one says,
I'm exhausted
Let's play a game of chess in your room
On all other days. Mostly
They do not even meet
Work remains busy with work
Pleasure, with pleasure.

Sarat Kumar Mukhopadhyay

Translated from the Bengali by Arunava Sinha

231

पास-पास

किरायेदार हैं और पास-पास रहते हैं दो कमरों में दोनों
गुसलख़ाना अगरचा एक ही है
रसोई एक—और सांझा नहीं कुछ भी
कभी कहता है पहला—
थका हूं मैं, पका सकता नहीं कुछ
ज़रा से भात क्या तुम डाल दोगे और बर्तन में
किसी दिन दूसरा कहता है पहले को
थका हूं मैं
चलो शतरंज खेलेंगे तुम्हारे कमरे में चल कर
मगर बाक़ी दिनों में
कभी मिलते नहीं वो
काम से काम रहता है
शुग़ल के साथ शुग़ल!

Scarecrow

Sitting on the head the black crow
sweeping away from its wings
the dust of yellow sunlight
ponders:
the silver bells around the ox's neck
have begun to tinkle
it is twilight
and the sun has unburdened saddle sacks
from brunette backs of horses
all roads have begun to turn back towards houses
but the scarecrow
why does he not return?

Jayant Parmar

Translated from the Urdu by Riyaz Latif

232

बजूका

सर पे बैठा काला कव्वा
झाड़ कर अपने परों से गर्द, पीली धूप की
सोचता है।
बैल की गर्दन में लटकी घन्टीयां बजने लगीं
गऊ-धुली का वक़्त है
और
सूर्या ने घोड़ों की कत्थई पीठ पर ज़ीन उतारे
रास्ते वापिस घरों की ओर सब मुड़ने लगे
लेकिन बजूका—
लौटने का नाम क्यों लेता नहीं?

Original text of the poem written in Urdu

Photo

A Prostitute on a Pilgrimage to Pandharpur Visits a
Photographer's Tent During the Annual Ashadhi Fair

Hey Mister, are you the photographer?
I want my picture taken with Vithoba and Rakhmai.

Rakhmai to my left, Vithoba to my right
and me in the middle. That's the way I want it.

Move over Rakhmai, step aside.
Make room for me between the two of you.

Oh you're hopeless! Why are you so stiff?
They're all going to say you're a plywood god.

Come close to me, Vithoo my dear,
and put your arm around my shoulder. There, that's better!

Rakhmai, you're jealous! But you don't have to worry.
I'll return your Vithoo to you before I go back to Bombay.

You'll fill in some nice colours in the picture, won't you,
    Mr Photographer?
Paint my sari blue, and blue the sari of Vithala.

233

फ़ोटो

पंढरपुर के आषाढ़ मेले में एक तवायफ़,
फ़ोटोग्राफ़र से मुख़ातिब है।

ऐ मिस्टर... फ़ोटोग्राफ़र ...
मुझको तस्वीर उतारनी है... विठोबा और रुक्मनी के साथ
रुक्मनी मेरे बायें तरफ़ और विठोबा दायें में
बीच में मैं!... अपुन को ऐसाईच मांगता है।

रुक्मनी खिसको, हिलो ज़रा
थोड़ी जगह मेरे को, तुम दोनों के बीच
उफ़्फ़ तुम एक निकम्मी हो, क्यों इतनी अकड़ के बैठी हो
लोग कहेंगे तुम तो काठ की देवी हो।

विठू प्यारे पास आओ ना
बांह डालो मेरे कन्धों पर, ऐसे, ठीक है अब
रुक्मनी क्यों जलती है रे तू
तेरे को फ़िक्र की बात नहीं—
बम्बई जाने से पहले मैं
तेरा विट्ठल, दे जायेगी, तेरे कू!

I'll take a quick look around the fair,
go for a spin in the giant wheel,

pick up a good blanket for myself,
take a peek down the Well of Death if I find the time,

and be back again in half an hour to collect my picture.
You'll keep it ready for me, won't you?

Arun Kolatkar

Translated from the Marathi by the poet

अच्छा रंग भरना अपनी पिक्चर में मिस्टर फ़ोटोग्राफ़र
नीली रंगना मेरी साड़ी, और नीली ही विट्ठल की!
मैं मेले में घूम के आती
चक्कर मार के झूले में
अपने लिये अच्छा-सा कम्बल ले लूं एक
और 'मौत कुएं' में झांक के आती

आधे घंटे में आती मैं पिक्चर लेने कू
तब तक सब रेडी रखने का—क्या?

The Way It Went

At twenty-seven or so
I met the girl who's now
my wife. As bride and groom
we went for what is usually called—
I don't know why—a honeymoon.
She was very happy,
this I remember,
so I put my arms around her,
she becomes a wife,
I am now a husband

We blink our eyes
Three or thirty times
in the strangest harmony,
and suddenly
She's a mother,
I'm Daddy—O.

We count ten or twenty times ten
And whole family
is eating up my money.

How on earth did all this happen?

I ask my wife. She mutters
don't be funny.
Am I that absent-minded?
Who in heaven played this trick on me?
Wake up wake up I warn myself
And go to sleep again.
In dream or nightmare
I attend a wedding.

234

कुछ ऐसा हुआ था।

मैं सत्ताइस के लगभग था
मिला था एक लड़की से,
जो अब बीवी है मेरी!
दुल्हा था, और दुल्हन, हम गये थे....
न जाने क्यों, उसे कहते हैं–
हनीमून मनाने !
बड़ी ख़ुश थी
मुझे वो याद है, बांहों में उसको ले लिया था
वो बीवी बन गयी थी
और मैं शौहर!

अजब-सी लय में हम, तीन–
कभी हम तीस बार, आंखें झपकते थे
अचानक मां हुई वो–
और मैं डैडी!

कभी दस, और कभी हम बीस बार दस गिनते हैं अब,
मेरी सब आमदन, कुनबे ने खा ली है
मगर कमबख़्त आख़िर ये हुआ कैसे?

मैंने बीवी से पूछा, बुड़बुड़ायी वो–
हटो भोले बनो मत–!
मैं क्या इतना भुलक्कड़ हूं?
ख़ुदारा किसने चालाकी करी मुझ से?

It is my eldest daughter
getting married. I give myself
a shake or two
and then there is child on my lap—
he or she is calling me Grandpapa!

O well, I'll be damned,
is all that I can say.

Nissim Ezekiel

Written originally in English

‘ज़रा सा होश में आओ!’ कहा ख़ुद से!
और फिर सो गया मैं!
बुरा, अच्छा कहो, पर ख़्वाब देखा
मैं इक शादी में हूं
बड़ी बेटी की शादी है
मुझे इक झटका आया—
और फिर गोदी में इक बच्चा पड़ा आकर
वो मुझ को ‘नाना’ कहता है!

यही कह सकता हूं बस,
कि हद है—कमबख़्त हद है!!

Stammer

Stammer is no handicap.
It is a mode of speech.

Stammer is the silence that falls
between the word and its meaning
just as lameness is the
silence that falls between
the word and the deed.

Did stammer precede language
or succeed it?
Is it only a dialect or
a language itself?
These questions make
the linguists stammer.

Each time we stammer
we are offering a sacrifice
to the God of meanings.

When a whole people stammer
stammer becomes their mother tongue:
just as it is with us now.

235

तुतलाना

तोतलापन विकलांग नहीं है!
एक तरह की बोली है।

तुतलाना इक ख़ामोशी है जो
लफ़्ज़ और मानी दोनों के बीच में गिरती है
वैसे ही जैसे लंगड़ापन
लफ़्ज़ और अमल के बीच में पड़ता है।

तोतलापन था पहले ज़बां से,
या बाद में आया?
बोली है, या, कोई ज़बां है?
इस एक सवाल पे
अहले ज़बां तुतलाने लगते हैं।

हर बार जब हम तुतलाते हैं
एक बली देते हैं हम
मानी के ख़ुदा को!

जब लोग सभी तुतलाने लगें तो
वो तोतलापन इक मादरी ज़ुबां बन जाती है
जैसा के अब है!

God too must have stammered
when He created man.
That is why each of man's words
carries several meanings.
That is why everything he utters,
from his prayers to his commands,
stammers.

Like poetry.

K. Satchidanandan

Translated from the Malayalam by the poet

तुतलाया तो होगा ख़ुदा
इन्सान बनाये जब उसने

इसी लिये इन्सान का हर इक लफ़्ज़ कई मानी रखता है
इसी लिये जो कहता है,
फ़रमान से लेकर दुआ तलक
तुतलाता रहता है!
शायरी की तरह!

Made in China

Made in China
By unpaid prisoners
Made in China
By starving prisoners
Made in China
By brainwashed prisoners
Made in China
By tortured prisoners
Made in China
By dying prisoners
Made in China
From dead prisoners
Would you buy anything
Made in China?

Saltingima Shakabpa

Translated from the Tibetan by the poet

236

मेड इन चाइना

मेड इन चाइना
उजरत बिना क़ैदी से बना
मेड इन चाइना
फ़ाक़े ज़दा क़ैदी से बना
मेड इन चाइना
'ब्रेन वॉश्ड' क़ैदियों से बना
मेड इन चाइना
अज़ीयत झेलते क़ैदियों से बना
मेड इन चाइना
अधमरे क़ैदियों से बना
मेड इन चाइना
मुर्दा क़ैदियों से क्या तुम
कुछ ख़रीदोगे?
मेड इन चाइना!

I Am Someone from the Mountains

I entered the mountains.
Leaving the sulfuric earth that burns in the city
And parting with those with burning minds
I entered the mountains.

I climb up the mountain path
Squatting
The tall mountains, long-faced,
Silently and attentively
Watch me approaching them.
With my eyes I absorb into my heart
The coldness of boulders covered in the fog,
Green mountain peaks that rise up
Trapping me into the endless sky.

Something awakes in me!
Mountains, I belong to you.

Like you, I too hang around in the vicinity of clouds;
Like you, I am too aimed at the sky;
Even though you rise into the sky
Your mysterious silence implies that

You too have broken hearts.

237

मैं पहाड़ से हूं

चला आया पहाड़ों में—
मैं तेज़ाबी ज़मीं को छोड़ कर जलते शहर की
बिछड़ कर आ गया उनसे, दिमाग़ जिनके सुलगते थे
चला आया पहाड़ों में—

पहाड़ी रास्तों पर चढ़ गया मैं
बुलन्द ऊंचे पहाड़, और लम्बे-लम्बे चेहरे उनके
बड़ी ख़ामोशी से और ग़ौर से तकते रहे
आते हुये मुझको
मैं आंखों से समोता, धुंध में लिपटी हुई ठंडी चट्टानें
पहाड़ी चोटियां, सरसब्ज़ सब उठती हुईं ऊपर
मुझे घेरे हुये थीं, बेक़रार इक आस्मां में!

मेरे अन्दर हुआ बेदार कुछ
पहाड़ो, मैं तुम्हीं से हूं!

तुम्हारे जैसे मैं भी बादलों में घूमता हूं
तुम्हारी तरह मेरा भी मुक़ाम है आस्मां ही
भले ही आस्मां छूते हो तुम
ये पुरइसरार ख़ामोशी तुम्हारी कह रही है
तुम्हारे दिल भी टूटे हैं!

I don't fit into the plains
To the burning sulfuric city
Peaks! Let me be among you.
I am a particle of you
And I am broken-hearted.

I am someone from the mountains!

Sunanda Karunarathne

Translated from the Manipuri by Liyanage Amarakeerthi

ज़मीं पर रह नहीं सकता मैं तेज़ाबी शहर में
तुम अपने पास रहने दो, पहाड़ो

ज़रा-सा ज़र्रा हूं मैं भी तुम्हारा
मेरा दिल भी तो टूटा है
पहाड़ों ही से हूं मैं भी!

Drifting

Rowing the ferry
From this shore to that shore
Again, again, again,
Which shore is my shore—
I am lost

The flowing river
Breaks into a smile.

Kalyanji

Translated from the Tamil by K.S. Subramanian

238

भटकना

कश्ती खेते-खेते
बार-बार—बार
इस छोर से दूजे छोर तलक
भूल गया हूं,
कौन-सा छोर मेरा है!

बहता दरया,
मुस्कुराता है!

I Always Wait Too Long

I wait too long to do anything
to say what needs to be said, to make good a promise
to call out to someone or urge someone to return
I wait too long

to help someone, to reassure a friend
or go down time-worn paths to reach someone
I wait too long

to find solace in strolling through the changing seasons
to remember someone, to forget someone else
I wait too long

to save a dying person from some grief
tell them that the truth was something else
I always wait too long

Munir Niazi

Translated from the Urdu by Alka Roy

239

हमेशा देर कर देता हूं मैं

हमेशा देर कर देता हूं मैं
कोई ज़रूरी बात करनी हो
कोई वादा निभाना हो
उसे आवाज़ देनी हो
उसे वापिस बुलाना हो
हमेशा देर कर देता हूं मैं

मदद करनी हो उसकी
यार की ढारस पर जाना हो
बहुत देरी ना रस्तों पर
किसी से मिलने जाना हो
हमेशा देर कर देता हूं मैं

बदलते मौसमों की सैर में
दिल को लगाना हो
किसी को याद रखना हो
किसी को भूल जाना हो
हमेशा देर कर देता हूं मैं

किसी को मौत से पहले
किसी ग़म से बचाना हो
हक़ीक़त और थी कुछ
उसको जाके ये बताना हो
हमेशा देर कर देता हूं मैं!

Original text of the poem written in Urdu

Desire

What is required is a needle
and, if possible, the fingers
of a tailor to stitch
hundreds of rags
into a huge patchwork quilt

What is required is a cake of soap
and, if possible, the healing touch
of a washerwoman's hands
to pour water from scores of pitchers
to rinse and dry the mire of desire

What is required is a bag slung on the shoulder
and, if possible, the grief of a poet's heart
to gather piles of words bereft of their meaning
and go in search of an untrodden path

A needle, a soap, water and poetry
are fine but what is also needed
is the froth of language
to shine the faded
two letters and a half of love
and create a new grammar

Yatindra Mishra

Translated from the Hindi by the poet

240

कामना

एक सूई चाहिए
हो सके तो एक दर्ज़ी की उंगलियां भी
सौ-सौ चिथड़ों को जोड़ कर
एक बड़ी-सी कथरी बनाने के लिए।

एक साबुन चाहिए
हो सके तो धोबिन की धुलाई का मर्म भी
बीसों घड़ों का पानी उलीचकर
कामनाओं का चीकट धोने-सुखाने के लिए।

एक झोला चाहिए
हो सके तो कवियों का सन्ताप भी
अर्थ गवां चुके ढेरों शब्दों को उठाकर
नयी राह की खोज में जाने के लिए

सूई साबुन पानी और कविता के अलावा
कुछ और भी चाहिए
शायद भाषा का झाग भी
मटमैले हो चुके ढाई अक्षर को चमकाकर
एक नया व्याकरण बनाने के लिए!

Original text of the poem written in Hindi

What of It

When all music is noise
Dance reduced to jerks and gyrations
Songs are incoherent babel
Stories are all lies
Poetry is but bunkum
Books get buried
The day they are written

For whom do you live and strive?
Why do you constantly burn yourself?
When the light is dim
You can hardly see the way
Can you torch yourself to find your own path?

Do you hear the crackling?
Something is breaking
Aren't you a silent witness?
To keep oneself warm
Should one start a fire within?
How much self-propelling, how much igniting,
How much acceleration
One needs to keep oneself moving
To trot in unknown alleys?

Now look out, there is pageant before you,
Either be a part of it or just move aside.

J. Bhagyalakshmi

Translated from the Telugu by the poet

241

ख़ामोश गवाह

तमाम मौसीक़ी शोर है, जब
रक़्स, झटके और ठुमके रह गये हैं
गाने, कुछ बेरब्त सी बुड़बुड़
कहानियां झूठ-झूठ सारी
शायरी अब सिर्फ़ 'बंकम'
और किताबें दफ़्न हो जाती हैं
लिखते ही!

ज़िन्दा रहना, जहद करना, किसके लिये?
किसलिये ख़ुद को जलाते रहना है?
रौशनी मद्धम हो तो
रास्ते दिखते नहीं हैं
रास्ता अपना अगर ढूंढें तो क्या ख़ुद को जला लें?

कोई खटका-सा सुनायी देता है क्या?
टूट रहा है कहीं पे कुछ
ख़ामोश गवाह नहीं हो क्या तुम?
गर्म रखना हुआ अगर ख़ुद को
तो क्या अन्दर जला लें आग कोई?
कब तलक ख़ुद को धकेलें और फूंकें?
कितना ठेलें,
चलते रहना है अगर अनजान इलाक़ों में?

सामने देखो जुलूस इक चल रहा है
शामिल हो जाओ, वरना—
दूर हट जाओ!

I Pick Up

I pick up the words,
They run away from me
I pick them up again
And hold them very gently
I hold them; play with them,
Mould them, change them.
The words play with me,
Dance with me;

Slipping from my fingers,
They create their own destinies.
The words change and form a new reality
I see the birth of a new poem.
An elegy.

Satarupa Rudrapal

Written originally in English

242

अल्फ़ाज़ उठाती हूं

अल्फ़ाज़ उठाती हूं मैं
वो भागते हैं मुझ से
मैं फिर से उठाती हूं
धीमे से पकड़ती हूं
और खेलती हूं उनसे
मोड़ती हूं, बदलती हूं
खेलते हैं मुझ से अल्फ़ाज़
और नाचा करते हैं

गिरते हैं वो उंगलियों से
और अपना नसीबा आप बनाते हैं
अल्फ़ाज़ बदल कर एक नई सूरत ले लेते हैं
मैं देखती हूं इक नज़्म का जन्म—
इक नग़मे का!

Mother Must Be Wondering

His mother must be wondering
He leaves the house in the morning with empty hands
Then what burden does he carry back with him every night
God knows what he does
Where he is all day
He takes away with him so many things when he leaves
Books, pens, blank papers
Napkins, toothpaste, toothbrush
So many different medicines
Telephone diaries …
The other day
He packed some underwear in his bag
Like he wasn't going to return at night
Approach him to ask him about it
And he starts looking for something in a hurry.
Sometimes
He leaves the house and returns home from the street corner
Opens cupboards
Breaks locks
Turns the pages of books
Goes through pockets despondently
What has he lost
In this house
When
That's what she can't understand
When he leaves the house with questions
One can't even tell

243

मां को लगता है

बेवजह हर रोज़ निकल जाता है बाहर
सुबह सुबह— दो हाथ लिये!
लेकिन कैसा बोझ है लेकर लौटता है,
रोज़ रात को!
कहां भटकता है दिन भर
जाते वक़्त न जाने क्या-क्या भर लेता है
पैन किताबें, कोरे काग़ज़
नेपकिन, टूथपेस्ट और टूथब्रश
फ़ोन की डायरियां और दवाईयां क्या-क्या!
ये परले दिन तो—
अंडरवेयर भी रख लिया उसने थैले में
जैसे रात नहीं लौटेगा
आगे बढ़ो कुछ पूछने को तो
जल्दी-जल्दी, कुछ खोजने लगता है

कभी-कभी तो—
बाहर जाकर नुक्कड़ ही से लौट आता है,
अलमारियां खोल के
और किताबें उलट-पलट के
जेबें टटोलने लगता है!

कभी-कभी फिर,
ताले तोड़ के—
टरंकियां खोल फिरोलता है
कोने-खुदरे खोजता है
बेहाली में!

If he has found what he had lost
Sometimes
He returns home in the evening unexpectedly
And sits down gloomily without saying a word
When he looks at me
It doesn't at all seem like he is seeing me
I want to ask him what's wrong
But he flies away quickly
Like a bird escaping from a cage
When he returns
The midnight hour is moving slowly across
His advancing age and mine
Days of fasting or religious rituals
Are something he has never observed when asked to
But these days
He switches off the lights
He joins his palms
And mutters something to himself
His mother must be wondering
He leaves the house in the morning with empty hands
Then what burden does he carry back with him
Every night.

Saumitra [Kishor Kadam]

Translated from the Marathi by Mukta Rajadhyaksha

रोज़ निकल पड़ता है, एक सवाल बना, उलझा-उलझा-सा
खोया हुआ, कुछ मिल पाया क्या?
वो भी पल्ले नहीं पड़ता!

इस घर से क्या खोया है उसने कब खोया है
कुछ समझ नहीं आता!

कभी-कभी तो—
शाम अचानक लौट आता है
चुप-सा सहमा-सहमा-सा बैठा रहता है
मुझको देखता है तो...
तो, मुझको ही वो देखता है, लगता तो नहीं
क्या, हुआ है?— जी करता है पूछूं उसको—

लेकिन—
पिंजरे से छुटे पंछी-सा,
फड़-फड़ा के उड़ जाता है
जब लौटता है—
आधी रात का पिछला पहर
मेरी उम्र, उसकी उम्र के ऊपर से
आहिस्ता-आहिस्ता सरक रही होती है!

व्रत-उपवास, पूजा-वूजा, बोल-बोल के हारी, उसने किये नहीं
पर आज कल—
सोने से पहले लाइट बुझा कर, अँधेरे में हाथ जोड़ के,
जाने क्या कुछ बुड़बुड़ करता नज़र आता है

मां को लगता होगा—
बेवजह हर रोज़ निकल जाता है बाहर—
सुबह-सुबह—दो हाथ लिये!
लेकिन कैसा बोझ है लेकर लौटता है
रोज़ रात को!

Come

Come
When you have the time
When you don't have the time
Come then too

Come
The way all the power
In the body comes to the hand
The way blood
Comes into veins
The way the heat
Comes slowly into the oven
Come

Come the way
Thorns come
To the acacia
After the rain
Tearing apart
The day
And sending oaths to hell
Come

Come
The way Venus
Comes after Mercury
Come

244

Mallika Sengupta

Translated from the Bengali by Arunava Sinha

आना

आना–
जब भी वक़्त मिले
और वक़्त न हो जब,
तब भी आना–!

जैसे जिस्म की सारी ताक़त
हाथों में आ जाती है
जैसे लहू आता है रगों में
जैसे हौले से चूल्हे में आंच आती है
आना–

आना जैसे कैक्टस में, कांटे आते हैं
बारिश छटने पर–
दिन फटने पर–
और कसमें जायें जहन्नुम में,
आ जाना!

आना–
जैसे ग्यारह 'वीनस'
'मर्क्युरी' के पीछे आता है
आना–! आ जाना!

River Island

How strange that all the low moans
Of all the married women
Should come together here,
From the earth's ten corners—
Those women who keep their
Soft lamentations
On their trembling lips, under
the lamp's light, when slender wicks
Burn inside the lonely temple.

The river island, silent after midnight.

Does the body feel
Once again wet with moaning until
Someone is brought, quilt-wrapped,
And burnt away, until
Someone's body is retuned
To the banyan tree, the river, the air?

Who burns now and now goes out,
Time and again on the river island,
After midnight?

Bibek Jena

Translated from the Odiya by Bibhu Padhi

245

नदी के टापू

अजब है ये कि दबी-दबी सिसकियां
सभी इन सुहागनों की
यहीं पे आती हैं मिल के सारी
ज़मीं की सारी दिशाओं से सब
वो औरतें जिनके कपकपाते लबों पे,
रखी हैं सारी आहें
दीये के नीचे
अकेले मन्दिर में जलती रहती है जिसकी बाती

नदी का टापू, खामोश है, आधी रात के बाद!

ये देह क्या फिर से भीग जाता है सिसकियों से
कि जब तलक कोई और लायें
लपेटकर लेफ में, जलाने!
और लाट जाये, वो देह, बरगद, नदी, पवन में?

ये कौन जलता है—कौन बाहर निकल गया है
नदी के टापू से, बार-बार,
आधी रात के बाद!

Lineage

Granddad loved
the Union Jack
with its stripes and squares:
he was a village officer.

Dad hoisted a tricolour:
he was a freedom fighter.

I hold aloft a red flag.

My grandson's hands
hold a Yankee flag
with fifty stars.

Attoor Ravi Varma

*Translated from the Malayalam by
K. Satchidanandan*

246

पीढ़ी-दर-पीढ़ी

बड़े दादू को यूनियन जैक से मुहब्बत थी
वो पटियों, चौकड़यों वाला
वो अफ़सरे आला थे गांव में!

मेरे बापू ने लहराया तिरंगा
वो आज़ादी के सैनिक थे
मैं लहराता हूं 'लाल बोंटा'

मेरे पोतों के हाथों ने
पकड़ रखा है अब 'यांकी फ्लैग'
सितारे हैं पचास उस पर!

The Talk

The small fish
asked the big fish:
Why do you eat us?

In reply,
the big fish swallowed the small fish in one gulp,
and gave a loud belch.

Atlas

He wouldn't move a bit,
he would be extremely careful
even while breathing—
Though he was completely exhausted,
he would never think of taking rest—
After all, he was holding the sky!

But one day,
he took his hands off—
To his great dismay—
The sky didn't fall,
And the world moved on as usual!

Prakash Subedi

Translated from the Nepali by the poet

247

बात चीत

बड़ी मछली से
छोटी मछली ने पूछा
'हमें तुम क्यों निगलती हो?'

जवाब आया—
बड़ी मछली ने छोटी को हड़प कर
बड़ा ऊंचा डकार मारा!

अटलस

वो हिलता भी नहीं था
यहां तक सांस लेते वक़्त भी
चौकन्ना रहता था
अगरचा थक चुका था वो
मगर आराम करने के लिये तैयार न था
कि आख़िर आसमां थामें खड़ा था।

मगर एक दिन...
हटाये हाथ उसने
बड़ी मायूसी से देखा, गिरा न आस्मां नीचे
ज़मीं पे काम सब चलते रहे वैसे के वैसे ही!

Manto

I've seen him
on quite clean roads in dust-filled
amazement, amidst the flood of
topsy-turvy bowls of swelling crowds.
When he hurls away
the empty bottle (of wine)
and says:
'World! Your Beauty is really
this Ugliness!'
This biting bitter question
forms the clanking of fetters
and starts resounding
in the ember eyes:
Who is this (fellow)
who has cast the net of
his intoxicated breaths
on top of time?
Who is he that dares
to fetch into the complicated dim lights
of the twisted consciences,
and into the demons of souls,
haunted houses,
and into their tiny,
poison prone palaces,
on his own will?
Without seeking permission,

248

मंटो

मैंने उसको देखा है
उजली-उजली सड़कों पर इक गर्द भरी हैरानी में
फैलती भीड़ के औंधे-औंधे कटोरों की तुग़यानी में

जब वो ख़ाली बोतल फेंक के कहता है:
'दुनिया! तेरा हुस्न, यही बदसूरती है!'
दुनिया उसको घूरती है
शोर सलासल बन कर गूंजने लगता है
अंगारों भरी आंखों में ये चंद सवाल
कौन है ये जिसने अपनी बहकी-बहकी सांसों का जाल
बामे ज़मां पर फेंका है?
कौन है जो बल खाते ज़मीरों के पुरपेच धुंधलको में

he has brought here the feeble
sound of glances straining
through his icy eyeglasses.
Who is this arrogant man?

Taakh! Tarraakh!

Majeed Amjad

Translated from the Urdu by Sajjad Sheikh

रूहों के अफ़रीयत कदों के ज़हर अन्दोज़ महलकों में
ले आया है, यूं बिन पूछे, अपने आप,
ऐनक के बर्फ़ीले शीशों से छनती नज़रों की चाप?
कौन हे ये गुस्ताख़?
ताख़, तड़ाख़!

Original text of the poem written in Urdu

Window

What can you do with a window?
It will always remain four-cornered
Always be a savagery to the sky
Always offer enough room for only one head
Or one cloud
There's nothing open about a window

Jerry Pinto

Written originally in English

249

खिड़की

खिड़की से क्या कर सकते हो तुम
चौकोर रहेगी वो तो हमेशा
आसमान को घूरती रहती है वो हमेशा
एक ही सर की गुंजाइश देती है हमेशा
या एक घटा की!
खिड़की में तो कुछ भी खुला नहीं है!

Sundori

Beloved Sundori,
Yesterday, one of my people
Killed one of your people
And one of your people
Killed one of my people
Today they have both sworn
To kill on sight.
But this is neither you nor I.
Shall we meet by the Umkhrah river
And empty this madness
Into its angry summer floods?
I send this message
Through a fearful night breeze.
Please leave your window open.

Kynpham Sing Nongkynrih

Translated from the Khasi by the poet

250

सुन्दरी

ओ प्यारी सुन्दरी
मेरे लोगों में इक ने कल
तुम्हारे लोगों में इक मार डाला
तुम्हारे लोगों में इक ने
मेरे लोगों में इक को मार डाला

क़सम ली है उन्हीं दोनों ने आज
नज़र आते ही मारो, मार डालो,
मगर वो तुम हो, ना मैं हूं

मिलें क्या 'उम्ख़रा दरया' किनारे
और उसके मौसम-ए-गर्मा की तुग़यानी में
पागलपन डुबो दें!

सन्देसा भेज रहा हूं
भयानक रात में बहती हवा के हाथ
तुम अपनी खिड़कियों को खोल के रखना!

Longing

Like a drop of rain in the ocean
Like a grain of sand on the ground
Like a whiff of smoke in the air
I lost you, never to be found

I take the road others have taken
Knowing no one has come back
But hoping to find you along
Before I, likewise, be gone

Since I have no light
I am at the mercy of the sun
You follow me when it shines
You abandon me when it sets

I follow a trail of footprints
Left by travellers on deserts
Until rains washed the prints
The destination remains a mystery.

Dorji Penjore

Translated from the Bhutanese by the poet

251

चार कित्ते? आरज़ू

समन्दर में बस इक क़तरे की मानिंद
ज़मीं पर एक ज़र्रे की तरह से
हवा में एक झोंका-सा धुयें का
तुम्हें खोया तो फिर पाया न मैंने

वही रस्ता चला जिस पर सभी चल कर गये थे
अगरचा ये पता था कोई भी लौटा नहीं है
मगर उम्मीद थी शायद कहीं पा जाऊं तुमको
और इसके पेश्तर कि मैं भी खो जाऊं

नहीं है रौशनी भी पास मेरे
मैं सूरज के करम पर हूं
मेरे साथ आते हो जब तक चमकता हूं
गुरूब होता है मुझको छोड़ देते हो

मैं पैरों के निशां पर चलता रहता हूं
मुसाफ़िर छोड़ जाते हैं जो सेहरा में
उन्हें जब तक कि बारिश धो नहीं देती
कि मन्ज़िल ख़ुफ़िया, पुरइसरार रहती है!

My Manipur,
My Native Land

At this land's every gate, every lane
Death strolls in different guises,
His hand clutching a fully loaded gun.

First,
When they were seen, dogs used to bark,
Bristling their manes.
Today,
Dogs howl long and deep.

This land is Manipur.
My Manipur.
My land of birth.

Lanchenba Meetai

Translated from the Manipuri by the poet

252

मणिपुर, मेरा वतन

इस ज़मीं की हर गली, हर गेट पर
मौत है टहलती है, कई नक़ाबों में
हाथ में लिये हुये भरी हुई बंदूक़

पहले जब—
दिखायी देते थे तो कुत्ते भौंका करते थे
गर्दनों के बाल अकड़ जाते थे उनके
आज अब—
लम्बी गहरी चीख़ में पुकारा करते हैं

ये ज़मीं है मणि-पुर!
मेरा मणि-पुर!
मेरी जन्मभूमि मणि-पुर!

Betrayal

My father died
defending our home,
our village, our country.
I too wanted to fight.
But we are Buddhist.
People say we should be
peaceful and non-violent.
So, I forgave my enemy.
But sometimes I feel
I betrayed my father.

Yenzin Sungyu

Translated from the Tibetan by the poet

253

ग़द्दारी

मेरा बाप मर गया था
हमारा घर, हमारा गांव
हमारा मुल्क बचाने में
मैं लड़ना चाहता था
मगर हम 'बोधी' हैं ना
कहा जाता है हमको
अहिंसा और शान्ति से ही रहना है!
सो मैंने दुश्मनों को क्षमा कर डाला
कभी लगता है लेकिन,
बाप से ग़द्दारी की मैंने!

The Serpent Maiden

Two great eyes outlined in black—
A long sleek black body—
Across her bodice a twisted braid winds down.
She bears on her head a basket of snakes. O, I know!

Two great eyes outlined in black—
Girl, do you make your serpent dance?
Does a snake swing in the braid across your breast?
Does it sway across your body?

A serpent is tattooed on your arm.
Blue glass bracelets are on your wrists.
Does your serpent take blue kisses from your lips?
Will you open the hamper for me?

A cold black snake is on your breast,
A long sleek black body—
I see the lifted hoods of serpents dancing in your eyes
And snakes are at play in your heart. O, I know!

Asoke Vijay Raha

Translated from the Bengali by Lila Ray

254

सपेरन

बड़ी दो आंखों में काजल
छरेरे सांवले उसके बदन पर
उतरती, छातियों से, एक बल खाती हुई चोटी
उठाये टोकरी सांपों की सर पे– जानता हूं!

बड़ी-सी, दो बड़ी आंखों में काजल
सपेरन, क्या नचा लेती हो अपने सांप को तुम?
तुम्हारी चोटी में क्या सांप लहराता है छाती पर?
तुम्हारे जिस्म पर लहराता है क्या?

गुदा है सांप बाज़ू पर
कलाई में हैं नीले कांच के कंगन
तुम्हारा सांप नीले बोसे लेता है तुम्हारे होंठों पर क्या?
दिखाओगी मुझे तुम, टोकरी ये खोल कर क्या?

तुम्हारी छातियों पर ठंडा काला सांप रखा है
छरेरे सांवले से इस बदन पर
तुम्हारी आंखों पर देखे हैं मैंने, फन उठा कर नाचते हैं सांप
तुम्हारे दिल के अन्दर नाचते है सांप–ये मैं जानता हूं!!

255

Saba's Hands Wear a Bridal Henna Tint Now

Saba wears now
A bridal henna tint
On her delicate palms—
I offer her my blessings, good wishes—
Saba is grateful
But does not say a word.

Saba's home
Is her apparel now,
She covers her head
With its roof;
She bedecks her feet
With the soft touch
Of the marble floor;
She no longer sings
Of mountains, valleys,
Waterfalls, azure skies,
She is seldom drawn
To colourful verdant sights.

Saba, delicate as dew,
Her feet bound,
Hangs, like a portrait
In the window frame;

'सबा' के हाथ पीले हो गये

सबा के हाथ पीले हो गये
मैं सआते सर्शार में
लाखों दुआयें
ख़ूबसूरत आरज़ूयें
पेश करता हूं
सबा मम्नून है
लेकिन ज़बां से
कुछ नहीं कहती

सबा अब रोज़ व शब
दीवार व दर तन पर सजाती है
अब आंचल छत का सर पर ओढ़ती है
लम्से फ़र्शे मर्मरी से
पांव की तज़ीन करती है
वो कुहसारों, शगुफ़्ता वादियों, झरनों
चमकते, नीलगूं, आकाश के
नग़मे नहीं गाती
सबा अब लाल व गुल की तरफ़ शायद नहीं आती

Frail, she flows not
On sun-lit shores
She opens her lips, she smiles,
But says not a word
In whispers
To any one now.

Balraj Komal

Translated from the Urdu by the poet

सबा शबनम अदा, तस्वीर पाबस्ता
दरे रोज़न में आवेज़ां
हसीं नाज़ुक बदन
रौशन मुनव्वर साहिलों पर अब नहीं बहती
सबा लब खोलती है मुस्कुराती है
सबा सरगोशियों में
अब किसी से कुछ नहीं कहती!

Original text of the poem written in Urdu

Gomti

Where is Gomti?
Surely not there
where the sand dunes curve out like a saree
among the clothes drying
on the riverbank.

Or is that she, where the mud had caved in
to reveal a grimy stain?

Where is she?
Could she be the thin stream
in the far corner,
flowing from the sullied end
where the dhobis wash linen,
or is she perhaps lurking under the sand
on which people walk all over?

Could she be the turbid waters
over which float boats, garishly painted,
carrying newly-weds in glad rags
as lewd songs from cassettes
scatter over the ripples?

Gomti.
It's only when you swell in pride
every few years,
when you rise in fury

256

गोमती

कहां है गोमती?
यक़ीन है, वहां नहीं!
जहां पे टिब्बे करवटें लेते हैं साड़ी की तरह
सुखाने वाले कपड़ों में,
नदी किनारे पर!

या वो रही
जहां पे ख़म पड़ा है कीच में
जहां पे दाग़ दिखता है

कहां है वो?
क्या वो पतला नाला-सा, वो कोने में
वही है क्या?
जो गन्दे से किनारे से बह रही है, धोबी कपड़े
धोते है जहां?
या रेत में दबी हुई लुढ़क रही है, जिस पे लोग चलते हैं
क्या वो गंदला पानी, जहां तैरती हैं कश्तियां भड़कीले रंगों में रंगी
नये ब्याहताओं को लिये चमकीले जोड़ों में
फ़हश से गाने, कैसिटों से बहते रहते हैं जहां पे पानी पर—

lashing at bridges, embankments
shaking up the whole of Avadh
till it trembles by the brick and mortar
of its being, when we see you in your element.

It's when you menace buildings,
gobble up boats, cattle, huts,
or a whole village and ask for more,
that's when the entire city wakes up to you.

When you're quiet and acquiescent Gomti,
you're left high and dry.

Lakshmi Kannan

Translated from the Tamil by the poet

ओ गोमती
तुम्हीं हो फूल जाती हो फ़ख़्र से बार-बार चंद सालों में
पुलों से जब टकराती हो कभी,
किनारे तोड़ कर तमाम, 'अवध' के,
हिला के रख देती हो ईंट-मिट्टी सब
तब नज़र आती हो असलियत में तुम!

इमारतों को जब डराती हो
निगलने लगती हो, मवेशी, कश्तियां और झोपड़े
देहात गांव– और मांगती हो और
तमाम शहर तब ध्यान देता है

ख़ामोश और राज़ी होती हो ना जब
ओ गोमती–
बड़ी अलग-अलग-सी रहती हो!

Ganesh Puja

A god sits alone
flushed in artificial neon lights,
red—blue—yellow—green chasing each other.

The fragrance of burnt-out joss sticks,
incense and oil-lamp wicks mingle
with the smell of yesterday's flowers.
A god is left contemplating this world.

The puja ceremoniously done
the worshippers left, one by one.
Even the priest has retired to his daily chores.

I shall sit with you,
lonely boy in the elephant trunk,
recreating myths
the years have forgotten to share with us.

I sit alone with a god alone
flushed in artificial neon lights,
red—blue—yellow—green chasing each other.

Shanta Acharya

Written originally in English

257

गणपति पूजा

अकेले देवता बैठे हुये हैं
'नविन लाइट' की रौनक़ में
हरी और पीली, नीली, लाल
सभी इक दूसरे का पीछा करती हैं।

अगरबत्ती की और लोबान की ख़ुशबु,
मिली है, तेल के दीये की बाती
और उस पर बासी फूलों वाली गंध
उसी में देवता का ध्यान दुनिया से लगा है।

हुई पूजा की रस्में पूरी
और एक-एक करके,
गये सब पूजा करने वाले भी
पुजारी भी गया मामूल पर अपने

तुम्हारे साथ मैं बैठूंगी
अकेले तन्हा से नन्हे गणेश मेरे
बुनेंगे ताज़ा तमसीलें
कई सालों से जो भूले हुये हैं

अकेली मैं, अकेले देवता के साथ बैठी हूं
नविन लाइट की रौनक़ में
हरी और पीली, नीली, लाल
सभी इक दूसरे का पीछा करती रौशनियों में!

Sanskrit Sijo Poems

The bone of the moon
Is pierced in my chest!
The blood-plastered sword is here
Memories are wounds of midnight
And there is punishment of flute music!

Oh! Having been defeated, I have won!

Harshdev Madhav

Translated from the Sanskrit by the poet

258

'Sijo' is a Korean poetry form consisting of a three-line stanza. Each line is made up of four phrase groups, each of which in turn consists three to five syllables, averaging to about forty-five in a stanza. Harshadev Madhav is the pioneer who created Sanskrit 'sijo' poems.

संस्कृत

चांद की हड्डी
चुभी है मेरे सीने में
ख़ून से रंगी तलवार रखी है
यादें, आधी रात के ज़ख़्म होती हैं
और हंसी की धुन, सज़ा देती है

आह! हार के भी मैं जीत गया हूं!

The People

Politicians have iron boots
Who hears the cries of the ants?
The rulers' hands are supposed to be clean always.
Blood spots can be removed by soap!
Law and order becomes a shackle
Collar may be
In a dog's neck or the people's …
Kings' faces decorate the coins and currency.
Who has seen gold or silver
Losing its shine by the breasts of the poor?
The people are ground like wheat
They are laid to rest, like cut down trees
They are burned like burned tree trunks
The ashvamedha sacrifice happens
In every age
The monarch enjoys the kingdom
The soul of the horse
Scatters
Into thousands of cries
The golden age is praised.

Harshdev Madhav

Translated from the Sanskrit by the poet

259

लोग

फ़ौलाद के बूट होते हैं, सियासतदानों के
च्यूंटियों का रोना, किसने देखा है?
हाथ हमेशा साफ़ होते हैं शाहों के
ख़ून के धब्बे धुल जाते हैं साबुन से

बंदोबस्त की ज़ंजीरें हैं
गर्दन कुत्ते की हो या लोगों की
शाहों के चेहरे सिक्कों और नोटों पे सजे हैं
किसने देखी है सोने-चांदी की चमक
मुफ़लिस के सीने पर कैसे घिसती है?
लोग ज़मीं पर रहते हैं गेहूं की तरह
और दफ़्न किये जाते हैं, कटे पेड़ों की तरह
फूंक दिये जाते हैं जले पेड़ों के तनों जैसे
'अश्वमेध' की कुर्बानी—
हर दौर में होती है!

शाह मज़े लेते हैं अपने राजपाठ के
घोड़ों की रूह, बिखर जाती है
कितनी हज़ारों चीख़ों में
तारीफ़ होती है 'गोल्डन ऐज' सुनहरी दौर की!

The Oil Press

The oil press creaks as it works
The ox treads steady in its trail
Destined to travel for life
Without counting months or years
Goes round and round
Bells tinkling around its neck
Pulling the pole, crushing the seeds
Producing oil.

The lash strikes hard
Bruising the body
Eyes blinkered, wits dulled,
It walks through all seasons
Scolded by the young and the old
To increase its speed
Bound to the wheel of helplessness
It can see no way out.

It covers thousands of miles
Remaining still at the same place
The oilman markets the oil
The ox is nowhere in the deal
One enjoys while the other
Toils day and night
One sweats, the other benefits

260

कोल्हू

कोल्हू चलता है तो, 'चख़ चूं' करता है
बैल उसी के पीछे-पीछे!
सारी उम्र का चलना है
साल महीने गिने बिना,
गोल-गोल बस घूमता है
गले की घंटी बजती रहती है बस
खींचता रहता है 'पुलीया' को
बीज सभी पिसते रहते हैं
तेल निकलता रहता है

चाबुक पड़ती है जब
खाल उधड़ जाती है
खोपों के अन्दर,
आंखें झपकती हैं
रुत-दर-रुत चलता है यूं ही
छोटे-बड़े सब डांटते हैं
के तेज़ 'चलो'
लाचारी के चक्कर से बंधा
और कोई चारा भी नहीं

कितने हज़ारों मील चला है
फिर भी वहीं पर, उसी जगह!
तेली बाज़ार में बेचे तेल
बैल का कोई हिस्सा नहीं
एक मज़े लेता है दूसरा

And there it is that lies the hurt
The oil belongs to another
As do the oilcakes
For it, only stale straw
That's how the oil press of this world works
Man turned into ox
Bludgeoned into grooves.

Kehri Singh Madhukar

Translated from the Dogri by Shivnath

रात और दिन मेहनत करता है
एक बहाये अपना पसीना,
दूसरा ऐश करे!

वही तो है, जिसका दुख है
तेल किसी का
खाल किसी की
उसके लिये बस सूखी घास
यूं ही तो चलता है ना, दुनिया का कोल्हू
बैल बना कर आदमी को
जोत दिया है खांचों में!

Venus

She doesn't have arms
Like me

Her vision utterly dead
She stands in a showcase
Frozen stiff
Like me

With difficulty,
She manages to cling
To the rocky robes of culture
Between her legs
And stony lips
Closed tight
Like me

Women in the cities melt
Turn into statues of Venus
A primeval woman
Lets out a stony scream
The city collapses
At her feet
Throwing the sky
Into disarray.

261

Malika Amar Sheikh

Translated from the Marathi by Sachin Ketkar

वीनस

बाज़ू नहीं हैं उसके,
मेरी तरह—!
और नज़र भी मेरी हुई
खड़ी है एक नुमाइश में
अकड़ी हुई और जमी हुई
मेरी तरह—!

मुश्किल से
संभाल रही है
पथरीली चादर कल्चर की
टांगों के अन्दर
और पथरीले होंठों में
भींच के रखी है
मेरी तरह—!

शहर की औरतें, पिघली हुई
'वीनस' का बुत बन जाती हैं
एक प्राचीन औरत
चीखती है पथराई चीख़
टूट के गिर पड़ता है, शहर उसके पैरों में
आसमान बिखर जाता है!

Working Woman

What a matter of pride
they say;
my green pastures
I nourish with my own blood,
the fresh green leaves,
fruit of my own
honest labour,
not a single bud
owing its existence
to the wind, the rain;
at my own will
I can bloom;
in entirety
I am my own find;
with my head held high
I can face the seasons;
a strong and sturdy tree I am,
aware of the potential
held within;
but
rooted in my being,
the age-old creeper,
at times,
when the wind is harsh
wishes to be held
by a tree
stronger than myself,
very strong.

262

Perveen Shakir

Translated from the Urdu by Yasmeen Hameed

वर्किंग वुमन

सब कहते हैं
कैसे गुरूर की बात हुई
मैं अपनी हरियाली को ख़ुद अपने लहू से सींच रही हूं
मेरे सारे पत्तों की शादाबी
मेरी अपनी नेक कमाई है
मेरे एक शगुफ़े पर भी
किसी हवा और किसी बारिश का बाल बराबर क़र्ज़ नहीं है
मैं जब चाहूं खिल सकती हूं
मेरा सारा रूप मेरी अपनी दरयाफ़्त है
मैं अब हर मौसम से सर ऊंचा करके मिल सकती हूं
एक तनावर पेड़ हूं अब मैं
और अपनी ज़र्ख़ेज़ नमू के सारे इमकानात को भी पहचान रही हूं
लेकिन मेरे अन्दर की ये बहुत पुरानी बेल
कभी-कभी– जब तेज़ हवा हो
किसी बहुत मज़बूत शजर के तन से लिपटना चाहती है!

Original text of the poem written in Urdu

Forest 1987

The fragrance of flowery garlands
Haunted the seven hills.
Have they blossomed this time? Who knows!
I can't get to the forest now,
For I miss the cock's call at dawn,
And the deer's bark in dusk.

The hen in the forest now
Roams and clucks from noon to dusk.
The haunting madhavi fragrance escapes the rustle
of spring air.
It is acrid with the smell of gunpowder.

Chandrakanta Murasingh

Translated from the Kokborok by Bamapada Mukherjee

263

जंगल - 1987

गुलों की ख़ुश्बूओं से
महकते थे कभी सातों पहाड़
खिले हैं इस दफ़ा भी क्या? किसे मालूम?
मैं जा सकता नहीं जंगल तलक अब
सुबह की मुर्ग़ की बांग याद आती है
पुकार हिरनों की शामों में!

अकेली मुर्ग़ियां जंगल में अब
दुपहर ही से शाम तक अब कुड़कुड़ाती घूमती हैं
महक महवे की उड़ जाती है जब
हवा चलती है मौसम की
कटेली है वो अब बारूद की बू से!

Of a Minister

There are times I get weary of talking;
Words, sounds and echoes whirl within.
At such times I wish I were a minister:
The best way to relieve the heavy winding entrails.
The minister has so much to say,
He never suffers from pent-up words.

There are times when I find all roads blocked
The threatening Ker-bows aimed from all sides.
At such times I wish I were a minister.
The ministers know and show a thousand roads.
They live on crossroads at a million junctures.

The day comes with the colour of monsoon winds
And gets lost on the sandbanks of the dried riverbed.
We sit sad and quiet and look outside,
And think, if I were a minister.

The minister has neither inside, nor outside,
No air, no fertile soil on the sandbank.
There are only words, call of a hundred open roads,
Pulling at the sleeves day and night.

Chandrakanta Murasingh

Translated from the Kokborok by the poet

264

काश मैं मंत्री होता

कभी-कभी मैं बोलते-बोलते थक जाता हूं
अल्फ़ाज़ और आवाज़ें जब अन्दर गूंजती और भंवराती हैं
ऐसे में लगता है काश मैं मंत्री होता
बल खाता अन्दर का बोझ हल्का हो जाता
मंत्री को, कितना कुछ होता है
अल्फ़ाज़ की भाप से उसको, कोई घुटन नहीं होती

कभी-कभी जब सारी सड़कें बंद मिलती हैं
और कमानें काले धुएं के चारों तरफ़ से खुल जाती हैं
ऐसे में लगता है, काश मैं मंत्री होता
मंत्रियों को, कई हज़ार रस्तों का पता होता है
लाखों जंक्शन के चौराहों पर रहते हैं वो!

रंग भरा दिन चढ़ता है जब सावन की हवाओं का
सूखे हुये दरया की रेत भरे साहिल पर खो जाता है
मुंह लटकाये हम चुपचाप, बाहर की तरफ़ देखा करते हैं
तब सोचता हूं, गर मंत्री होता मैं?

मंत्री का, अन्दर, न बाहर
न ज़रख़ेज़ ज़मीं, न हवा, इस रेत भरे साहिल पर
रात और दिन आस्तीन चढ़ा कर
लफ़्ज़ ही लफ़्ज़ और सैकड़ों चौड़ी-चौड़ी सड़कों का ऐलान!

Girlfriend

If love is
The word 'love'
A smile
Must be a face
The one called girlfriend
Must be a woman
And sleeping in this box
Must be that girl.

Liyanage Amarakirthi

Translated from the Sinhala by Udani Perera

265

गर्लफ्रेंड

मुहब्बत है अगर,
लफ़्ज़े 'मुहब्बत'
तो इक मुस्कान—
चेहरा है!
जिसे 'गर्लफ्रेंड' कहते हैं
वो औरत ही तो होगी
और इस 'ताबूत' में सोयी—
वही 'गर्लफ्रेंड' होगी!

Green Snake

Early morning, the day before yesterday,
under a slab of stone,
in a crack,
eyes glittering,
forked tongue licking and flashing,
a frog swelling his belly,
he lay there quietly:
a baby snake, two hands long,
a green snake.

'Poor thing. It's green snake. Still a baby.
What harm can it do?' I said.
My father replied,
'A snake's a snake.'
And mother,
'That's where everyone walks,
we don't need trouble. Kill it.'
'I can't,' I said.

Father struck him with a piece of firewood,
chased him outside,
and killed him flat.

B.R. Lakshman Rao

Translated from the Kannada by A.K. Ramanujan

266

हरा सांप

परसों के दिन, सुबह-सुबह,
इस सिल के नीचे
एक दरार में
दो आंखें चमकती थीं
दो जीभें लपकती थीं
इक मेढक था जो पेट फुलाये
लेटा हुआ था
और एक सपोला, दो हाथ लम्बा
एक हरा सांप!

बेचारा छोटा-सा बच्चा, सांप हरा
'क्या नुकसान करेगा वो?' मैंने कहा
बोले मेरे बाबा— 'सांप तो आख़िर सांप होता है'
और मां बोली— 'इस राह से सब आते-जाते हैं,
मार दो हमको कोई मुसीबत चाहिये नहीं!'
'मुझ से न होगा'— मैं बोला।

बाबा ने उठ कर लाठी मारी,
बाहर भगाया—और कुचल के मार दिया!

The Boarsi

Every time I see sunlight fall
On the sky-side of leaves and branches
I am reminded of the way old men sat
Around the charcoal boarsi,
Wrapped in grey shawls and smoke,
One half of their crouched bodies
And the palm of their extended hands
Reddening in the boarsi glow.

They always sat outside
The thick warm walls of our house:
Out under ledges or in a corner
Where the wind would fan no ember;
Time and again in my memory
I wish and fail to invite them in
Where the boarsi is just a tradition
In whose warm ashes we lay potatoes.

Tabish Khair

Written originally in English

267

अंगीठी

हर बार ही ढलती धूप को देख के—

अम्बर की तरफ़ हर बार मैं पत्तों और शाख़ों पर,
ढलती धूप को देखता हूं तो
मुझको याद हैं बड़े-बूढ़े
बैठे हुये कोयलों की अंगीठी के गिर्द
स्लेटी रंग की शॉल में और धुएं में लिपटे
आधे झुके बदन उनके,
और फैले हुये हाथों की हथेलियां
लाल हो जाती थी वो दहकती अंगीठी से

बाहर बैठते थे वो हमेशा
मोटी भारी गर्म दीवारें हमारे घर की
छज्जों के नीचे—या कोने में
जहां हवा न अंगारों को फूंक सके

बार-बार याददाश्त में मैं,
चाहता हूं, पर, कर नहीं पाता
अन्दर बुलवा लूं मैं उनको—
अंगीठी जहां पर एक रिवायत है
जिसकी गर्म राख में हम,
आलू दबा कर रखते हैं!

In the Land of the Dead

My birds
that went in search of me

have all come back to myself
without finding me.

In what slope of dusk
have the hues of their wings
fallen and are lying scattered?

In this wintry land of the dead
where daylight falls and dies
the stench of the rotting corpse
of the sky-grandma roams about.

Now,
not even a single star will be born.
Let my heart, tuned into the grief
of a song that cannot be sung,
prick up its ears—
who is weeping?

R. Ramachandran

Translated from the Malayalam by Lekshmy Rajeev

268

ज़मीन मुर्दों की

मेरे पंछी...
जो मुझको ढूंढ़ने निकले थे वो
मुझे पाये बिना ही लौट आये हैं

न जाने शाम की कैसी ढलानों पर
गिरे हैं बाल-व-पर उनके
कहीं बिखरे हुये हैं!

ये बर्फ़ीली ज़मीं मुर्दों की जिस पर
सुबह की धूप मर जाती है गिरते ही
के बूढ़ी आस्मां दादी की—
मुर्दा लाश की बदबू फिरा करती है उसमें

मगर अब—
सितारा एक भी पैदा नहीं होगा
मेरा दिल नग़मा-ए-ग़म है,
जो गाया जा नहीं सकता
ज़रा चौंकाओ उसको
कोई रो रहा है!

The Winter

The nights are long
The breaths are shrinking
As if, silvery powder of the festival of colour is sprinkling

Tamarix indica is vibrating
Effecting from the vapour from lips of a pair of lovers
They are sitting on the stone
They've called the sun towards their bosom

I feel the cold is coming
Like whirlwind or moderate motion
From the dense forest of Africa

Yes, that is winter
Become with imitative sound of dried leaf …

Barnali Bharali

Translated from the Assemese by Mridula Choudhury

269

सर्दियां

रातें लम्बी हैं
सांसें सुकड़ रही हैं
जैसे कोई होली में 'अभ्रक' छिड़क रहा है
'तम्रसिक' (Turmarisk Indicia) की टहनियां कांप रही हैं
दो चाहने वालों के होंठों की गर्म भाप से!
पत्थर पर बैठे हैं वो
सूरज को बुलवाया है उन दोनों ने,
आये सीने से लग जाये!

लगता है ठंड आने लगी है
घुरनी की तरह, या हल्के-हल्के
घने-घने जंगल से अफ्रीका के!

जी! ये विंटर है—सर्दियां हैं
सूखे पत्ते की आवाज़ की नक़लें करता है!

270

Compromise

Whenever I kissed her,
The smell of cigarettes filled my nostrils.
I've always thought of smoking as a vice,
but now I'm used to it,
it's part of me.
She too has got used to my stained teeth.
Whenever we meet, we become strangers to words,
only our breathing, sweat and loneliness
fill the room.
Maybe our souls are dead,
our senses have run dry,
or this story's been told repeatedly:
life's always going through the pangs of birth,
new messiahs come and go to the cross,
a dusty man in the back rows
pushes his way to the front,
climbs the pulpit, and says,
'The crucified man was ours!
His blood is our heritage!'
Then he swallows all the ideals,
all that caused calumny,
and spits them out as commentaries
and interpretations,
the last resort of helpless people,
maybe all people.
I look for the ideal man in vain.
People dream and ride the high winds,
then reach a stage when they weep bitterly
and break like branches.
They find loved ones,
who're the focus of their desires and lives,
then come to hate them
even while loving them still.

मुफ़ाहमत

जब उसका बोसा लेता था सिगरेट की बू नथुनों में घुस जाती थी

मैं तंबाकू नवेशी को इक ऐब समझता आया हूं

लेकिन अब मैं आदी हूं ये मेरी ज़ात का हिस्सा है

वो भी मेरे दांतों की बदरंगी से मानूस है उनकी आदी है

जब हम दोनों मिलते हैं लफ़्ज़ों से बेगाने से हो जाते हैं

कमरे में कुछ सांसें और पसीने की बू, तन्हाई रह जाती है!

हम दोनों शायद मुर्दा हैं एहसास का चश्मा सूखा है

या फिर शायद ऐसा है ये अफ़साना बोसीदा है

दरदिज़ा से ज़ीस्त यूंही हल्कान तड़पती रहती है

नये मसीहा आते हैं और सूली पर चढ़ जाते हैं

इक मटयाला इन्सान सफ़ों को चीर कर आगे बढ़ता है और मुमबर

से चिल्लाता है

हम मसलूब के वारिस हैं ये ख़ून हमारा वरसा है

और वो सब आदर्श, वो सब जो वजह मलामत ठेरा था

इस मटयाले शख़्स के गहरे मैदे में खप जाता है

फिर तफ़सीरों और तावीलों की शक्ल में बाहर आता है

ये तावीलें मजबूरों का इक मुहोम सहारा हैं

या शायद सबका सहारा हैं

यूंही मैं आदर्श इन्सान का जोया हूं

सब ही सपने देखते हैं ख़्वाबों में हवा में उड़ते हैं

फिर इक मंज़िल आती है जब फूट-फूट कर रोते हैं

शाख़ों की तरह टूटते हैं

इक रूह जान-व-दिल को जो दुनिया में सब से बढ़ कर है पा लेते हैं

फिर उससे नफ़रत करते हैं गो फिर भी मुहब्बत करते हैं!

I hate her, she despises me.
But when we meet
in the loneliness, the darkness,
we become one whole, like a lump of kneaded clay,
hatred leaves, silence stays,
the silence that covered the earth
after it was created,
and we go on breaking
like branches.
We don't talk about the dreams we once dreamt,
we don't talk about the joys,
we simply go on breaking.
I'm fond of drinking,
she's addicted to smoking,
wrapped in a sheet of silence we cling to each other,
we go on breaking
like tender branches.

Akhtar-ul-Iman

*Translated from the Urdu by C.M. Naim and Vinay Dharwadker,
using earlier translations by Gopi Chand Narang and
David Paul Douglas, and Adil Jussawalla and the poet*

मैं उससे नफ़रत करता हूं वो मुझको नीच समझती है
लेकिन जब हम मिलते हैं तन्हाई में तारीकी में
दोनों ऐसे हो जाते हैं जैसे आग़श्ता मिट्टी हैं
नफ़रत ज़म हो जाती है इक सन्नाटा रह जाता है
सन्नाटा तख़लीक़े ज़मीं के बाद हर सू तारी था
हम दोनों टूटते रहते हैं जैसे हम कच्ची शाख़ें हैं
ख़्वाबों का ज़िक्र नहीं करते दोनों ने कभी जो देखे थे
ख़ुशियों का ज़िक्र नहीं करते जो कब की सुपर्द ख़ाक हुईं
बस दोनों टूटते रहते हैं
मैं वादा नवेशी पर माईल हूं वो सिगरेट पीती रहती है
इक सन्नाटे की चादर में हम दोनों लिपटे जाते हैं
हम दोनों टूटते रहते हैं जैसे हम कच्ची शाख़ें हैं!

Original text of the poem written in Urdu

Sonnet

What a world this is, no matter where you turn
there is only wailing,
everyone in pain, everyone stone-hearted.
How shall we bear these days? From somewhere
let hope emerge. Life seems so helpless,
so helpless is the heartbeat. What you can do
to avoid it, no one is able to tell.
Why should only a few be blessed?
Everyone deserves to be happy.

Everyone is out to rob. Everyone
plays his own tune. Who is there
to hear what the other says? Everything is
entangled deeper and deeper.
The insolent keep their eyes shut,
numb are their hands, their feet rooted.
'If you wish to sob, go on sobbing …!'
That's their response to everything.

Trilochan

Translated from the Hindi by Sunita Jain

271

सोनेट

कैसा युग है, कहीं अकन लो, हाय-हाय है,
सभी कराह रहे हैं, पत्थर सबकी छाती पर हैं
दिन कैसे बीतेंगे!
कुछ तो आती कहीं झलक आशा की,
बिलकुल निस्सहाय है
जीवन हृदयों की धड़कन में!
क्या उपाय है
इससे बच पाने का; ये कुछ भी पता न पाती
बुद्धि किसी की, सुगति कभी थोड़ों की थाती
नहीं रही है, इसमें सबका तुल्यदाय है!

खींचा-नाची मची हुई है,
अपनी-अपनी ढफली अपना-अपना राग,
सुने फिर किसकी कौन!
मामले और, और भी उलझ रहे हैं
मुंहज़ोरों की आंख बंद है, स्थिर है पपनी
हाथ सुन्न हैं, पांव अकारथ हैं, यदि सिसकी
लोग भरें तो भरें, सूत्र यों सुलझ रहे हैं!

Original text of the poem written in Hindi

Two Letters

The letters came together
Yours and the one from income tax
Both contained demands
Down to the last penny

I've paid the tax dues

Learning I have to bring you a red lotus
I woke the stars from their slumber
And said, make the blood-knife even sharper.

Purnendu Pattrea

Translated from the Bengali by Arunava Sinha

272

दो ख़त

साथ-साथ आये ख़त–
इक तुम्हारा, एक इन्कम टैक्स का
दोनों ने तलब किया
आख़री पाई तलक दे दो!

इन्कम टैक्स चुका दिया

लाल इक कंवल तुम्हारे वास्ते भी लाना था
नींद से जगा दिया सितारों को,
और कहा–
धार तेज़ कर दो और ख़ून की!

Flight

There is
a bird inside me;
it knows
that my chest
is not its cage.

It sings
as it flies;
it bewilders me
with its many guises.

It keeps flying
severing relationships,
tearing apart intimacies.
It flies
flaming a million lights,
splitting the turbulent dark.

Because it flies
I am limitless.
I keep scattering the wind,
but it does not run out.

How futile of you
to keep measuring me,
appraising the shape
of my eyes, nose and lips!

273

Sharmistha Sahu

Translated from the Odiya by J.P. Das

परवाज़

मेरे अन्दर एक परिन्दा है
जानता है वो, मेरा सीना
उसका पिंजरा नहीं!
वो गाता है,
जब उड़ता है
हैरान कर देता है
उसके इतने मुखौटे हैं

वो सारे रिश्ते नाते तोड़ के
उड़ता रहता है
लाख उजाले रौशन करके
चीर के अँधेरों को
उड़ता है

वो उड़ता है, इसीलिये
'अंत हीन' हूं मैं
मैं बिखराती रहती हूं हवायें
फिर भी ख़त्म नहीं होतीं वो

कितना बेमानी है तुम्हारा
नाप-तोल करना मेरा
मेरा जिस्म और आंखें, नाक
होंठों को जांचते रहना!

Dilemma

After Attila Jozsef

I am a deer by birth
But would like to change now into a big tiger
This is my dilemma—

Hesitant and shy are my eyes
I ran for my life at the hunter's presence
But now my eyes are a deep red
Stalking and hiding, I would like to leap on the deer

An ambush of tigers lives nearby—
Ripping and tearing, they devour lumps of meat
Seeing them I try to cry
But because I had to, I laughed

I prick up my ears at the sound of the deer,
Look with my eyes at tender shoots of grass
But I have to sleep
Surrounded by an ambush of tigers.

Elangbam Nilakanta Singh

Translated from the Manipuri by the poet

274

दुविधा

हिरन हूं जन्म से मैं...
मगर मैं शेर बनना चाहता हूं
मेरी दुविधा यही है!

झिझकती और शर्मिली मेरी आंखें
शिकारी देखकर मैं जान बचाने के लिये भागा
मगर अब लाल हैं आंखें मेरी
छलांगें मारता हिरन पर हमला करना चाहता हूं।

लगाये घात मेरे गिर्द कितने शेर बैठे हैं
निगल जाते हैं सारे फाड़ के वो गोश्त हिरनों का
मैं रोना चाहता हूं देख कर, कि रोना आता है
मगर हंसना पड़ा था—चारा नहीं था!

हिरन की सुनता हूं आवाज़ तो, अब
खड़े कर लेता हूं मैं कान अपने
हरे नाज़ुक से डंठल घास के
मैं देख रहा हूं
मुझे नींद आ रही है
घिरा हूं घात में बैठे हुये शेरों से मैं!

The Parking Lot

There was a parking lot in Shillong
that took a year and crores to build.
Why, I asked, was it not used to ease congestion?
It awaited the Minister for Roads to inaugurate,
who awaited the fall of his government.
And the waiting goes on,
for here they change parties and governments
like Hindi film stars changing dresses in a song.

Kynpham Sing Nongkynrih

Translated from the Khasi by the poet

275

पार्किंग लॉट

'पार्किंग लॉट' था इक 'शिलॉन्ग' में
साल लगा था और करोड़ों ख़र्च हुये बनाने में
पूछा, मैंने, क्यों इस्तेमाल नहीं होता, कि भीड़ छटे!
रोड मंत्री का इन्तज़ार है–उद्घाटन के लिये!
उसको मगर ये इन्तज़ार था, कब अपनी सरकार गिरे
इन्तज़ार चलता ही रहा–
क्योंकि यहां पर पार्टियां और सरकारें ऐसे बदलती हैं
जैसे हिंदी फ़िल्मों में सितारे,
गानें में कपड़े बदलते हैं!

276

The Nine-Year-Old

The nine-year-old girl,
little darling, dimpled cheeks,
comes to me weeping,
raising her tiny frock
shows me her chubby stomach
and whimpers

'Amma, look. Is there a baby
in my belly?'

Anyone will laugh out at those
words but I stand still
mind and body burning—

The bud-like lips tremble,
'Amma, will they cut open my belly
to take out the baby?
He told me so …'

Oh, God! This little one so tortured;
this little one bitten and tossed, bitten and tossed
by cruel lust
this little one who cried aloud
in front of the seat of justice!

When she asks this question,
I can see Hell's gaping jaws.

नौ साला

फ़क़त नौ साल की लड़की
बड़ी प्यारी, थे टप्पे गालों में उसके
मेरे पास आई रोते-रोते और—
उठा-कर फ्रॉक मुझको पिलपिला-सा पेट दिखलाया
रूहांसी हो के बोली:
'ज़रा देखो तो, अम्मा,
मेरे इस पेट में क्या कोई बच्चा है?'

हंसेगा कोई उसकी बात पर, लेकिन
मैं हैरान रह गई, और तन-बदन झुंझला गया मेरा

कली से होंठ फिर कांपे
'बताओ मां—वो काट के पेट मेरा, क्या वो
बच्चे को निकालेंगे?
यही उसने कहा था—'

हे भगवान—
ज़रा-सी बच्ची और इतनी अज़ीयत?
हवस ने काटा और फेंटा है उसको?
ज़रा-सी जान न्याय के लिये यूं रो रही है

वो जब ये पूछती है, जबड़े खोले इक जहन्नुम
नज़र आता है मुझको!

I try to soothe her,
I try to laugh.
'There is nothing in my little one's
belly but today's roti! Nothing else.
Who will dare to cut open my
child! No one will touch you.'

'Is it true?' she asks. 'Amma, do you promise
it is true?'
I touch her hand and give my word—
'Yes, it is true.'

She laughs and runs away.
Then I see her jumping up and
down, laughing, playing with
her friends.

Looking at her I understand
the strength of childhood;
the baby deer licks her wound
and heals herself.

Sugathakumari

Translated from the Malayalam by Hrdaya Kumari

तसल्ली देती हूं उसको मैं हंस कर
'नहीं बच्ची मेरी,
तुम्हारे पेट में बस आज की रोटी रखी है
मजाल किसकी है काटे पेट और बच्चा निकाले?
नहीं कोई नहीं छूयेगा तुमको!'

'ये सच है मां? बताओ पक्का सच है?'
पकड़ के हाथ उसका फिर कहा— 'सच है!'

वो हंस के दौड़ जाती है
उछलती-कूदती, फिर खेलने लगती है अपने दोस्तों में!

उसे फिर देखकर लगता है मुझको
बड़ी ताक़त है इस मासूमियत में
हिरन के बच्चे भर लेते हैं अपने ज़ख़्म,
ख़ुद ही चाट कर उनको!

Post-mortem

Where am I?
This barren land,
for miles tarnished with muck and mire,
pocked with nails,
towering trees,
structures wrecked and ruined,
limbs of old rocks
in parched streams,
corpses of charred fields,
scorched wings of birds;
nothing lives,
the land is dead.

So, what if the land is dead,
it was doomed to die one day,
why must I mourn?
But I grieve,
for it was denied a grave,
a burial place
by the sky,
let alone any solace, a cover of dew.

The sky, a heartless doctor,
with a scalpel
slit its stiffened body,
strewed its treasures,

277

पोस्टमार्टम

कहां हूं?
ये चटैल ज़मीं
जिस पे मीलों के मैले निशां
जैसे कीलों की सूरत गड़े हैं
दरख़्तों के हेकल
इमारत की हड्डियां
ख़ुश्क नदियों में
कुहना चट्टानों के आज़ा
जली खेतियों के बदन
और परिन्दों के झुलसे हुये पर
कोई एक भी चीज़
ज़िन्दा नहीं है
ज़मीं मर चुकी है!

ज़मीं मर चुकी है तो क्या है?
मुझे उसके मरने का दुख किसलिये हो
उसे... इक न इक दिन तो मरना था, सो
मर गई है!
मुझे दुख अगर है तो इस बात का है
कि जब वो मरी
आसमां ने उसे
इक लहद तक न दी;
शबनम अफ़शानियां तो बड़ी बात है।

searched through it
and wrote:
Death caused by mental shock and anguish;
then abandoned the
severed remains
to move on.
Since then
this barren land remains
a body all ripped,
a shroud-less corpse.

Wazir Agha

Translated from Urdu by Yasmeen Hameed

आसमां ने फ़क़त ये किया
एक सफ़्फ़ाक से डॉक्टर की तरह
उसकी अकड़ी हुई लाश को
अपने नश्तर से दो-नीम कर के
बदन के ख़ज़ानों को बाहर निकाला
बिखेरा, टटोला
लिखाः मौत... सदमे,
किसी ज़हनी सदमे से वाक़्य हुई है!
फिर उसने
ज़मीं की कटी और फटी लाश को
यूं ही रहने दिया
और ख़ुद चल दिया!
जब से अब तक
ये चटैल ज़मीं
इक दरीदा बदन बेरिदा लाश है
इक दरीदा बदन बेरिदा लाश है!

Original text of the poem written in Urdu

A Beginning

The struggle for the daily is an everyday question
At times outside the door, at times inside
I'm a worker, a flaming sword
Listen, you intellectuals! I'm going to commit a crime.

I've suffered, witnessed, explored a bit
The sweet ache of my world lies in it
I've messed up, missed out and learnt new stuff
The way I live, that's the way I'm in words.

Bread's the first love, I agree,
But we need something more
That's why we are casting the emblems of our power.
It's here that I put flowers into the palms of my words
It's here that I put swords into the hands of my words.

I haven't arrived alone; the epoch is with me
Beware, this is the beginning of the storm
I'm a worker, a flaming sword
Listen, your intellectuals! A crime's about to happen.

Narayan Surve

Translated from the Marathi by Jatin Wagle

278

आग़ाज़

रोज़ कमाना रोटी, रोज़-रोज़ का मसला है
घर के बाहर हो या घर के अन्दर!
मैं मज़दूर हूं एक सुलगती तीग़
सुन ऐ दानिश्वरों, मैं जुर्म इक करने वाला हूं!

मैं झेल चुका हूं, देख चुका हूं और मालूम किया है;
मेरी दुनिया का हर मीठा दर्द इसी में है
सारी भूल-भूलैया से ये बात नई सीखी है
मैं जैसे जीता हूं, वो ही अपने लफ़्ज़ों में हूं!

पहला प्यार है रोटी का, मैं मानता हूं
लेकिन उसके बाद भी तो कुछ चाहिये ना
इसीलिये मैं अपनी ताक़त की मुहर लगाने वाला हूं
यहीं हथेली पर अपने लफ़्ज़ों; अपनी कविता के फूल रखे है।
यहीं पे अपने लफ़्ज़ों के हाथ तलवार थमा दी है!

और अकेला नहीं हूं मैं, इक दौर है मेरे साथ
याद है आग़ाज़ है इक तूफ़ान का ये
मैं मज़दूर हूं और सुलगती है मेरी तलवार
सुन लो ऐ दानिश्वरों, इक जुर्म होने वाला है!

The City and I

Returning to Bombay after 26/11

This time we didn't circle each other,
the city and I,
hackles raised,
fur bristling.

This time there was space
between us
and we weren't competing.

Space enough and more

for the nose-digging librarian
and her stainless steel tiffin box,

for the Little Theatre peon
to read me endless Marathi poems
on rainy afternoons,

for the woman on the 7.10 Bhayandar slow
with green combs in her hair
to say
and say again,
He's coming to get me
He's coming.

279

शहर और मैं

मुंबई की वापसी 26/11 के बाद

इक दूजे के गिर्द नहीं घूमे हम अबके
शहर और मैं
रोंगटे खड़े किये

इस बार हमारे बीच में काफ़ी फ़ासला था, और कोई
मुक़ाबला न था!

काफ़ी जगह थी— काफ़ी!

'नाक कुरेदती लाइब्रेरियन' और उसके स्टील के,
टिफ़िन बॉक्स के लिये!

'लिटिल थिएटर' के चपरासी को—
काफ़ी वक़्त था मेरी मराठी नज़्में पढ़ने का
झड़ी लगी दोपहरी में!'

7:10 की, 'भयंदर' वाली, स्लो ट्रेन की औरत को!
जूड़े में हरी कंघी उड़से
बार-बार ये कहने का
'वो आयेगा लेने—वो आयेगा!'

This time
the city surged
towards me,

mangy,
bruised-eyed
non-vaccinated,

suddenly
mine.

Arundhathi Subramaniam

Written originally in English

इस बार दौड़ के आया शहर ये,
मेरी तरफ़—
ख़ारिश ज़दा
ज़ख़्मी आंख और बिना 'टीकों' के!
और गले लगा—अचानक!

Homecoming

No, there is no road by the name you quote.
This is no address of the long-haired girl
of the furtive glances.
The grass green field in front of your house
ringing with your mother's come-back-home calls
is a couple of unfinished houses
baring iron fangs.

No, the rains no longer wake you up
drumming the asbestos roof. This is concrete.
The children do not raise sand temples
under the ghost crowded tamarind tree.
No, there is no tamarind tree.

Falguni Dutta

Translated from the Bengali by the poet

280

घर वापसी

नहीं...!
गली इस नाम की कोई नहीं जो तुम बताते हो
यहां पर कोई लम्बे बालों वाली भी नहीं रहती
वो जिसकी आंखें बहका दें
हरा सरसब्ज़ मैदान घर के सामने
बुलावा मां का जिस में गूंजता हो, 'आओ, घर आओ'
अधूरे से ही कुछ घर हैं
घिरे लोहे की जाली से!

नहीं...!
यहां बारिश जगाती भी नहीं अब
बजा कर चादरें छत की,
छतें सीमेंट की हैं
वो पेड़ इमली का जिस पर भूत रहते हैं
वहां पर रेत के मन्दिर बनाने वाले बच्चे भी नहीं हैं
नहीं...!
वहां पर पेड़ इमली का नहीं है!

Horizon

From home you have reached
the Horizon here
From here to another
here you go.

From there to the next
next to the next
Horizon to horizon
every step is a horizon.

Count the steps
and keep the number.

Pick the white pebbles
and the funny strange leaves.
Mark the curves
and cliffs around
for you may need
to come home again.

Tenzin Tsundue

Translated from the Tibetan by the poet

281

उफ़क़

यहां पहुंचे हो घर से,
इस उफ़क़ तक
यहां से जाओ अब अगले उफ़क़ तक
वहां से आगे फिर अगले,
उफ़क़ से ता-उफ़क़
हर इक क़दम पर इक उफ़क़ है

क़दम गिनते रहो, और गिनती रखो

सफ़ेद कंकर उठाओ
अजीब और अजनबी पत्ते
निशानी रखो, मोड़ों पर
चट्टानों पर
ज़रूरत हो तुम्हें शायद
कि जब घर लौट कर आओ!

Desperate Age

Kill my Dalai Lama
That I can believe no more

Bury my head
Beat it
Disrobe me
Chain it.
But don't let me free.

Within the prison
This body is yours.
But within the body
My belief only mine.

You want to do it?
Kill me here—silently.
Make sure no breath remains
But don't let me free.

If you want, do it again
Right from the beginning:
Discipline me
Re-educate me
Indoctrinate me
Show me your communist gimmicks
But don't let me free.

Kill my Dalai Lama
and I will
believe no more.

282

Tenzin Tsundue

Translated from the Tibetan by the poet

नाउम्मीदी

दलाई लामा को मेरे—क़त्ल कर दो
कि और विश्वास न आये मुझे

मेरा सर दफ़्न कर दो
कुचल दो—
मुझे नंगा करो,
जंजीरें डालो
मगर आज़ाद ना करना

बदन ये क़ैद ख़ाने में
तुम्हारा है
मगर अन्दर बदन के
जो है विश्वास मेरा है

अगर तुम चाहते हो
यहीं पर खामोशी से कत्ल कर दो
परख लेना के कोई सांस न बाक़ी रहे
मगर आज़ाद ना करना

अगर तुम चाहते हो, फिर से कर लो—
बिलकुल शुरू से
सिखा दो,
पढ़ा दो फिर से
मुझे तैयार कर लो—
दिखाओ अपनी कम्युनिस्ट चालें
मगर आज़ाद ना

दलाई लामा को मेरे—क़त्ल कर दो
मुझे और—विश्वास न होगा!

First Poem

My best poem
Is the one
I began to write
On a smouldering evening,
In the eighteenth year of my life
That's the prettiest of my poems.

An unknown feeling stirred in my mind
It was a very tender feeling and I was shy
I couldn't comprehend it
Nor could I articulate it
It couldn't be kept suppressed either.

I picked up a piece of paper and a pen
I had no knowledge of rhyme, rhythm or metre
My feeling,
Like a rainy season nullah,
Gushed from my eyes
My hand trembled
It scribbled something, rubbed something out.
That wet piece of paper,
Those smudged words,
That was my first poem
The best of all my poems.

Arvind

Translated from the Dogri by Shivanath

283

पहली नज़्म

सब से अच्छी नज़्म मेरी,
वो थी–
जो लिखनी शुरू की थी
एक सुलगती शाम के बारे में
अठारहवां साल लगा था मुझको
सब से मेरे प्यारी नज़्म है मेरी!

इक अन्जान एहसास ने मुझको छेड़ा था
बहुत ही नाजुक-सा एहसास था
और मुझे शर्म आती थी
समझ नहीं पाता था मैं
न ही बयां कर सकता था
न ही दबा सकता उसको!

काग़ज़ का इक पुरज़ा उठाया और क़लम,
जानता न था क़ाफ़िया या रदीफ़, या बहरें
बस एहसास था!

जैसे के इक चढ़ा हुआ बरसाती नाला
आंखों से बहता था
कांप रहे थे हाथ मेरे
उट-पटांग लिखा भी कुछ, मिटाया भी
वो भीगा हुआ काग़ज़ का टुकड़ा
मिटे-मिटे वो लफ़्ज़ सभी
पहली नज़्म थी मेरी–
सबसे अच्छी नज़्म थी मेरी!

Mother Finger Millet

Ploughed the field after the first shower
Then took up sowing
It took two days for the seeds to sprout, actually three
Fifteen days to grow
Then Ashadh–Shravan months arrive
The farmer readies the place for transplantation
Pulls out the shoots, ties bundles
Transplants shoots in beds with regular spaces
Taking steps backwards sowed shoots one by one
One day spilled over to the next
And lo, the Nagli crop was standing tall
Come the month of Bhadra, nodes come into being
Then rachis form, spikelets begin to thicken
Seeds swell with milk
When they ripen, it is time for harvest

Threshing the ground prepared
Planted a of beaked branch and decorated it
With ritual adornments
Buried medicinal plants under the pillar base
Daubed the threshing floor
Spread the spikelets, fixed the rotating rod
Yoked the buffalo, started threshing
Hooked the rotation rod

284

मां रक्षा करना

हल चलाये खेत में, पहले मीना के बाद,
और बोवाई उसके बाद
दो दिन लगे थे बीजों को,
फूटने में, बल्कि तीन—
पन्द्रह दिन फिर उगने में!

जब आषाढ़-सावन आये
तब किसां जड़ों से फिर निकाल के,
'गुच्छे' बनाता है उन्हें, दोबारा बीजता है वो
एक ही से फ़ासलों पर बीजते हुये, क़तार में
क़दम-क़दम, वो एक-एक, बीजता हुआ

दिन-ब-दिन चढ़ते गये,
देखते-ही-देखते, 'नाचनी' की फ़सल हो गई तैयार
भादव का महीना आया, 'गोमड़ीयां' फूटने लगीं
फुंदने बने तो डन्डियां भी फूटने लगीं
बीजों में दूध भर गया
जब पके तो वक़्त आ गया कटाई का!

एक जगह बनाई फिर 'छटाई' की
खम्बे से खड़े किये, नुकीली शाख़ों को, सजाने के लिये
आरास्ता किया रिवायती तरीक़े से
खम्बों के तले दबायीं जड़ी-बूटियां
फ़र्श की पुतायी की,

Discarded the unwanted parts of the dried crop
Piled the husked grains
Winnowed the grains with apparatus of wood and cloth
Filled containers big and small

Finally prayed to you mother—worshipped you
Watch over my clan from now on.

Kamlesh Gayakwad

Translated from the Kunkana by Rupalee Burke

डन्डियां बिछा के उन पे चक्की गाढ़ दी
भैंसा जोत कर छटाई की शरू, और...
कुन्डी फंसा दी चक्की की—!

सूखे-सूखे ख़ोशे फिर निकाले सिट्टों के
भूसे को अलग किया निकाल के दाने
लकड़ी और कपड़े की छननी से सारे दाने छांट कर
छोटे और बड़े घड़ों में सारे भर कर रख दिये

प्रार्थना की तुम से मां— और पूजा की तुम्हरी
मेरे परीवार की अब रक्षा करना मां!

Hunger and Fear

There was hunger and also fear
Footprints of humans and animals too
Chose to settle in the heart of the forest.
Became wild once we settled
Actually …
There was always the fear of being betrayed!
That is why …
We kept our distance.
Smiled on seeing you
You turned your nose up at us
As if in repulsion!
Alas …
Made to bow to you, we bowed to your Gods as well
But …
Found favour only until we bowed.

Neither in the concept of 'ours'
Nor in 'ourselves' were you at home
Thereafter
We
Chose to assimilate ourselves with you
Now what am I to term this?
Insanity or unscrupulousness?

However …
Whatever life was allowed
We lived to the fullest
Playing while we played

भूख और ख़ौफ़

ख़ौफ़ भी था, और भूख भी थी
पैरों के निशां थे, जानवरों और इन्सानों के
सोच लिया तब जंगल के अन्दर रहना है
जंगली हो गये, एक बार जब रहने लगे
ख़ौफ़ हमेशा ही से था कि हम से दग़ा होगा
इस-लिये...
देखके तुमको... मुस्का देते थे
तुम नाक भवें चढ़ा लेते थे नफ़रत से
अफ़सोस!
मजबूरन सजदे करते थे तुमको और
तुम्हारे ख़ुदाओं को, लेकिन...
रहम होता था, जब तक हम झुके रहते,

रास न थे हम, तुमको, न एतबार हमारे!
उसके बाद...
हम...
सोच लिया, और इकट्ठे हुये हम
अब उसको मैं क्या नाम दूं?
पागलपन, या हुक्म अदवली?

ख़ैर...
जितनी भी गुंजाइश थी जीने की
जी भर के जिये

Taking our turn we learnt it too
But …
A game within a game
Every time your turn
As for artistry

Art we skilfully perform
We create what we require
But good lord
Our art too you could not stand
Helplessly we gave it up

Ours at home, yours outside
Claustrophobic our folk
Not surrounding our house but inside too.

From now on …
Entangled, your laws hold sway
We are human and so are you
So
It is natural for misunderstandings to happen
But
Superiority has taken the better of you!

The shoot that sprouts from two equal halves
And
Grows
Into a trunk
Then
Blossoms, flourishes and sways!

Mahendra Patel

Translated from the Kunkana by Rupalee Burke

खेल के वक़्त हम खेले भी
अपनी बारी पे हराया भी–
लेकिन...
खेल के अन्दर खेल!?
हर बार तुम्हारी बारी पर
फ़न की ख़ातिर–
हमने भी,
अपना फ़न दिखलाया
लेकिन उफ़्फ़...
फ़न भी हमारा तुमको मगर, न रास आया
मजबूरन हमने छोड़ दिया!

हमको घर में, तुमको बाहर
लोगों को घुटन-सी होने लगी है
घर के चारों तरफ़ ही नहीं... बल्कि अन्दर भी!

आगे के लिये...
उलझे हुये क़ानून तुम्हारे
इन्सान हैं हम भी– और तुम भी–
ग़लत-फ़हमिया होती हैं
लेकिन...
तुम ख़ुद को बड़ा समझते हो!

एक बराबर की दो फांदियों से
जब दो शाख़ें निकलती हैं
तब ही बढ़ कर पेड़ बनता है
फलता है, फूलता है और झूमता है!

Shall I See Them, Still After My Death?

After death shall I continue to see the stars?
The beautiful green country that is my motherland?
The wide world is shielded by the blue sky,
It seems to me that happiness is everywhere.

The delicate grass that covers the earth,
Drops of dew that settle on the blades of grass?
Shall I see the birds flying so high as to touch the sky,
The clouds and the moon playing hide-and-seek?

Shall my ears hear the waterfall?
And the joyous ringing of the gaanti?
If I fail to hear anything after my demise,
There will be nothing that can move my heart.

If thought and desire come to an end,
There will be no pleasure for the soul after death.

Prabodh M. Sangma

Translated from the A.Chik by the poet

286

भला मैं देख सकूंगा...

सितारे देख सकूंगा भला मैं, बाद मरने के
हरा सरसब्ज़ देश अपना जो मेरी जन्मभूमि है?
जहां सारा ढका है, एक नीले आसमां से
मुझे लगता है हर जानिब ख़ुशी फैली हुई है

ये नाज़ुक घास जो सारी ज़मीं पर है,
ये क़तरे ओस के जो घास के पत्तों पे रखे हैं?
मैं देखूंगा
उड़ानें पंछियों की आसमां छूती हुई
ये चांद और बादलों की 'लक्कू चोरी'?

ये कान क्या फिर सुन सकेंगे, आबशारों को?
ये गूंज इन घंटियों की?
अगर मैं सुन नहीं सकता ये सब कुछ
बाद मरने के,
नहीं है कुछ भी, जो बहला सके दिल को!

ख़्याल और ख़्वाहिशें भी गर नहीं रहतीं
तो रूह के वास्ते कुछ भी नहीं है बाद मरने के!

Ghazal

It demands more of pain, sorrow, suffering, shocks,
It insists on being punished, this culprit of my heart.

Muted lies the wounded throat, silent too to martyr's blood,
It's the assassin's hand alone that clamours for reward.

The heart is growing unconcerned to every state of bliss or bale,
Attention, indifference, or grace—it remains immune to all.

You are a rare wealth indeed, but we must concede,
That life has other needs too, besides you, O precious heart!

The world is already feeling choked in these difficult times,
Yet my love wants a robe tighter, still and taut.

Ah, these looks all confused, eyelashes bent and arched,
Like a man, hands stretched, praying to his god.

Though we may deny the truth, yet my zeal devout,
Even today craves an idol, needs a living god.

Jaan Nisaar Akhtar

Translated from the Urdu by

287

ग़ज़ल

रंज-ओ ग़म मांगे है, अन्द्रा-ओ-बला मांगे है
दिल वो मुजरिम है जो ख़ुद अपनी सज़ा मांगे है

चुप है हर ज़ख़्मे गुलू, चुप है शहीदों का लहू
दस्ते क़ातिल है कि मेहनत का सिला मांगे है

दिल हर इक हाल से बेगाना हुआ जाता है
अब तवज्जा, न तग़ाफुल, न अदा मांगे है

तू है इक दौलते नायाब मगर क्या कहिये
ज़िन्दगी और भी कुछ तेरे सिवा मांगे है

सांस वैसे ही ज़माने की रुकी जाती है
वो बदन और भी कुछ तंग क़बा मांगे है

खोयी-खोयी ये निगाहें, ये ख़मीदा पलकें
हाथ उठाके कोई जिस तरह दुआ मांगे है

लाख मुन्कर सही पर ज़ौक़ परस्तिश मेरा
आज भी एक सनम एक ख़ुदा मांगे है

Original text of the poem written in Urdu

Was the Grass Yellow Here?

Facing the river, we
were sitting on the grassy bank.
Suddenly he stood up
and
turning his back towards me
walked away
with long strides.

So long we had sat together
we were intimate—
why then did he turn away?

Was it that he had heard
the sound of an inevitable waterfall?
Or was it
some other obscure sound?

He walked suddenly
with long strides
and definitely at an odd time
without an excuse—
who'll explain this strange behaviour?

Was the river dry here
or the grass yellow?

288

Ishita Bhaduri

Translated from the Bengali by Boudhayan Mukhopadhyay

या घास पीली थी?

किनारे पर नदी के,
घास पर बैठे हुये थे हम
अचानक वो उठा, और पीठ देकर
लम्बे डग भरता हुआ
चला गया—!

सिमट के पास थे बैठे हुये,
जब तक वहां पर थे
भला मुंह मोड़ कर क्यों वो—
चला गया—!

सुनी क्या आबशारों की
कोई आवाज़ उसने?
या कोई आवाज़ थी ख़ुफ़िया?

अचानक लम्बे डग भरता हुआ वो—
चला गया—!
बड़े बेवक़्त,
बिना कारण,
बताये कौन ये, अजब चलन उसका?

नदी सूखी थी क्या?
यहां पर?
या घास पीली थी?

Mask

I get up
and put on the mask
till I retire to bed.
Over the years it has been
dearer and dearer to me.

Donning it,
I play different roles,
deliver different dialogues,
and throw different expressions
at different people.

I try my best to keep
everybody happy and agile.

All have forgotten
that I too have a face
of my own, and,
when I exhibit it,
when I exhibit it,
they fail to recognize.

Manu Dash

Translated from the Odiya by the poet

289

मख़ूटा

मैं उठते ही,
पहन लेता हूं चेहरे पर मखूटा
जो सोते वक़्त उतरता है
बहुत बरसों से, मेरा उन्स है उससे

पहन कर वो कई किरदार अदा करता हूं मैं
अलग लोगों से मिलते वक़्त
रंग-भाव बनाता हूं

इसी कोशिश में रहता हूं
सभी को खुश रखूं, होशियार रखूं

मेरा अपना भी इक चेहरा है लेकिन वो,
किसी को याद नहीं है
दिखाता हूं कभी मैं तो
कोई पहचानता नहीं मुझको!

Dance

When the labourer woman
Roasts her heart on the tawa,
The moon laughs from behind the tree
The father amuses the younger one
Making music with bowl and plate
The older one tinkles the bells
Tied to his waist
And he dances
These songs do not die
Nor the dance in the heart …

Caste

You have me, do you?
Even though you belong
To another caste
But do you know
Our elders do not
Even cremate their dead
At the same place?

Words

Words have been
Uttered
Long before us
And for
Long after us
Chop off every tongue
If you can
But the words
have been uttered.

290

Lal Singh Dil

Translated from the Punjabi by Nirupama Dutt

नाच

मजूर औरत...
जब अपना दिल तवे पर सेंकती है
तो ऊपर पेड़ के पीछे से चांद हंसता है
कटोरी और थाली को बजा कर बाप,
बहलाता है छोटे को
बड़ा घुंघरू बजाता है कमर से बांध कर
और नाचता है
ये गीत मरते नहीं—
ना दिल का नाच मरता है!

ज़ात!

मुझे तुम प्यार करते हो
तुम्हारी ज़ात अलग है मुझसे, फिर भी
तुम्हें मालूम है क्या?
बड़े पुर्खे हमारे!
एक ही जगह मुर्दे जलाने की इजाज़त भी नहीं देते!

लफ़्ज़!

'लफ़्ज़' बोले जा चुके हैं
हमसे पहले भी—
हमारे बाद रहेंगे
ज़बानें काट दो—बेशक,
मगर...
'लफ़्ज़' बोले जा चुके हैं!

A Pair of Glasses

It's with glasses
in front of my eyes and on my nose
that I see the world.

I need glasses
to see my neighbour and the washerman
and the postman,
to see Radha and Krishna walking along the road,
or to see Radha as Radha
and Krishna as Krishna.

Glasses are the doors
through which I talk to a stranger,
a guest, a friend.
Through the glass, I speak
to children, flowers
and God.

Glasses for my daydreams
and for my cradle songs.

For my unspoken word
and my unsung song.
Glasses.
Glasses for me.

291

ऐनक

इक ऐनक, रख के नाक और आंख पर
मैं देखा करती हूं, दुनिया

ज़रूरत है मुझे ऐनक की
पड़ोसी, धोबी, और मैं डाकिये को देख पाऊं
मैं राधा और कान्हा को सड़क पर जाते देखूं
कि देखूं राधा को राधा, कृष्ण को कृष्ण की तरह!

ये ऐनक एक दरवाज़ा है जिससे
मैं हर इक अजनबी से बात करती हूं
वो मेहमान हो, या कोई दोस्त हो वो,
मैं ऐनक ही से बातें करती हूं,
बच्चों से, फूलों से, ख़ुदा से

ये ऐनक मेरे ख़्वाबों के लिये,
और पालने के गीत गाने के लिये है
है मेरे अन-कहे शब्दों को, गीतों को,
मेरी ऐनक!

In my childhood
I had no glasses.
All great men wear glasses.
All wearers of glasses are great.
My childhood—without glasses.
The textbook Gandhiji,
the cane-wielding math teacher,
and Appunni, the postman.
Or, for that matter,

behind every pair of glasses that's taken off
a great man.
In my childhood
I had no glasses.

But today,
like the gods and prophets
who have haloes,
the scholar who has a bald head,
or the rich man who has a potbelly,
I too have
a pair of glasses.

Savithri Rajeevan

*Translated from the Malayalam by K. Ayyappa Paniker
and Arlene Zide*

मेरे बचपन में, लेकिन
मेरी ऐनक नहीं थी
बड़े लोगों के ऐनक थी
पहनते थे जो ऐनक—सब बड़े थे
किताबों में थे गांधी जी
छड़ी वाले मेरे टीचर
अप्पुनी पोस्ट मैन,
हर इक ऐनक के पीछे
बड़ा कोई आदमी था—
मेरे बचपन में लेकिन
मेरी ऐनक नहीं थी!

मगर आज—
ख़ुदाओं और अवतारों की तरह,
जिन के पीछे हाला होता है
या गंजा दानिश्वर हो
या हो धनवान कोई तोंद वाला
मेरे पास भी इक ऐनक है!

Time

Maybe, I'll find
maybe, I'll never find
those charming eyes seen in that dream
that twinkled like those stars
in whose dark depths
I became lonely

Somewhere at the bend of the road I heard such a flute
that charmed me like a rain.
Even in my dream I startle
and all alone grope for my voice
lost long ago in the lonely backwaters of blood.

Now it's gone and unlikely to be found tomorrow
even for a day a fruit that swayed
like the breasts of a fallen woman
in whose blue flames of desire I wanted to go up one day

Will I see in the deep darkness of cold bodies
the wish of the dying light
the raging thirst of the parched lips
had sorrow held on the sly a festival
of wishes somewhere on the grass carpet.

292

Sameer Tanti

Translated from the Assamese by Nirendra Nath Thakuria

वक़्त

मुझे मिल जायें शायद
कभी न मिल सकें शायद
नशीली आंखें जो सपने में देखी थीं
सितारों की तरह तो टिमटिमाती थीं
सियाह गहराइयों में जिसकी, तन्हा हो गया हूं।

कहीं इक मोड़ पर, रस्ते के, ऐसी बांसुरी मैंने सुनी थी
जो पागल कर गई थी
मैं सपने में भी अक्सर चौंक जाता हूं
अकेला ढूंढ़ता हूं मैं सदा अपनी
हुई मुद्दत जो वीरानों में ख़ूं के खो गई थी।

गई वो, अब बहुत मुश्किल है कि कल मिल सकेगी वो
अगरचा एक दिन झूला था फल
गिरी औरत की छाती की तरह से
मैं किस आरज़ू की नीली लपटों में किसी दिन जाके जलना था!

नज़र आयेगी क्या, ठंडे अँधेरे जिस्मों के अन्दर
किसी बुझती हुई-सी रौशनी की आरज़ू
सुलगती प्यास ख़ुश्क होंठों की
हरे सब्ज़े पे क्या ग़म ने
लगा रखा है मेला आरज़ुओं का?

Ghazal

With our sorrow we cannot go anywhere
Let us rearrange the litter scattered in the house

Lamps which fear not the winds
These lamps to be saved from winds

Entry to a garden needs some manners
Do not shoo away any butterfly from flowers

Everyone has not the courage to commit suicide
For some more days let me torture others

Mosque is far away from home let us do such things
We make some weeping child laugh

Nida Fazli

Translated from the Urdu by Gautam Nadkarni

293

ग़ज़ल

अपना ग़म ले के कहीं और न जाया जाये
घर में बिखरी हुई चीज़ों को सजाया जाये

जिन चिराग़ों को हवाओं का कोई ख़ौफ़ नहीं
उन चिराग़ों को हवाओं से बचाया जाये

बाग़ में जाने के आदाब हुआ करते हैं
किसी तितली को ना फूलों से उड़ाया जाये

ख़ुदकुशी करने की हिम्मत नहीं होती सब में
और कुछ दिन अभी औरों को सताया जाये

घर से मस्जिद है बहुत दूर चलो यूं करते हैं
किसी रोते हुये बच्चे को हंसाया जाये

Original text of the poem written in Urdu

The Sanctum

Have you come to pay tributes?
Please arrive!
But at present, there is no God
In this temple ...
Never mind, the sanctum is there.
There is a throne too—all in silver ...
Lamps standing in front—all in gold ...
These robes—diamond bedecked ...
Everything exquisite—in its place
You may pay tributes to them as well!

Now come this side.
Ring that bell.
Can you see that vacant sanctum?
No—not so,
It was not like that before—
He used to be there inside,
Would get up at the strike of the dawn prayer
And go to bed after the bedtime prayer.
Would take a supper at noon behind the closed doors—
And a two-hour nap too—
Everything was going on smoothly ...

Heaps of coins
And precious jewellery were
Getting accumulated at his feet ...
Cacophony of car horns honking
At the temple's south gate,
Incessant chanting of hymns,
Velvety silk apparel, terrene suit folding in obeisance
And bank balances galloping at the speed of antelopes ...
Everything happened as planned.

गर्भगृह

दर्शन करने आए हो क्या?
आओ–
लेकिन इस मन्दिर में...
इन दिनों भगवान नहीं हैं
'गर्भगृह' है, चांदी का छत्तर है
सोने का दीपक,
हीरों की झालर,
उनके दर्शन करने में भी
हर्ज नहीं है।

घंटा बजाइये,
आइये, इस जानिब आ जाइये!
देखा ख़ाली गर्भ आपने
ऐसा नहीं है...
वो भी हुआ करता था कभी

भोर आरती पर उठता था
सेज आरती पर सोता था
बन्द कर के दोनों दरवाज़े
बारह बजे खाना खाता था
दो घन्टे 'सुस्ताता' था
सब कुछ ठीक ही चलता था,
ढेरों चढ़ावे चढ़ते थे
मोती और जवाहर के भी,
पैरों में पड़ते थे आकर।

दक्खिन के दरवाज़े पर,
कारों का शोर-ओ-गुल रहता था
मन्तर पाठ गूंजा करता था,
रेश्मी साड़ियां, सिल्की सूट

But that day, alas,
Our bad luck.
Some dastardly leper
Stumbling in with the crowd at the north gate barricade
Bellowed—
'Bappaji—Come out!'
And lo,
On the next day at the dawn prayer
We found
The sanctum to be vacant!

We have already reported to the police ...
Come back?
He may, perhaps ...
But had he stayed there
In that lepers' colony,
Then
Our trustees will have to consider
Whether to allow him
Again into this sanctum—or not.
As such,
We have already contacted Jaipur
For another idol ...
Till then,
Well, pay tributes to this Sanctum.

To tell you the truth,
Sanctum is all that counts ...
If it is safe,
Idols—aplenty!

Kusumagraj

Translated from the Marathi by C.B. Sahastrabudh

सामने सजदे में दोहरे हो जाते थे।
बैंक अकाउंट हिरनों की चाल उछलते थे
सब होता था,
जो चाहिये वैसा था!

लेकिन इक दिन,
बद-क़िस्मती अपनी,
उत्तर के दरवाज़े पर ही अटका हुआ
कोढ़ी एक भिखारी,
ऊंचे सुर में चिल्लाया... बाप्पजी!
बाप्पजी! चल बाहर आजा!

पौ फटते जब...
भोर आरती का वक़्त हुआ
'गर्भगृह' वो ख़ाली था!
पुलिस में इतला,
दर्ज करा दी है हम ने!
वापस? शायद आ भी जाये।
लेकिन कोढ़ियों की बस्ती में
एक बार रहा तो
वापस रखे या कि नहीं,
ये सोचना होगा!

अपने 'ट्रस्टीज' की यूं तो
ख़त-व-किताबत जारी है जयपुर के साथ,

दूसरी मूर्ति लेनी है
लेकिन फ़िलहाल,
'गर्भगृह' के दर्शन कीजिये
वैसे कहें तो
'गर्भा' ही तो सबसे अहम है!
गर्भा सलामत,
भगवान हज़ार!

Untitled

The writings are changing again. As the train changes lines
Like the village girl who wakes up one morning
To be forcefully married off
Like the sky changes colours, the familiar words are changing their skin
Pitchers parading as bottles, darkness overcomes Benjamin
I climb up to the terrace instead.
When I look up, someone has spread a sheet
You are responsible for all this.
But not just you, there is an urge too, to waste words on this and that,
A script full nonsense and gibberish.
A serpent slithers into the backbone, the one that changes its skin
I think of writing about the sea.
But writing reveals a freshly baked dessert to me!
A tiny puff of breath from you and all the grains of sand flee …

Srijato

Translated from the Bengali by Amrapali Saha

295

अनटाईटल

ज़बां फिर से बदलने लग गई है
कि जैसे रेल, पटरियां बदलती हैं
कि जैसे गांव की लड़की सुबह जागे,
ज़बरदस्ती बियाह दी जाये फ़ौरन ही!

कि जैसे आसमां के रंग बदलते हैं
बदलने लग गई है लफ़्ज़ों की चमड़ी
घड़े, अब बोतलों में सज रहे हैं
मैं छत पर चढ़के ऊपर देखता हूं

किसी ने तान के रखी है चादर
तुम्हीं हो ज़िम्मेदार इसके—
मगर तुम ही नहीं—
लगा है शौक़ बिखराने का लफ़्ज़ों को, हर इक जानिब
मस्वदा भर गया बेकार और बेमानी लफ़्ज़ों से

कोई सांप रेंगता है रीढ़ की हड्डी में,
वही जो केंचुली बदलता है
समन्दर पर मैं लिखना चाहता हूं
मगर अल्फ़ाज़ तपता एक रेगिस्तान दिखाते हैं
ज़रा-सी सांस लो तो, रेत उड़ने लगती है!

Reading Habits

I cut off my head and bought a hat
in exchange for it;
I lopped of my ears and got a radio
in their place;
I gouged out my eyes and in exchange
I bought a lamp;
My hands I severed and in return
I got a wrist watch;
slicing away my feet, I bartered them
for a pair of shoes;
and in exchange for myself
I secured a house.

Today putting on the hat,
turning on the radio,
lighting the lamp,
wearing the shoes,
with the watch on the wrist,
I sat in that house
and read a little story;
and it is written in it
that reading habits have not declined.

K. Ayyappa Paniker

Translated from the Malayalam by the poet

296

पढ़ने की आदत

काट के अपना सर मैंने, इक हैट ख़रीदा
कान कटा के उनकी जगह पर रेडियो लाया
आंखें निकालीं और बदले में लैम्प ख़रीदा
अपने हाथ कटा कर मैंने 'रिस्ट वाच' ली
पांव काट के अपने, इक जूतों की जोड़ी ली बदले में
और ख़ुद के बदले में इक घर हासिल किया

अब हैट लगा कर
रेडियो चला कर–
पहन के जूते
और घड़ी कलाई पर
मैं घर में एक कहानी पढ़ने बैठा
उसमें लिखा है
लोगों के पढ़ने की आदत गई नहीं!

All Through the Day

The whole day is spent
In trying to locate the dumb postman,
With the broken harmonium in hand.

The entire night is spent
In making the blind old man
In the neighbouring house understand
What exactly darkness looks like.

Among other jobs, one:
Keeping the birds away,
Decorating oneself as a ghost;
Two: to call back the birds
In a ghost's costume;
Three: to keep the birds away;
Four: to call the birds back again.

Through all this I am conscious,
Like the water which knows how
The invisible breeze plays upon it;
I also know a grey hand seeks me
Through the day and all through the night.

297

सारा दिन

दिन गुज़र गया तमाम
गूंगे पोस्ट मैन की तलाश में
हाथ में टूटा हुआ हारमोनियम लिये हुये

रात पूरी ख़र्च हो गई
साथ के मकान में
एक अन्धे बूढ़े को बताने में
अँधेरा कैसा दिखता है

एक काम ये भी सारे कामों में
भूत बन के पंछियों को दूर उड़ाते रहना
दूसरा बुलाना पंछियों को, भूत के लिबास में
तीसरा उड़ाना पंछियों को, दूर-दूर...
चौथा, पंछियों को फिर बुलाते रहना

इसके दरमियान में,
होश और हवास ही में रहता हूं
जैसे, पानी को पता है जब हवायें खेलती हैं
उस की सतह पर!
ये भी जानता हूं एक खुफ़िया हाथ,
मेरी तलाश करता रहता है

I suppose, at this time
I should bend the branches and the fruits
And the flowers so they can reach
The hands of these mischievous children;
I must tear off my shirt
And throw it into the water under the bridge.

In any case, whatever I have been seeking
Has remained so for a long time now.

Soubhagya Mishra

Translated from the Odiya by Bibhu Padhi

शायद ऐसे वक़्त में,
शाख़ें और फूल फल मुझे,
नीचे करने चाहिये कि बच्चों के शरीर हाथों
तक पहुंच सकें!
फाड़ देनी चाहिये मुझे क़मीज़ और फेंक देनी चाहिये
वो पुल के नीचे पानी में—!

बहरहाल जो भी मैं तलाश कर रहा था अब तलक,
वैसा ही है—और काफ़ी लम्बे अरसे से!

My Country Has Two Allahs!

My country has two Allahs:
La ila and Martial Law!
One lives high above the skies,
The other on terra firma lies;
One is simply called Allah,
The other is named General Zia.
Three cheers for General Zia!
Bravo! Bravo! General Zia!

What fun for our lovely land!
Wherever we go armed forces stand.
It happened only yesterday,
And will again another day,
A hundred thousand quit the field,
To give up half their country's land.
Three cheers for General Zia!
Bravo! Bravo! General Zia!

Ustad Daman

Translated from the Punjabi by Waqas Khwaja

298

दो अल्लाह हैं अपने मुल्क में

दो अल्लाह हैं अपने मुल्क में
लाइल्लाह और माशाल्लाहा!
एक फ़लक पे रहता है
दूजा ज़मीं पर डटा हुआ है
एक का नाम है सिर्फ़ अल्लाह
दूजे का है जनरल ज़िया!
हिप हिप हुर्रे जनरल ज़िया!
ज़िन्दा बाद जनरल ज़िया!

जाओ जिधर भी मौज ही मौज
हर तरफ़ है फ़ौज ही फ़ौज
कल की बात है, कल हुआ था
कल भी ऐसा ही कुछ होगा
लाखों छोड़ गये मैदान
आधे मुल्क से हुये फ़रार
हिप हिप हुर्रे जनरल ज़िया!
ज़िन्दा बाद जनरल ज़िया!

I Have Seen This Scene Before

I have seen this scene before
A whole army standing entrenched
With guns on shoulders, ready to fire
And, in front, a crowd of people
Waving hands;
Perhaps it is 1919, and Amritsar
Somewhat like Jallianwala Bagh.

Or maybe it is the scene of Lahore in 1936:
The day of the freedom struggle's annual assembly.

So much in this scene seems to be familiar
The faces appear to be known
The despondency and anger on their faces
Their ages, their emotions
All of this, I am acquainted with.

Maybe, it is 1942 in Allahabad:
In a railed – off island
In the centre of the town square
An entire army in readiness
Lines drawn, their guns ready to fire
And in front a mob of people
Waving hands;
Their fists clenched
The same flag in their hands
The same slogans on their lips
The bullets fired in the same way
Some people dying as they died before
Blood flowing the same way on this very street.

299

एक मंज़र

ये मंज़र पहले देखा है!
फ़ौज की फ़ौज खड़ी है जम कर
बन्दूकें ताने कन्धों पर
और हुजूम इक लोगों का, बाहें लहराता
शायद उन्नीस सौ उन्नीस, और अमृतसर है
जलियाँवाला बाग़ से मिलता जुलता है

या उन्नीस सौ छत्तीस में लाहौर का मंज़र
तहरीके आज़ादी के उस सालाना जलसे का दिन है

इस मंज़र में कितना कुछ जाना पहचाना सा लगता है
इन लोगों के चहरे भी पहचाने से हैं
इन चहरों पर मायूसी और गुस्से की तहरीरें भी
उनकी उम्रें, उनके जज़्बे
मैं उन सब से वाक़िफ़ हूं

हो सकता है, सन् उन्नीस सौ बयालीस था और इलाहाबाद था
चौक के बीचों बीच बने इस गोल जज़ीरे के जंगले में
फ़ौज की फ़ौज खड़ी थी जम कर
दायरा खींचे, बन्दूकें ताने कन्धों पर
और हुजूम इक लोगों का, बाहें लहराता
बल्ली बल्ली हाथ उछलते हुये हवा में, मुट्ठियां भींचे
लोगों के हाथों में तब भी
ऐसा ही इक झन्डा था
नारों की आवाज़ यही थी

इसी तरह से चली थी गोली
इसी तरह कुछ लोग गिरे थे

But, in the railed – off island
In the centre of the square
The statue then was of an Englishman
Today, it is a statue of Gandhi...

But now...
Now the year is 2019!

Gulzar

Translated from the Urdu by Pavan K. Varma

इसी सड़क पर ख़ून बहा था
चौक के बीचों बीच मगर, इस लोहे के जंगले के अन्दर
इक अंग्रेज़ का बुत था पहले
अब गांधी की मूर्ति है

लेकिन अब तो...
सन् दो हज़ार उन्नीस है!

Original text of the poem written in Urdu

The City

You have seen many big cities, my heart
The bricks and stones of those cities
The dreadful plundered eyes of words, work, hope, despair
Have burnt to ashes within my bitterness
But still I have seen the sun rise by the enormous cloud over
the city
Seen the sun across the river at the harbour
Its load like the amorous peasant's in the orange field of
the clouds
Above the gaslights and high towers of the city too I have
seen—stars
Flying towards a southern ocean like a multitude of wild
swans.

Jibanananda Das

Translated from the Bengali by Arunava Sinha

300

महानगर

देख चुके हो महानगर तुम बड़े-बड़े, ऐ दिल
ईंटें उनकी, पत्थर उन नगरों के
और भयानक लुटी हुई लफ़्ज़ों की आंखें,
मेहनत और उम्मीदी और मायूसी की
तल्ख़ी भर दी, फूंक के सब कुछ राख किया
फिर भी मैंने देखा है—
सूरज को निकलते, शहर पे छाये घोर घने बादल के ऊपर से
दरया के पार बंदरगाह पर, देखा सूरज
बोझ उठाये, जैसे किसान लौटे खेतों से, शाम ढले!

गैस लाइट पर, और नगर के ऊंचे मीनारों पर भी,
तारे देखे हैं मैंने
उड़ते हुये सागर की तरफ़—
जंगल की कूंजों की तरह!

Palimpsest

Only a few fragments remain
of the original manuscript of
my life...
The page is falling apart
the script is hard to decipher,
the letters faded, the bright words obscured,
eaten by termites, the page scored and wounded.
leaving only hints
of the original text.

Memories flare
like dying forest fires
in scorched terrain.
A few words sear
through the smouldering pages,
vivid as in an illuminated manuscript...

Anna Sujatha Mathai

Written originally in English

301

मसवदा

बहुत ही थोड़े बचे हैं टुकड़े
मेरी हयात के मसवदे के
उखड़ के गिरने लगे हैं सफ़हे
लिखायी पहचानना है मुश्किल
कि हर्फ़ धुंधला गये हैं, अल्फ़ाज़ मिट रहे हैं
लगी है दीमक और फटे मैले ज़ख़्मी सफ़हे
फ़क़त इशारे ही मिलते हैं अब,
इबतदायी इबारतों के

सुलगती है यादें, आग जंगल की बुझ रही हैं
कहीं झुलसती ज़मीं के ऊपर
सुलगते सफ़हों पे, लफ़्ज़ कुछ जल रहे हैं अब तक
वही नुमायां हैं, बाक़ी रौशन मसवदे में!

Children's Market

Want to sell a child
Want to sell a child
Want to sell a child

Dead or living?
Stale of fresh?

It's still hopping
It's body very fresh
It was struck by just one bullet;
You won't find anything fresher
Than this one, my friend.

Thangjam Ibopishak

Translated from the Manipuri by Robin S. Ngangom

302

मार्किट

इक बच्चा बेचता हूं
इक बच्चा बेचता हूं

ज़िन्दा लो या मुर्दा
बासी लो या ताज़ा

हुमक रहा है अब तक
और ताज़ा जिस्म है अब तक
सिर्फ़ एक ही गोली लगी है
और इस से ताज़ा कोई
कोई नहीं मिलेगा!

Space

I know
The sorrows of the broken chair
The curtain-less windows
The cobwebs on the clock
The midnight cockroaches that multiply
The loss of privacy in a latch-less bathroom.

I know
That all these jobs have to be completed
Before the children return home.

Still, to this day,
I don't get one thing:
The attachment to this space as mine and
My exile from the ancient caves.

Salma

Translated from the Tamil by V. Geetha

303

जगह मेरी

मुझे मालूम हैं
टूटी हुई कुर्सी की तकलीफ़ें
बिना परदों के नंगी खिड़कियां
घड़ी पर मकड़ी के जाले
और आधी रात, कोकरोचों का बढ़ना
बिना कुन्डी गुसलख़ाने की ये बेपरदगी

मुझे मालूम है
ये सारे काम पूरे करने होंगे,
बच्चों के घर लौटकर आने से पहले

मगर अब तक—
समझ आती नहीं इक बात—
मेरा इस जगह से रिश्ता, 'ये मेरी है!'
और—
निकलना उन क़दीमी ग़ारों से मेरा!

Will Be Killed

Those who not participate in this madness
Will be killed
Those who oppose, will be made to stand in the witness box
Those who speak the truth
Will be killed

It will not be tolerated that someone else's shirt
Be whiter than 'Their' shirt
Those wearing spotless shirts
Will be killed

Pushed away from the world of Art
Will be those who are not bards
Those who do not plod
Will be killed

Flying the flag of religion
Those who do not participate in the rally
Will be short brutally
Will be named atheist
Biggest crime this time is
To be unarmed and to be innocent
Those who are not criminals
Will be killed.

304

Rajesh Joshi

Translated from the Hindi by Nirupa Joshi

मारे जायेंगे

जो इस पागलपन में शामिल नहीं होंगे
मारे जायेंगे
कटघरे में खड़े कर दिये जायेंगे, जो विरोध में बोलेंगे
जो सच-सच बोलेंगे, मारे जायेंगे

बर्दाश्त नहीं किया जायेगा कि किसी की कमीज़ हो
'उनकी' कमीज़ से ज़्यादा सफ़ेद
कमीज़ पर जिनके दाग़ नहीं होंगे, मारे जायेंगे

धकेल दिये जायेंगे कला की दुनिया से बाहर, जो चारण नहीं
जो गुन नही गायेंगे, मारे जायेंगे

धर्म की ध्वजा उठाये जो नहीं जायेंगे जुलूस में
गोलियां भून डालेंगी उन्हें क़ाफ़िर करार दिये जायेंगे

सबसे बड़ा अपराध है इस समय
निहत्थे और निरपराध होना
जो अपराधी नहीं होंगे
मारे जायेंगे!

Original text of the poem written in Hindi

Mobile Tombs

Many a person has died within me
Twelve years it has been
Since the demise of some.
Decades went by
And other losses not long past.

There were people
Their deaths consequent upon lacking conscience
Others crushed
Beneath the debris of their hardened ego
And those
That perished as rivers of affection ran dry.

There were those
I placed high on the pedestals of regard
But who fell from my eyes, self-destructing

And those
Whose lives, no effort could save;
Sick, who lay upon the bed of my soul
For long
Till they too breathed their last.

Between work, home, roads and crowds
With every passing day
Several mobile tombs I visit
In graveyards that come my way.

305

Abdul Ahad Saaz

Translated from the Urdu by Nyela Saeed and Sadia Raval

ज़ियारत

बहुत से लोग मुझ में मर चुके हैं...
किसी की मौत को वाक़्य हुये बारह बरस बीते
कुछ ऐसे हैं कि तीस इक साल होने आये हैं अब जिनकी रहलत को
इधर कुछ सान्हे ताज़ा भी हैं, हफ़्तों महीनों के।

किसी की हादसाती मौत अचानक बेज़मीरी का नतीजा थी
बहुत से दब गये मलबे में दीवार अना के आप ही अपनी
मेरे कुछ राबतों की ख़ुश्क साली में।

कुछ ऐसे भी कि जिनको ज़िन्दा रखना चाहा मैंने अपनी पलकों पर
मगर ख़ुद को जिन्होंने मेरी नज़रों से गिरा कर ख़ुदकुशी कर ली

बचा पाया न मैं कितनों को सारी कोशिशों पर भी
रहे बीमार मुद्दत तक मेरे बातिन के बिस्तर पर
बिलाख़िर फ़ौत हो बैठे

घरों में, दफ़्तरों में, महफ़िलों में, रास्तों पर
कितने क़ब्रिस्तान क़ायम हैं
मैं जिनसे रोज़ ही होकर गुज़रता हूं
ज़्यारत चलते-फिरते मक़बरों की रोज़ करता हूं!

Original text of the poem written in Urdu

The Poet in Silence

When the mahula flower
outwits the stalk
and falls to its bed of dust
don't weep, dear poet.

There are no dreams
no lutes any longer.
The pale orphan morning
will again stand at each step
of the falling flower
at each knock of anguish.

When the howling rains
rend the sky of the heart,
dam up the floods of anguish
in the veins, dear poet,
be silent.

When the flowers wither and fall,
when the orphan child
cries in his dream in a long night
dark and many-lives long,
when the injured wind wails
below your window
and the tired sparrow gets lost in the sky
once again, dear poet,
be silent.

306

ख़ामोशी में शायर

शाख़ को जुल देकर जब महवा फूल
शाख़ से गिर पड़ता है नीचे मिट्टी में
रोना मत ऐ शायर मेरे
रोना मत!

कोई ख़्वाब नहीं बाक़ी
न गीत कोई
पीली लावारिस सुबह
हर एक क़दम, हर बार ही फूल के
गिरने की रंजिश पर आकर ठहरेगी

जब कुलाती बारिश,
आसमान भर देगी, दिल का
रगों में बहते रंज-ओ-ग़म से,
चुप रहना ऐ शायर मेरे, चुप रहना!

जब मुरझा के फूल गिरें
जब कोई लावारिस बच्चा,
उम्र से लम्बी काली रात में,
ख़्वाब से चौंक के रोने लगे
ज़ख़्मी हवा जब बीन करे,
तुम्हारी खिड़की के नीचे,
कोई थकी-मान्दी चिड़ियाँ जब आसमान में खो जाये
फिर भी चुप रहना ऐ शायर मेरे, चुप रहना!

In the endless pathways of the sun
in its unfathomed abyss of darkness
where, dear poet, is the word

for the ultimate anguish
the pain without a name?

The mahula flower
falls and says
not even a word.

Sitakant Mahapatra

Translated from the Odiya by the poet

सूरज के अनथक रस्तों के
सब अंत हैं तारीकी में
जहां दर्द का आख़री लफ़्ज़ मिले
और दर्द का कोई नाम न हो

महवा का फूल भी गिरता है तो
कोई लफ़्ज़ नहीं कहता—
चुप रहना ऐ शायर, तुम भी चुप रहना!!

Seasons

He came like the first sprout
On the stark, stout tree of winter

As the tree grows green at winter's end
My lovely heart too is green
His coming gives life
Abundant leaves and flowers

And … for the first time
I too grow green

Winter is so painful
Yet I fall in love with winter today

Because, elbowing through the winter mist
And through the stark trees,
He had groped his way to my heart.

Anupama Basumatary

Translated from the Assamese by the poet

307

मौसम

वो पहली कोंपल की तरह ही आया था
मौसम सर्मा के इक रूखे तनावर पेड़ पर

जैसे-जैसे पेड़ हरा होता गया है
सर्दियों के अंत में,
सब्ज़ हो जाता है मेरा प्यारा दिल
ज़िंदगी मिलती है उसके आने से
बेशुमार पत्ते, और फूल!

और— पहली बार
सब्ज़ हो जाती हूं मैं भी!

सर्दियों में दर्द होता है
फिर भी मैं, सर्दियों से इश्क़ करती हूं!

क्यों कि उसने— सर्दियों के कोहरे से और
रूखे पेड़ों से निकल कर
मेरे दिल का रस्ता ढूंढ़ा था!

The Sorrow of Women

They are talking about hunger,
they are saying there is an unquenchable fire
burning in our hearts.
My love, what shall I do?
I am thinking how I may lose you
to war, and big issues
more important than me.

Life is so hard, like this,
nobody knows why.
It is like fire.
It is like rainwater, sand, glass.
What shall I do, my love,
if my reflection disappears?

They are talking about a place
where rice flows on the streets,
about a place where there is gold
in the leaves of trees,
they are talking about displacement
when the opium poppy was growing
dizzy in the sun,
happy, in a state of believing

and they are talking about escape
about liberty, men and guns.
Ah! The urgency for survival.
But what will they do
not knowing the sorrow of women.

308

Mamang Dai

Translated from the Aadi by the poet

ग़म औरतों का

वो भूख की बातें करने लगे हैं
कहते हैं हमारे सीनों में,
न बुझने वाली आग लगी है
महबूब मेरे, क्या करूंगी मैं?
मैं सोचती हूँ, न जंग में खो बैठूं
तुमको, बड़े-बड़े मसलों में!
जो मुझसे ज़्यादा और, अहम हैं!

ऐसे जीना, कितना मुश्किल है
जानता कोई नहीं ये क्यों?
ये आग है जैसे
जैसे बारिश का पानी, रेत और शीशा
क्या होगा मेरा—महबूब मेरे,
गर मेरा अक्स ही ग़ायब हुआ?

सब कहते हैं, वो एक जगह है
धान जहां गलियों में बहता है
वो जगह जहां पे पेड़ों के पत्तों पर सोना उगता है
सब कहते हैं कि कूच करो जब पोस्त के फूल खिले होंगे
ख़ुश रहोगे और यक़ीं होगा

बचने की बातें करते हैं
आज़ादी की, लोगों की और बंदूक़ों की!
उफ़्फ़! जद्दोजहद है जीना भी!
पर क्या करेंगे वो—
जब पता नहीं, औरत का ग़म क्या है!

Lamination

The Scheduled Tribe Certificate card
was issued under seal and signature
of the Sub Divisional Officer,
in the year I was born.

Lest the valuable paper gets soiled,
Mother kept it in the folds of risa[1] and pachhra[2],
within the khuturuk.[3]

After a hundred years, today
the favourite dress of risa and pachhra
has worn out, turning into shreds.

The white ants have eaten up the khuturuk;
but the S.T. Card still remains bright and crisp,
laminated and framed.

Shefali Debbarma

Translated from the Kokborok by Saroj Chaudhuri

309

Risa: bustier; pachhra: cloth worn like long skirt by women; khuturuk: cane basket for storing cloths and garments

लेमीनेशन

वो कार्ड 'पिछड़े क़बीले' के सर्टिफिकेट का
मुहर लगा के, दस्तख़त कर के मिला था
एक अफ़सर से, सब डिवीज़न के,
उस बरस जब हुई थी पैदा!—

कहीं वो काग़ज़ ख़राब न हो
'रिज़ा' और 'पछरा' की तह में रखके, मां ने
'ख़ुतोरुक' में महफ़ूज़ कर लिया था

सदी के बाद, आज
वो दिल पसंद पोशाक
'रिज़ा' और 'पछरा'—
तो फट चुके तागा-तागा होकर
'ख़ुतोरुक' को दीमक ने खा लिया है
मगर वो 'पिछड़े क़बीले' का कार्ड,
बचा हुआ है उसी तरह ताज़ा और चमकीला
लेमीनेट (Laminated) का फ़्रेम कर के!

'रिज़ा' और 'पछरा' एक पोशाक की घाघरा और चोली की तरह; 'ख़ुतोरुक', 'केन' का सन्दूक़; टोकरी जिसमें कपड़े रखे जाते हैं

Since I Am a Woman

Insects have feasted on the yakhtom
I cannot weave clothes;
But I feel like designing patterns,
Since I'm a woman.

When the new paddy arrives during Mamita,
My friends become ecstatic,
My voice lacks tune,
Yet, I want to sing
Since, I'm a woman.

When the seven hills doze off,
When the seven rivers dry up
With a langa full of dreams,
I have to spread myself all over
Since, I'm a woman.

Shefali Debbarma

Translated from the Kokborok by Ashes Gupta

310

मैं औरत हूं ना

ये कीड़े खा गये 'यख़तोम'
मैं कपड़े बुन नहीं सकती
बना सकती हूं लेकिन मैं कशीदे
मैं क्योंकि औरत हूं!—

नया जब धान आयेगा, कटायी में
ख़ुशी से झूमेंगे सब दोस्त मेरे
मेरी आवाज़ अगरचे बेसुरी है
मैं गाना चाहती हूं
मैं क्योंकि औरत हूं!

वो पर्बत सातों सो जायेंगे जब
उतर जायेंगी जब ये सातों नदियां
मैं ख़्वाबों से भरा 'लांगा' कमर पे लेके
ख़ुद को हर तरफ़ बिछा दूंगी!
मैं क्योंकि औरत हूं!

'यख़तोम' - करघा का हिस्सा जो बुनते हुये दबा के रखा जाता है!

लांगा - पीठ पर खुलने वाली टोकरी!

A Black Poem

Let me write a black poem on virgin paper
Let me light up this banquet with unseen, formless silences

The smell of unripe guavas maddens me
It makes my empty eyes brim with wetness

Far away, wild animals growl and snap at each other
Between us, lie endless nights

An uncreased bed stares at me
My body half sleeps, half wakes

And I resolve
To write a black poem.

Shahryar

Translated from the Urdu by Rakhshanda Jalil

311

एक काली नज़्म

मैं कोरे काग़ज़ पर लिखूं फिर एक काली नज़्म
अलख जगाते सन्नाटों से फिर से सजाऊं बज़्म
ग़दर अमरूदों की ख़ुशबू पागल कर जाये
मेरी इन ख़ाली आंखों को जल-थल कर जाये
दूर दरिन्दों की आवाज़ें ख़ुद से लड़ती हों
मेरे इसके बीच में लम्बी रातें पड़ती हों

शिकनों से आरी इक बिस्तर मुझको तकता हो
जिस्म मेरा जब आधा सोता आधा जगता हो
तब मैं करूं ये अज़्म
कि लिखूं कोई काली नज़्म!

Original text of the poem written in Urdu

To a Dead Woman

'I will never forget you.' Such arrogant commitments
Are never forgiven by life. So, no false promise.
May your final freedom find its way along roads not yet
imagined. Let the magic in your face merge with green
leaves
And blend into the play of the seasons, in land and air,
Into the blue of the sky. Let me just keep these words lit
In my heart light tonight—that you were there, still, you
were there.

Buddhadeva Bose

Translated from the Bengali by Arunava Sinha

312

न भूलूंगा...

न भूलूंगा तुम्हें हरगिज़
इरादे इस क़दर मग़रूर हों तो ज़िंदगी कब भूल सकती है
कोई वादा नहीं फिर भी
तुम्हारी दाइमी आज़ादी को मिल जाये काश,
वो रस्ता जो कभी सूझा नहीं होगा
तुम्हारे चेहरे की रौनक़
कहीं घुल जाये जाकर सब्ज़ पत्तों में ही,
और बन जाये रीत इन मौसमों की—
ज़मीं पर और हवा में
या नीले आसमां में
तुम्हारे लफ़्ज़ों को रौशन रखूंगा
मैं दिल की रौशनी में, आज की रात,
कि तुम वहीं थी, कि अब तक तुम वहीं पर थीं!

Obstinacy

The dead are
obstinate.
They refuse to drink
even if it is Ganga water
you drop into their mouth.
They won't care
even if we break
our heads against the wall.
We cannot open
their folded fingers
without breaking them.
They won't even scowl once
when earth falls
or fire devours them.
What they have decided not to do,
they won't do, come what may.

Kalpatta Narayanan

Translated from the Malayalam by the poet

313

ज़िद

ज़िद्दी होते हैं जो—मर जाते हैं
पीने से इन्कार है उनको
चाहे गंगा जल हो
बेशक उनके मुंह में डाल दो!
परवाह नहीं करते, दीवार से जितना सर फोड़ें

खोल नहीं सकते, बंद उंगलियां हम
जब तक तोड़ न दें
हिलने को तैयार नहीं हैं
चाहे ज़मीं फट जाये
चाहे आग झुलसा दे

एक बार जो फ़ैसला कर लें, नहीं करेंगे
नहीं करेंगे, चाहे कुछ हो जाये!

The Abortion

The bed does not speak
The bed of unspoken words
Pain congealed on the cold metal bed
Where dreams lie with broken faces.

She had climbed up
On steps of broken glass
From love towards a loveless bed
Towards these gloved hands.

A foetus wails in sorrow
Slipping down the canal
The other cry climbs up
From the bowels below the navel
Clutching at her heart.

Who knows how
What has been shed today
Will snap away at her
All her life
The lonely way of a foetus.

Not that anything can
Be said today at all
The gloved hands whisper close
Everything is in order

314

अबॉर्शन

वो बिस्तर कुछ नहीं कहता
वो अनकहे लफ़्ज़ों का बिस्तर
जहां पर जम गया है, दर्द, ठंडे
एक लोहे के पलंग पर
जहां पर ख़्वाबों के टूटे हुये चेहरे पड़े हैं!

वो टूटे कांच पर रख कर क़दम
ऊपर चढ़ी थी
मुहब्बत से, बस, इक बेरहम बिस्तर की तरफ़
उन हाथों की तरफ़, दस्ताने जो पहने हुये थे।

हमल रोता हुआ नाली से नीचे की तरफ़ फिसला
वहीं इक सिसकी ऊपर चढ़ गई,
नाभी की नाड़ी निकल कर,
जकड़ने दिल उसका!

किसे मालूम कि आज क्या गिरा है
कटा जो, ज़िन्दगी भर काटेगा उसको
ये सूना-सूना रस्ता, इक हमल का!

नहीं कुछ भी नहीं कह सकते आज — उस पर
कहा सरगोशी में दस्ताने पहने हाथों ने
कि सब कुछ ठीक है

In order the unspeaking bed
The tidy grave of passion
Under society's alarmed gaze.

The girl lies, drowned
In blood, scoured out of her uterus.

Nilima Thakuria Haque

Translated from the Assamese by Hiren Gohain

सब कुछ ठीक है ख़ामोश बिस्तर पर,
है बिलकुल साफ़-सुथरी कब्र जज़्बे की
ये सब, निगरानी में सोसाइटी की!

पड़ी थी ख़ून में डूबी वो लड़की
जो उसकी कोख से बहता रहा है!

The Night Did Not Stop at All

You said, 'Stop', and yet
the night did not stop at all.
Like unknown birds
in an unknown land
the fleeting touch
of a half-acquainted feather,
plaintive, lingering,
remained behind …
You said, 'Stop', and yet
the night did not stop at all …

The sensitive glass of the mist
was breaking; one felt
and through that seen, scattered—
the mysterious Japanese fan
with brightly coloured pictures …
it opened on the horizon
… just to melt away …
You said, 'Stop', and yet
the night did not stop at all …

The delicate sleeping pitcher of the night
filled with the water of dreams—Yamuna
was emptied again,
the cowherd maidens among the trees
were hidden in the veils of darkness,
I learnt that they were not there!
Both realized

315

वो शब ठहरी नहीं, बिलकुल

'रुको'! तुमने कहा था, पर
वो शब ठहरी नहीं, बिलकुल!

परिन्दा, अजनबी जैसे
किसी अनजान इलाक़े का
कुछ अध पहचाने से 'पर' का
बस हल्का-सा छुवां देकर निकल जाये
और इक अहसास रह जाये
'रुको'! तुमने कहा था, पर
वो शब ठहरी नहीं, बिलकुल!

बड़ा नाज़ुक-सा शीशा कोहरे का टूटा
लगा कि उसके पीछे
बिखर के 'जादुई जापानी' पंखा-सा खुला कोई
बड़ी ख़ुश रंग तस्वीरें लिये
...पिघलने के लिये वो भी—!
'रुको'! तुमने कहा था, पर
वो शब ठहरी नहीं, बिलकुल!

ये नाज़ुक 'नींद मटकी' रात की
भरी थी ख़्वाब की जमुना के पानी से
हुई ख़ाली वो फिर से
ग्वालने — दरख़्तों वाले रेवड़ की
छुपी थीं सारी अँधेरे के पर्दे में

the trees were trees
old night of branches
and green leaves
sprouted, only to drop after ripeness.

Mangesh Padgaonkar

Translated from the Marathi by Prabhakar Machwe

समझ आया, वहां कोई नहीं है!
कि पेड़ हैं पेड़, आख़िर
पुरानी रात... हरी शाख़ों की, पत्तों की
रुकी थी पक के गिरने के लिये ही!

Moment

On the shoulder of darkness
Resting the cheek
Sleeps the water
At the closed window
Blind
Lonely
Speechless,
Shines the moment …

Rajendra Shukla

Translated from the Gujarati by Prabhakar Machwe

316

लम्हा

अँधेरे के कन्धे पे,
रुख़्सार रख के,
सोते हैं क़तरे—
बंद एक खिड़की के पीछे
ये नाबीना,
ख़ामोश,
तन्हा,
चमकता हुआ, एक लम्हा!

This Earth Is My Earth

These eyes are my eyes
These faces are my faces
These sounds are my whispers
Which I had left scattered in the courtyard on my departure
These mirrors would reflect me,
Which were bound since quite some time
Since long I have not seen my face in any other face.

And now that a window has opened in the prison,
I am surprised when I peep
That the guard even endeavours
To plaster this opening due to an abiding hate
These brutes are so weak
Who live in self-created cells of dangers
Who have always snatched the plough and the pen
For fear of returning peace
And distributed arms supplied by the rulers
But we cannot be divided
Our pains are mutual
Go ahead and apply your force
Create trenches in our paths
Raise walls in the courtyards of our houses
The restlessness of these very people will
Dismantle them into heaps of rubble.

This earth is my earth
These hands are my hands
These eyes are my eyes
These faces are my faces.

317

Shahnawaz Zaidi

Translated from the Urdu by Zafar Hassan

ये मिट्टी मेरी मिट्टी है

ये आंखें, मेरी आंखें हैं
ये चेहरे, मेरे चेहरे हैं
ये आवाज़ें मेरी सरगोशियां हैं
जिनको मैं आंगन में बिखरा छोड़ आया था

जो मेरे आइने थे, क़ैद थे कब से
बहुत मुद्दत से मैंने अपने चेहरे में कोई चेहरा नहीं देखा

और अब जो रोज़ने ज़िन्दां खुला है, झांक कर हैरान होता हूं
कि पहरेदार उसको भी,
किसी दरीना नफ़रत के जुनूं से लेप देना चाहते हैं
ये ज़ालिम किस क़दर कमज़ोर हैं
ख़ुद साख़्ता ख़तरे में रहते हैं
उन्होंने अमन के तौर से हमेशा हाथ से हल और क़लम छीने हैं
और आक़ाओं के हथियार बांटे हैं
मगर हम बट नहीं सकते
हमारे दर्द सांझे हैं
चलो तुम जबर करके देखो
हमारे रास्तों में ख़न्दक़ें खोदो
घरों के आंगनों में दीवारें खड़ी कर लो
उन्हें लोगों की बेचैनी खुरचकर ढेर कर देगी
ये मिट्टी मेरी मिट्टी है
ये बाज़ू मेरे बाज़ू हैं
ये आंखें, मेरी आंखें हैं
ये चेहरे, मेरे चेहरे हैं!

Original text of the poem written in Urdu

Some Painted Images of 1991

Dry Leaf

For the native land
I
Will become
The dry leaf of autumn
Falling from a tree
For a new spring to arrive.

Mute Village

Without listening to this groan
They rip lumps of flesh breathing heavily
The bodies of women
By the leaf-coloured uniforms
At this mute village.

Mother's Dream

Seeing their beloved children
Playing happily among
Bombs of battle, smoke, report of guns
Mothers think
It will be good if it is all a dream.

318

Raghu Leishangthem

Translated from Manipuri by the poet

1991 की ईमेजिज़

ख़ुश्क पत्ता

मैं अपनी धरती की ख़ातिर
बनूंगा—
ख़िज़ां का ख़ुश्क पत्ता—
कि गिर के पेड़ से
नये मौसम को ले आऊं!

ख़ामोश गांव!

कराहटें सुने बिना
वो थरथराते मांस के लोथड़ों को चीर देते हैं
बदन तमाम औरतों के!
वो सब्ज़ पत्तों वाले रंग की वर्दियों वाले
इस ख़ामोश गांव में!

ख़्वाब मांओं के

वो देखती हैं अपने प्यारे बच्चों को
ख़ुशी से खेलते हुये
धुएं में बम की जंग और गोलियों के दरमियां!
मांएं सोच लेती हैं
बड़ा ही अच्छा हो अगर ये सारा ख़्वाब हो!

It Will Not Stop

It will not stop, it will not stop, it will not stop,
This war of hunger will not stop
It will not stop
Until the rule of the looters ends
This armed struggle will not stop
It will not stop,

The plough that dug the furrows
Says these furrows are mine
The hands that planted the saplings
Say these saplings are ours
The sickle that cuts the crop
Says this harvest is ours
It will not stop

The blacksmith's fire is flaring up
The potter's kiln is blazing
The maadiga's tambourine goes dhana-dhana-dhana
Announcing the message in drumbeats
It will not stop

Those who were prostrating themselves
Are now sharpening their daggers
Those who said they were slaves
Are now sharpening their crowbars
Any robbers and looters who come in the way
Will be hacked and piled up
Oh brother
It will not stop

319

रुकेगा नहीं

रुकेगा नहीं ये, रुकेगा नहीं, ये रुकेगा नहीं,
ये जंग भूख की रुकेगा नहीं
रुकेगी नहीं,
लुटेरों की ये हुक्मरानी नहीं ख़त्म होगी, जहां तक
लड़ायी हमारी रुकेगी नहीं
रुकेगी नहीं...

वो हल जिसने गोड़ायी की
वो कहता है 'गोड़ायी उसकी है'
लगायी हैं जिन हाथों ने कोंपलें
हमारी हैं वो कोंपलें
दरांती फ़सल काटती है जहां
फ़सल वो हमारी, कटायी हमारी है वो!
रुकेगी नहीं...

लोहारों की भट्टी में भड़की है आग
कुम्हारों का 'आवा' दहकने लगा है
मनादी धनाधन बजने लगी है
नगारों पे ऐलान होने लगे हैं
रुकेगी नहीं...

जो सजदों में बिछ जाते थे
वो सब तेज़ करने लगे अपने ख़न्जर
समझते थे जो ख़ुद को अब तक ग़ुलाम
वो कसने लगे हैं अब 'कसनियां'

The swarm of ants have moved
The snake's heart is shaken with fear
The sheep have pounced

The wolves have turned tail
The tigers have begun to flee
It will not stop.

Gaddar

Translated from the Telugu by Parsa Venkateshwar Rao Jr. and Antara Dev Sen

लुटेरे अगर आयेंगे रास्ते में
उन्हें काट के ढेर लग जायेंगे
ब्रादर—रुकेगी नहीं...

च्यूंटियों के दल, चलने लगे हैं
कि दिल कोबरों के दहलने लगे हैं
कि भेड़ों ने हमले किये हैं
लगे भागने भेड़िये दुम दबा कर
निकल पड़े हैं गोवओं के रेवड़
लगे शेर भी भागने!
रुकेगी नहीं... रुकेगी नहीं ये लड़ायी!

The Old Men

The venerable doze off in their chairs
After asking the smaller children
To get on with their singing

The country is growing old.

Until the wind feels tired,
Culture will not change.

Bread and fried things
Get stale in the meal box.
The water pouches thrown
On the road have started sprouting.

A shadow keeps sitting on the ridge
See, perhaps it has been crushed
Under that tall signal tower

Keeping the stories of violence
And sweets, the temples increase
With sweetmeat shops on roadsides.

The machines understand our stories;
They build children, pizza and burger.

Like crushing the suppurating wounds.
Now it is common to murder and love.

320

बूढ़े बड़े

ऊंघने लगते हैं कुर्सी में पड़े
बूढ़े बड़े
कह के छोटे बच्चों से
गाते रहो—!

देश बूढ़ा हो रहा है
और हवा जब तक नहीं थकती
ये कल्चर भी न बदलेगा

ये रोटी और सालन
बासी हो जाते हैं डिब्बे में
थैलियां पानी की फेंकी थीं जो रस्ते में
वो खुलने लग गई हैं

एक साया बैठा रहता है मुन्डेर पर
देखना बुलंद 'सिग्नल टावर' के नीचे ही शायद—
दब गया है
फ़साने इन फ़सादों के
बढ़ते मन्दिर,
और मिठाई की दुकाने रास्तों पर

इन मशीनों को समझ आते हैं अफ़साने हमारे
वो बच्चे, पीज़ा और बर्गर बनाती हैं
पीप जैसे फूटती है, सड़ते ज़ख़्मों से
आम है अब इश्क़ भी और क़त्ल भी!

The country is feeling the wounds
And I sit near it.

No one can predict things anyhow.
Give me only the ambulance's
Phone number. Let me

Keep it locked in my chest pocket.

Saroj Bal

*Translated from the Odiya by Bibhu Padhi and
Minakshi Padhi*

देश को एहसास है ज़ख़्मों का अब
पास ही बैठा हूं मैं

जानता कोई नहीं, क्या होने वाला है
सिर्फ़ एम्बुलेंस का नम्बर मुझे दे दो
मैं अन्दर जेब में वो बंद कर लूं!

Waiting

The wind carries
the smell of your cologne,
you have come to the city,
the sky has worn blue
exactly the colour of your shirt.
The Umaim lake is in spate,
even if no one tells me,
I still can feel
you have come.

The winding hilly road,
little blue flowers,
the green pine leaves—
did they sense your arrival?

And I wrapped myself in green,
waiting in this infinite afternoon
for you,
barren, alone, like a stone.

Swarnali Biswas Bhattacharjee

Translated from the Bengali by the poet

321

इंतज़ार

हवा में है
तेरे 'क्लोन' की महक
तू मेरे शहर आया है!
फ़लक ने नील पहना है
तेरी क़मीज़ की तरह
'ओमायेम' की झील-भी छलक गई
कोई भी न बताता, तो भी जान जाती मैं
तू आया है!

पहाड़ी रोड खाती बल
वो नन्हे नीले-नीले फूल
हरे-हरे वो पत्ते पाइन के
उन्हें भी तेरे आने की आहट मिली है क्या?

हरा पहन लिया है मैंने
तेरी मुन्तज़िर हूं बेकरार दोपहर में
अकेली और बंजर चट्टान की तरह!

A Death in the Family

It occurred late at night,
By morning, all had arrived,

They pursed up their lips,
Shook their heads,
After all, he had been old.

So ancient
There was the expected
Hue and cry
And then
They took him away to the pyre.

Soon,
He was lost
Among the flames;
Reduced to a
Smouldering heap of ashes
Dutifully collected
And immersed
In the holy waters.
Now,
Hardly anyone remembers him
He is dead and gone,
Presumably to Heaven
There was the customary ritual.

322

एक मौत

देर रात ही हुआ था ये
सब पहुंच गये थे सुबह तक

चुप थे सब
सर हिला दिये थे, बस,
बूढ़े हो चुके थे वो!

फिर पुराना-सा,
रोना-धोना,
वो जो होना था
और फिर
सब चिता पे ले गये उन्हें

जल्द ही,
वो आग की लपेट में खो गये
राख का ढेर बन के रह गये
फरमाबरदारी से चुन के फूल सब
गंगा में सब बहा दिये

अब—
किसी को याद भी नहीं हैं वो
मर चुके, गुज़र गये,
परलोक के लिये कोई
रस्म थी, वो हो गई

And they clapped their hands,
Crows flew away
Startled
From the coconut trees around,
And paid no heed
To the tasty morsels,
Set for them below.

Anupama Pyarelal

Translated from the Malayalam by the poet

तालियां बजायीं सबने
चौंककर,
कव्वे सारे उड़ गये
आस-पास नारियल के पेड़ों से,
छोड़ कर निवाले उस पकवान के,
जो परोसा था उन्हीं के वास्ते!

The Wheels of Destiny

There is no point in pondering over
Who was at fault and who was not.
The days of torment have passed
The nights no longer heave sighs
What happened had to happen
Who can turn the wheels of destiny?
When a chain of mishaps starts off
It is difficult to stop it somehow
The roads were somewhat rough
Sorrow weighed heavily on the heart
The city folks were somewhat brutal
And we too nurtured a wish to die!

Munir Niazi

Translated from the Punjabi by Nirupama Dutt

323

हीले

किसका दोष था, किसका नहीं था
अब कहने की ये बातें नहीं हैं
वक़्त गुज़र गये तौबा वाले
आहें भरने की रातें नहीं हैं

जो हुआ है वो तो होना ही था
रोके से होनी टलती नहीं है
इक बार शुरू हो जाये तो
फिर बात से कोई मुक्ति नहीं है
कुछ यूं भी राहें मुश्किल थीं
गर्दन में ग़म का तौक़ भी था
कुछ शहर के लोग भी ज़ालिम थे
कुछ हमको मरने का शौक़ भी था!

Still Life

On the roadside
A basket of vegetables
Overfull

Two gourds, necks raised high
Tender dawny bodies
Raw-green

Three cauliflowers,
Ever-blossoming laughter

Luscious tomatoes,
Fresh succulent ripe
Ruddy cheeks

Yellow lemons,
Nimble curves

Brinjals risen form the sleep
Dreamy violet look

Pig-tailed
White onions

In the basket
A tempting satisfying
Riot of colours.

324

स्टिल लाइफ

सड़क किनारे,
सब्ज़ी भरी टोकरी में—
लौकिया दो, गर्दनें ऊंची किये
कच्ची हरी, और नाज़ुक, ताज़ा बदन!

तीन-तीन, गोभी के फूल और
खिलते हुये,
क़हक़हे हमेशा के!

ख़ुश ज़ायक़ा, रसीले सुर्ख़ टमाटर
पीले नीबू, उनकी फुर्तीली गोलाइयां

नींद से जगे हुये बैंगन,
बनफ़शी ख़्वाबी सूरतें लिये

चोटियां किये हुये सफ़ेद प्याज़!

टोकरी में ये ललक भरे
रंगों की भड़क

And behind them
A face
Where all colours fuse.

Leaden eyes
absent sallow face.

Sukhbir

Translated from the Punjabi by Bipinjeet K. Grewal

और उनके पीछे, चेहरा एक
जिस में डूबे सारे रंग

अफसरदां आंखें,
और ज़र्द चेहरा, खोया-सा!

The Crescent

No one turned up

In the festive crescent of love
The lamp kept glowing

I dug through the night
But didn't strike water.

Lutfa Hanum Selima Begum

Translated from the Assamese by Pradip Acharya

325

चिराग़

आया न कोई भी

जब जश्न इश्क़ रौशन था
जलते रहे चिराग़

गहरी खोदी रात, पर
पानी नहीं लगा!

Agony

It was a mishap at the end of the rainy season.

The body of a huge tree fell down
Into the rain's lap;
Its roots were blinded by light
They died of fright.

Two people came silently
And started cutting the tree.
One
Thought of his father
On his death-bed;
The other,
Ashamed, recalled his wife's face
Twisted with tears after having sex.

The tree broke into two
Spreading the cries of birds over a corpse.

Kutti Revathi

Translated from the Tamil by V. Padma

326

तकलीफ़

बारिशों के अंत में ये हादसा हुआ

इक बड़ा-सा पेड़ गिर पड़ा
बारिशों की गोद में
बिजली गिर पड़ी जड़ों पे, और वो
डर के मर गया

लोग दो चुपचाप आये और—
काटने लगे वो पड़े
एक—जिसको याद आया अपना बाप
जब वो मरने वाला था—
दूसरा—
शर्म से, बीवी का चेहरा याद आ गया
टेढ़ा हो गया था जो रोते-रोते
हम बिस्तरी के बाद!

पेड़ कट गया दो टुकड़ों में
पंछियों का शोर फैलता गया
लाश पर!

Country

1 Patriotism

Looking for a job
to feed his family
the slum kid
after being rebuffed
by many locked gates
enlisted in the army.

And in no time
was martyred
on the strange soil
of a cold Kargil
before he could face life.

2 Treason

Birds do not sing the national song.
Rivers do not flow
on the straight lines of maps.
For the farmer in the field
there is no holiday
on the fifteenth of August.
The man fighting with life
Forgets the tune of *Vande Mataram.*

J.P. Das

Translated from the Odiya by the poet

327

देश

1 हबुलवतनी!

रोज़गार की तलाश में
फैमिली का पेट भर सके
झुग्गी-झोपड़ी का लड़का
धक्के खाते-खाते जब
दरवाज़े सारे बंद हो गये
भर्ती हो गया वो जाके फ़ौज में!

थोड़े ही दिनों में वो
शहीद हो गया
कारगिल की अजनबी ज़मीन पर,
बग़ैर ज़िन्दगी का सामने किये!

2 गद्दारी

पंछी गाते ही नहीं क़ौमी तराना
दरया बहते ही नहीं हैं नक़्शों की लकीरों पर
और किसान के लिये
पंद्रह अगस्त की
खेत से छुट्टी नहीं है
ज़िन्दगी से लड़ते-लड़ते आदमी
'वंदे मातरम्' की तर्ज़ भूल जाता है!

A Moth in the Universe

After a walk for thousands of years
Today I suddenly understood
That man is an ant
Eaten by an ant.

After the holocaust, nuclear explosions, and gene-mapping
I realized, trust me, I realized
Man is a caterpillar.

After love and lust-making, malice and joy,
I accepted the truth
That man is but a moth in the universe
With a burden of another universe on its little head.

Subodh Sarkar

Translated from the Bengali by the poet

328

कायनात में पतंगा

बाद हज़ारों सालों तक चलने के
आज अचानक समझा मैं
आदमी एक मकौड़ा है
एक मकौड़ा का—खाया हुआ

न्यू क्लियर बम के फटने और नस्लों की बर्बादी के बाद
समझा मैं, सच मानो, मैं समझा हूं
आदमी लारवा है

इश्क़ और शहवत, लुत्फ़ के और नफ़रत के बाद
मैंने ये सच मान लिया—
आदमी एक पतंगा है, इस कायनात में
छोटे से अपने सर पर,
एक और कायनात का बोझ उठाये हुये!

Nazm

O mad wind among the coconut palms
The sails have unfurled, go back go back!
On this dusky earth next year
I shall return before the flowers bloom

Don't open the box of winter clothes
Or else the camphor-like scent of memories
Will enter the bloodstream like fire
And this house will turn to dust by the morning

Enveloped in a known nameless fog
Everyone kept smouldering within themselves
When the kohl-like smoky evening
Lit the sacred myrrh of pain in their chests

The broken black feathers of countless birds
Began to cover the yellow water of pain
The dove kept sitting on the bridge of sunlight
And the hand of night kept stretching silently.

Bashir Badr

Translated from the Urdu by Rakhshanda Jalil

329

नज़्म

नारियल के दरख़्तों की पागल हवा
खुल गये बादबां लौट जा लौट जा
सांवली सरज़मीं पे मैं अगले बरस
फूल खिलने से पहले ही आ जाऊंगा

गर्म कपड़ों का संदूक़ मत खेलना
वरना यादों की काफ़ूर जैसी महक
ख़ून में आग बन के उतर आयेगी
सुबह तक ये मकां ख़ाक हो जायेगा

एक मानूस बेनाम कोहरे में सब
अपने अंदर ही अंदर सुलगते रहे
उनके सीनों में जब सुरमई शाम ने
दर्द का पाक लोबान सुलगा दिया

अनगिनत काले-काले परिंदों के पर
टूट कर ज़र्द पानी को ढकने लगे
फ़ाख़्ता धूप के पुल पे बैठी रही
रात का हाथ चुप चाप बढ़ता गया।

Original text of the poem written in Urdu

Lantern on the Hill

Women in the forest
lie unconscious under their firewood bundles,
children in the forest are buried young,
walking the in forest, the barefoot old men
scared and coughing, disappear suddenly.

An axe falls without stopping in the forest,
blood seeps in the forests.

Behind cliffs, hot under the harsh sun,
is an ageless cry, and a few blades of grass
move in the water of olden times.

Trees, high up to the jaws of the next season
are denuded overnight;
in silence, sharp like a needle point,
the burnt earth shifts on its side,
the sky rotates like an
enormous wheel.

The mountains where our ancestors
made their home, shatter now like grief
year upon year.
All year long rivers run solid like ice
in the onlookers' dreamless eyes,
to petrify in their souls.

330

पहाड़ पर लालटेन

जंगल में औरतें हैं
लकड़ियों के गट्ठर के नीचे बेहोश
जंगल में बच्चे हैं
असमय दफ़नाये जाते हुये
जंगल में नंगे पैर चलते बूढ़े हैं
डरते-खांसते अंत में ग़ायब हो जाते हुये
जंगल में लगातार कुल्हाड़ियां चल रही हैं
जंगल में सोया है रक्त

धूप में तपती हुई चट्टानों के पीछे
वर्षों के आर्त्तनाद हैं
और थोड़ी-सी घास है बहुत प्राचीन
पानी में हिलती हुई
अगले मौसम के जबड़े तक पहुंचते पेड़
रातोरात नंगे होते हैं
सूई की नोंक जैसे सन्नाटे में
जली हुई धरती करवट लेती है
और एक विशाल चक्के की तरह घूमता है आसमान

जिसे तुम्हारे पूर्वज लाये थे यहां तक
वो पहाड़ दुख की तरह टूटता आता है हर साल
सारे वर्ष सारी सदियां
बर्फ़ की तरह जमती जाती हैं निःस्वप्न आंखों में

Helpless words scattered in familial darkness
around cooking stoves—
are like a few fistfuls of grain
gathered during famine.

Far away a lantern burns on the hill
like a fierce eye, the flame flickers
and slowly turns into a house.

Watch these fields, pawned,
watch these women bereft of their ornaments,
watch the near-dead dying, due to hunger,
floods and epidemics, often
appear suddenly on the rocks
shedding layers of snow
with their two bare hands,
watch hunger turn into
a fierce claw;

a roar reverberates in the forest without stop,
as their need sharpens its teeth
on a stone slab.

Manglesh Dabral

Translated from the Hindi by Sunita Jain

तुम्हारी आत्मा में
चूल्हों के पास पारिवारिक अंधकार में
बिखरे हैं तुम्हारे लाचार शब्द
अकाल में बटोरे गये दानों जैसे शब्द

दूर एक लालटेन जलती है पहाड़ पर
एक तेज़ आंख की तरह
टिमटिमाती धीरे-धीरे आग बनती हुई
देखो अपने गिरवी रखे हुये खेत
बिलखती स्त्रियों के उतारे गये गहने
देखो भूख से बाढ़ से महामारी से मरे हुये
सारे लोग उभर आये हैं चट्टानों से
दोनों हाथों से बेशुमार बर्फ़ झाड़कर
अपनी भूख को देखो
जो एक मुस्तैद पंजे में बदल रही है
जंगल से लगातार एक दहाड़ आ रही है
और इच्छाएं दांत पैने कर रही हैं
पत्थरों पर।

Original text of the poem written in Hindi

Virupika

1

Look,
perched of the collapsing wall
the crow,
back,
slowly begins to melt,
drips down,
and the wall becomes black,
jet black.

His remains, flies away, luminous.

Look, look.

2

In his youth, he urinated
once
in an ocean.

And the rest of his life
he spent, measuring
the consequence in water-level.

331

विरूपिका

1

ख़स्ता-सी दीवार पे देखो—देखा?
काला कव्वा आकर बैठा—
आहिस्ता-आहिस्ता गलने लगा है वो
बहने लगा है
कुल दीवार ही काली सिया कर दी है, उसने
बचा-खुचा जो था वो— चमक-चमक कर,
उड़ के चला वो देखो— देखा?

2

जवां था जब वो—
एक बार समन्दर में, मूत दिया था

बाक़ी सारी ज़िन्दगी उसने
कितना पानी चढ़ा था उससे
वो ही नापने में काटी है!

3 Grace

I didn't care
for all that bullying
on the steep incline of the infinite.
I couldn't stand
that precipitous fall in darkness.
I didn't beg
for that dry bait of salvation.
I went ahead,
spitting on all this,
spitting a red spittle.

And now as I turn back
and look,
I see in that same spray of spittle
the rainbow of your grace.

Vinda Karandikar

Translated from the Marathi by G.V. Karandikar

3 रहमत

कोई परवाह नहीं की
मैंने उस दादागीरी की,
तव्वुजा भी नहीं की मैंने 'अपरम्पार' की कोई
फिस्लवां उस अँधेरे पर टिका न मैं...
न मांगा था कोई निवारण मैंने
मैं बढ़ता ही गया था, थूकता सब पर
छिड़कता पीक पान की!

और अब जब मुड़ के देखा तो
नज़र आती है अब उस पीक में
सत रंगी मुझको, तेरी रहमत ही!

A Graveyard of Faces

That morning, I woke without a face.
I had dropped it,
sleepwalking at night,
through
a forest of fallen trees.
The worms had gotten to
all but the ears.

In the shop down the road,
they had just sold the last human face.
'Sorry, madam. We are out of stock,' the salesman
informed a friend.
'In any case, we only do disposables
and the lady, you say, wants a face
that will weather
the long winters of dying poems?
A more permanent sort of face, that would be then…
We don't do those, I'm afraid.'

Eventually, I have to settle for a disposable.

A face that will not out-last
the forgetting of lines.
But it can do 'sad'.
And it can do 'happy'.
It can get on
better than my old face could.

332

चेहरों का क़ब्रिस्तान

एक सुबह मैं चेहरे बिना जागी
रात को नींद में चलते-चलते
गिर पड़ा कहीं पर,
गिरे हुये पेड़ों के जंगल में
कान को छोड़ के, कीड़े लग गये सारे पर
एक दुकान ने नीचे सड़क पर
इन्सानों का आख़री चेहरा,
अभी-अभी बेचा था
'सॉरी मैडम, माल नहीं है!'
सेल्समैन बोला दोस्त को
'हम फिकाव ही बेचते हैं,
और श्रीमती को, जैसा कहते हो,
इक चेहरा चाहिये
जो मुरझाती नज़्मों का इक पूरा पतझड़ जी ले
मुस्तक़िल इक चेहरा जो कि... ख़ैर,
वो सब रखते नहीं हम!'

आख़िरबार 'फिकाव' पे सब्र करना ही पड़ा!

इक चेहरा जो मिसरों का भूलना जी नहीं सकता
एक उदास, या ख़ुश चेहरा, जो मेरे
पहले चेहरे से बेहतर रह सकता है

On the first day of every month,
I walk to that forest of fallen trees
and bury my face
in a graveyard filled with my faces.
Carefully, I put on a new one,
pink and fresh from its plastic case and,

despite the absence of interested worms,
die again
and again
and again.

K. Srilata

Written originally in English

हर एक महीने के पहले दिन—
गिरे हुये पेड़ों के जंगल में जाकर मैं
अपना चेहरा दफ़नाती हूं उस क़ब्रिस्तान में
जो मेरे चेहरों से भरा हुआ है
फिर ग़ौर से एक नया चुनती हूं
ताज़ा और गुलाबी एक प्लास्टिक डिब्बे से!

हालांकि उस पर कीड़े नहीं लगे हैं
मैं मरती हूं
फिर मरती हूं
फिर मरती रहती हूं!

When You Come

Whenever you come
I stay rooted, still,
a tree standing
mute sculpture.

This hour of meeting you
is bright as day
green as grass.

Yet, sure as death
is our parting.

Anupama Basumatary

Translated from the Assamese by Pradip Acharya

333

जब आते हो

जब आते हो
खड़ी रह जाती हूं, पांव पे जम कर
दरख़्त जैसी
बस इक ख़ामोश बुत बन कर

ये वक़्त अब तुम से मिलने का
बड़ा रौशन है—और सरसब्ज़ जैसे घास!

मगर फिर भी...
बिछड़ना, मौत की मानिंद मोईन है हमारा!

You Say You Are Well

You say you are well,
you are well and dreaming.
Do you think I do not know
your anxious fingers, anguished breasts
blue in silent sadness?

Do you think I do not know
how cold and lonely
are your neck, back and hands?
Do you think I do not know
the cruel monsoon in your unglossed hair?

Yet you say you are well
and dreaming.

I too see dreams.
They have killed me
and thrown me into a desert.
My entire body
a bloodless corpse.
Yet a little way in the sand beside me
stand seven saints drenched in my blood.

Devdas Chhotray

Translated from the Odiya by the poet

334

तुम्हारा कहना, अच्छी हो

तुम्हारा कहना के अच्छी हो तुम
हो अच्छी और ख़्वाब देखती हो
समझती हो कि ख़बर नहीं मुझको!

ये बेक़रारी-सी उंगलियों की
भरी हुई रंजिशों से ये छातियां तुम्हारी
उदासी से नीली पड़ गई हैं

समझती हो कि ख़बर नहीं मुझको
है कितने ठंडे अब और सूने
तुम्हारे हाथ और पीठ, गर्दन

समझती हो कि ख़बर नहीं मुझको
तुम्हारे इन रूखे-रूखे बालों में
कितना सूखा है अब के सावन!

तुम्हारा कहना है, 'फिर भी' अच्छी हो और तुम
ख़्वाब देखती हो!

ये ख़्वाब तो मैं भी देखता हूं
उन्हीं ने मारा है मुझको भी
और सेहरा में फेंक आये हैं
मैं लाश जिसमें लहू नहीं है
अगरचा कुछ दूर ही, मेरे पास रेत में
लहू से भीगे हुये मेरे 'सप्त ऋषि' खड़े हैं!

Whirly Death

I am awakened by the Death-tap
I run around in circles
to finish all errands in haste
from the silence of the of the mountains and the lakes
the ancient mysteries from the past
have to unravel.
To the trees I have to ask
about their course of growth,
have to watch the changing faces
of the clouds,
have to seek the source of
the divine fruit of flight
from the ambrosian birds
to touch the flowers of a blushing creeper
to natter with every nook and corner of the
walls and doors.
So many visitors still wait
there is a long list of unvisited lands
beholden in the eyes, blood hammers
and the veins are about to blow up
but I am busy
in a bout to chase the chores.
The deep beckons
islands and shorelines too
for aeons they have yearned for me!
Singing songs the fishermen
return home
they obsess me;
some day I'll pay them a visit
to disclose many treasures;
as the beguiling lands
restively wait

335

मर्ग पेच

मुझ को मौत की दस्तक ने ज़िन्दा कर दिया है,
दौड़ता फिरता हूं, सारे काम निपटाने की जल्दी है...
पहाड़ों और झीलों की ख़ामोशी से
क़दीमी गीत सुनने हैं, पुराने दास्तानी भेद लेने हैं
दरख़्तों से नमूकारी की बाबत पूछना है
नित नई शक्लें बनाते बादलों को देखना है
ख़ुशनवा अच्छे परिन्दों से
उड़न फल का पता मालूम करना है
उरूसी बेल के फूलों को छूना है
दर-व-दीवार से बातें भी करनी हैं
अभी कितने मुलाक़ी मुन्तज़िर हैं

एक लम्बी लिस्ट है आंखों में नादीदा नज़ारों की
फ़िशार ख़ून बढ़ता जाता है
अब किसी लम्हे रगें फटने का ख़तरा है
मगर मसरूफ़ हूं, सब काम निपटाने की जल्दी है...

समन्दर ने बुलाया है
जज़ीरे से और साहिल भी,
कई कुर्नो से मुझको याद करते हैं
मछेरे गीत गाते, बस्तियों को लौटते
मुझको बहुत ही 'हॉट' करते हैं
किसी दिन जाऊंगा मिलने...

I know the paths to travel on,
the maps lie secure
in the old wooden chest.

I can also identify the melody of gods,
but I am busy!
So much yet to be done
for the children—
books and notes,
school uniforms, new bags,
toys, bats and rackets
and much more
even those that remain unasked for.
They will be happy
if I buy for them,
but I am busy!
I have to see through so many chores
the blood gushes faster now
through the veins;
life is haunted by the passion of Death.
Busy I am!
Speedily doodling poem after poem
as I am awakened by my Death-tap!

Naseer Ahmad Nasir

Translated from the Urdu by Bina Biswas

ख़ज़ानों को उगलने के लिये
बेताब हैं रक़्बे तिलस्मी सर ज़मीनों के
सफ़र के रास्ते मालूम हैं
नक़्शे पुराने काठ के सन्दूक़ में महफ़ूज़ हैं सब
देवबानी भी समझता हूं,
मगर मसरूफ़ हूं...
बच्चों के कितने काम बाक़ी हैं
किताबें कापियां, स्कूल के कपड़े, नये बस्ते
खिलौने, बैट, रैकेट
और बहुत-सी अनकही चीज़ें ख़रीदूंगा तो ख़ुश होंगे
मगर मसरूफ़ हूं, सब काम निपटाने की जल्दी है!

रगों में ख़ून की रफ़्तार बढ़ती जा रही है
ज़िन्दगी पर इक जुनूने मर्ग तारी है,
मगर मसरूफ़ हूं!

सरपट लिखे जाता हूं नज़्में
मुझको अपनी मौत की दस्तक ने ज़िन्दा कर दिया है!

Original text of the poem written in Urdu

The Itch

My first itch
came to squat on my right knee.
My last itch
leaned on my left knee.
Shan't we scratch, o my people,
shan't we scratch?

Some say
the world was born
of a divine itch
others say
the lord himself
was born of an itch.
The disputationists!
All I know is this:
the pleasure
of scratching an itch.
All else
may be illusion,
but this is truth eternal.

K. Ayyappa Paniker

Translated from the Malayalam by the poet

336

खुजली

पहली-पहली खुजली मेरे—
दायें घुटने पर आकर बैठी
आख़री खुजली ने—
बायें घुटने से टेक लगायी
अब खुजलायें या कि नहीं लोगों,
खुजलायें या कि नहीं?

कुछ कहते हैं,
दुनिया एक रूहानी खुजली से, पैदा हुई थी
दूसरों का कहना है,
ईश्वर ख़ुद भी खुजली से ही पैदा हुआ था
कुछ इख़्तलाफ़ रखते हैं

मैं बस इतना जानता हूं —
खुजली को खुजाने में इक लुत्फ़ आता है
बाक़ी सारा,
एक मुबालग़ा हो सकता है
लेकिन है ये अज़ली सच!

Next Page

Me on the floor
lizard on the wall
swaying shadows
from the hanging lamp
fading voices
from nightfall
a child crying
in the distance
a leaky tap
heard in the dark
silk moths flying zigzag
in the windy room
a laughing kolam
design of dots
floating in the sky
in the thick of night
that hugs you in the fraction
of a second

in the middle of this swirl
of space
a lizard on the floor
me on the wall.

337

Atmanam

Translated from the Tamil by A.K. Ramanujan

अगला सफ़्हा

मैं फ़र्श पर था
छिपकली दीवार पर थी—
हिल रहे थे साये,
लटके लैम्प से
रात की आवाज़ें, मद्धम थीं
दूर कहीं पर, बच्चा कोई, रो रहा था
अँधेरे में नल टपकता था कोई
कमरे में, तेज़ हवा के अन्दर
आढ़े-तिरछे—उड़ते थे पतिंगे
आसमान पर, सुराख़ों का बना हुआ, इक नक़्शा हंसता था
गहरी रात में पल भर को, आ गले से लगता था।

इस भंवराती हुई ख़ला में
छिपकली इक फ़र्श पर थी
मैं दीवार पे था!

Stench and Scent

The stench of fish, you know,
Gave rise to the Mahabharata
The stench of deer's meat
Delivered the Ramayana

Stench, just stench!
Nothing else
It transcends
Lives and transmigrations.

Here
The couple
Quarrel,
Fall back on routine,
Exchange bodies,
Sensuous, thirsty mates

There
Options lie open
They make compromises

Stench, just stench,
Nothing else

338

बू और ख़ुशबू

तुम्हें मालूम है मछली की बू
महाभारत शुरू उससे हुई थी
हिरन के गोश्त की बदबू से,
रामायण चली थी

फ़क़त बू और बदबू–
वही हैं जो चली है, ज़िन्दगी दर ज़िन्दगी, आवागोन में!

यहां पर एक जोड़ी
झगड़ती है,
पलट जाती है फिर मामूल पर अपने
बदलते है बदन–हवस मारे बदन

बड़े वाज़ये चुनाव हैं
सभी समझौते करते हैं
फ़क़त बू है, फ़क़त बू है, नहीं है और कुछ!

Everything comes to an end
When the evening is
Shadowed with the night's dark essence
Woman opens up
Her body
To the hungry longing male

In the last gasp did
The embers glow red?
That was the flesh was swaying in the hook
Weighing so many kilos

There are some
Who smell
Fragrances of flowers
Bhodhisatvas of ages
Scent clings to their lives

Scent, just scent
That sustains.

Tarini Shubhadayini

Translated from the Kannada by H. S. Shiva Prakash

सभी कुछ ख़त्म हो जाता है आख़िर
अँधेरी रात के साये में आ जाती है शाम
बदन अपना बिछा देती है औरत, मर्द की, हवस के लिये

चढ़ी जब सांस आख़िर में,
तो क्या दहके थे अंगारे?
बदन का गोश्त था, झूला था 'हुक' पर
कई किलोज़, वज़न था!

कुछ ऐसे हैं
जो ख़ुशबू सूंघते हैं फूलों की
पुराने वक़्तों में बोधी थे,
ख़ुशबू ज़िन्दगी से लिपटी रहती थी
फ़क़त ख़ुशबू ही ख़ुशबू, ज़िन्दा रहती है!

Are You a River or a Woman

Are you a river or a woman
Opening your pure white dress, end
Writhing in torment the whole night?

Tomorrow
There will be news:
Her neck started to droop down
The grieved souls will say
A woman had killed herself
A waterfall falls flat on its face
The river becomes frenzied.

On the pretext of first-hand enquiry
The neighbours will be harassed
The police will come
There will be post-mortem on the woman
All the facts will be noted down in a diary.

Who comes to her door everyday?
At what price did she sell her laughter?
Did the moonlight turn to milk
And the river sweet smelling?
None questioned
In the moments prior to the suicide
How many hills crumbled within her?

339

तुम औरत हो या दरया हो?

तुम औरत हो या दरया हो?
सफ़ेद मलबूस अपना खोल कर तुम
तड़पती रहती हो क्यों दर्द से शब भर?

कल—
ख़बर आ जायेगी कल
लटकने लग गई है उसकी गर्दन
बेचारी रूहें बोलेंगी
किसी औरत ने ख़ुद को मार डाला
गिरा है आबशार इक मुंह के बल जाकर
कि वहशी हो गया एक दरया!

बहाना ले के फिर तफ़्तीश करने का
पड़ोसी भी परेशां तो किये जायेंगे सारे
पुलिस पहुंचेगी मौक़े पर
किया जायेगा, 'पोस्टमार्टम' औरत का—

वो कौन आता था हर रोज़ उसके दर पे
वो कितने दम लेती थी हंसी के,
भला क्या चांदनी तब दुधिया हो जाया करती थी
और मीठा हो जाता था दरया?
किसी ने ये नहीं पूछा,
पहाड़ कितने थे जो टूटे थे उस में,
ख़ुदकुशी करने से पहले!

After that
The police handcuffed
And took away the frenzied river
Her bosom was filled with love.

It was she
That was the best friend
Of the harassed woman.

Archana Pujari

Translated from the Assamese by Surajit Borooah

और उसके बाद—
पुलिस ने डालीं हथकड़ियां
पकड़ कर ले गये उस वहशी दरया को
मुहब्बत से भरी थीं छातियां उसकी

वही तो थी
जो अच्छी दोस्त थी उसकी
परेशान हाल औरत की!

Ghazal

I am lost in my own self; from the mirror I'm missing
In my own story from start to end, I'm missing

I am missing from the scope of meanings and expressions
I persist in the said; form the unsaid I'm missing

Determination leaves me unaccomplished somewhere along,
Half through the way in every journey, I'm missing

I am within the world but the world is not within me
Though with the caravan yet I'm missing

Though my lips so very often smile
Yet from those moments of ecstasy I'm missing

Wonder who in my guise mingles with people
For I remain away from their eyes, I'm missing

Rajesh Reddy

Translated from the Urdu by the poet

340

ग़ज़ल

गुमशुदा हूं मैं खुद में, आइने से ग़ायब हूं
अपनी ही कहानी में मैं, सिरे से ग़ायब हूं

लफ़्ज़ और मानी के दायरे से ग़ायब हूं
अनकहे में हूं मौजूद और कहे से ग़ायब हूं

साथ छोड़ देता है, हौसला अधूरे में
हर सफ़र में मैं आधे रास्ते से ग़ायब हूं

मैं जहां में हूं लेकिन, ये जहां नहीं मुझ में
क़ाफ़ले में रह कर भी, क़ाफ़ले से ग़ायब हूं

मुस्कुराते रहते हैं, यूं तो लब मेरे अक्सर
मैं मगर तब्बसुम के तजुर्बे से ग़ायब हूं

मेरे भेस में जाने कौन सब से मिलता है
मैं तो सब की आंख के सामने से ग़ायब हूं

Original text of the poem written in Urdu

For the Next Birth

In the next birth,
I shall be born as a bastard.
You should also be born as one.
Then let's meet at an ownerless shack of the marketplace
just you and I, freely.

In that birth,
the moment I drop form my mother's womb
I shall stamp on that woman's chest
then emerge sprouting wings.
Without drinking a drop of my mother's milk,
I shall fly out the house's narrow door.

I shall grow up as a bazaar dog
walking alone in any direction I choose
none feeding me a morsel of rice,
none looking at me with loving eyes.
I would like to live alone.
Then let us meet.

You should also grow up an orphan like me.
The moment she gives birth to you,
let your mother die
before feeding you a drop of milk;
let none love you, and
you should also love none.
Don't eat begging even a grain of rice,
don't eat too what others offer you.
You should live—
grabbing
snatching,

341

अगले जन्म में

अगले जन्म में,
मैं तो हरामी पैदा होऊंगा
वैसी ही पैदा होना तुम!
तब मिलेंगे हम दोनों बाज़ार की उस
झुग्गी में, जिसका मालिक कोई नहीं है
तुम और मैं... फक्कड़ दोनों!

अगले जन्म में
जैसे ही मैं मां की कोख से निकलूंगा
उस औरत की छातियों पर कूदूंगा
पंख निकल आयेंगे मेरे
मां के दूध की बूंद पिये बिन
घर के तंग दरवाज़े से मैं उड़ जाऊंगा

मैं बाज़ार का कुत्ता बन कर पल जाऊंगा
और अकेला चलूंगा, जिस जानिब जी चाहे
कोई नहीं खिलाने वाला, चावल का एक निवाला भी
प्यार से देखने वाला, कोई नहीं होगा
अच्छा लगता है अकेले रहना मुझको
तब मिलेंगे हम!

मेरी तरह से, तुम भी, 'यतीम' बड़े होना
जैसे ही वो पैदा करेगी तुमको
दूध की बूंद पिलाने से पहले ही
मां को मर जाने देना

कोई न तुमको प्यार करे
न तुम ही किसी से करना प्यार

digging from mouths of others
then we'll meet, you and I.

Let us only meet
as the price of this birth
freely, even if only for a few moments,
let us embrace
for a moment without fear.

Yumlembam Ibomcha Singh

Translated from the Manipuri by Robin S. Ngangom

भीख मांग के चावल का दाना न खाना
न खाना तुम दिया किसी का
जीना तुम—
छीन झपट के
खींच के दूसरों के मुंह से
तब मिलें हम—तुम और मैं!

आओ मिलें हम,
इस जन्म की क़ीमत देकर आज़ादी से
चाहे चंद लम्हों के लिये हो
आओ गले मिले हम
बिना ख़ौफ़ के, चाहे इक लम्हे के लिये हो!!

A Sufi Evening

What became of it, that dirty cap?
I took a kerchief from my pocket,
wrapped my head:
hair shouldn't flow like a mane.

The unyielding doors around the grave
not yet open
expectant glances,
then the call to prayer,
pigeons winged skyward to their nests,
theirs the joy of coming home after days and days
the prayer began.

I looked at him from the cloth protecting his body
at that sufi who'd shut his eyes
two hundred years ago and now
opened them once again
I bent my whole body
I touched my hands to my eyes,
submitting
my two eyes shut became two drops
fallen on the blanket
becoming two birds
they went somewhere, weeping,

342

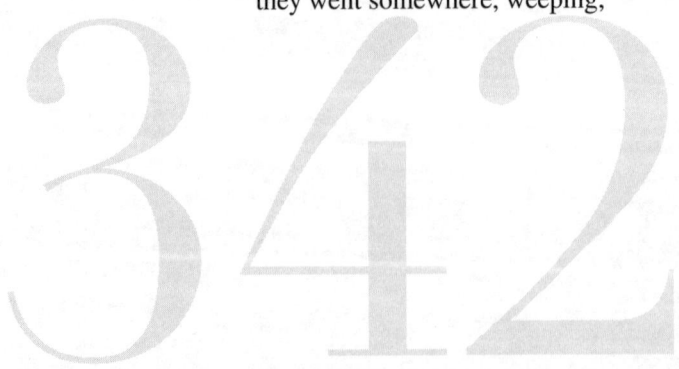

एक सूफ़ियाना शाम

क्या हुई वो—मैली टोपी...
रूमाल निकाला जेब से मैंने
और सर को लपेटा
बाल नहीं उड़ने चाहिये, घोड़े की अयाल की सूरत

क़ब्र के गिर्द मज़बूत दरवाज़े
खुले नहीं थे, अभी तलक
उम्मीद भरी नज़रें,
उस पे अज़ान—
उड़े कबूतर ऊपर अपने घोंसलों में
ख़ुश थे अपने घर आये थे कई दिनों के बाद—
और नमाज़ शुरू हुई!

देखा मैंने उसकी तरफ़
चद्दर से ढका था जिस्म उसका
उस सूफ़ी की तरफ़ जिसने
दो सौ साल हुये

अपनी आंखें बंद की थीं—
और अब खोलीं फिर से
सजदे में गया मैं—
और आंखों पर फेरा, हाथों को
दो आंखें मेरी, दो क़तरे बन के गिरे चद्दर पर
और परिन्दे बन के
उड़ गये रोते हुये!

I could not get
out of him.

As you might open an old Arabic book,
fearing it will crumble
at the slightest touch,
so gently did I enter his memory.
This journey—what did it mean?

Did I step outside or not?
Some garbled sounds
from a flock of birds.

Every one flees
no one is seen
save for the swords.

Nothing heard
except the sounds of life at its end.

I ran inside again
there was silence, still
upon the grave a bird wrote
something with a wing of blood

I put my nose to the cloth
wildly I wept

Where to now?
I dug a grave inside me.

Afsar Mohammad

Translated from the Telugu by Jamal Jones

मैं उससे बाहर
आ न सका—

जैसे कभी तुम, एक पुरानी, अरबी की किताब को खोलो
डरते-डरते, छूने से वो, बिखर न जाये कहीं
उतने ही आहिस्ता से मैं, उसकी याद में दाख़िल हुआ
ये एक सफ़र—क्या मतलब था?

मैं निकला बाहर, या कि नहीं?
कुछ घुली-मिली आवाज़ परिन्दों की

सब भाग गये
कोई नज़र नहीं आता
बिन तलवारों के!

कुछ भी कान नहीं पड़ता
आख़िर, सिवाय ज़िन्दगी की आवाज़ों के!

फिर अन्दर भाग आया मैं
ख़ामोशी थी बसः
क़ब्र के ऊपर, एक परिन्दे ने
अपनी ख़ूनी पंख से कुछ लिखा था

नाक उसी चद्दर पे टेक के
फूट के रोया मैं!

अब कहां?—
मैंने अपने अन्दर ही इक क़ब्र खोद ली!

'वोका सूफ़ी सायांत्रम...'

An Animal Tale

The train started.
The seats in it
were occupied
some by wolves and some by lambs.

The train crossed stations
rivers, jungles, fields, mountains
hamlets, town, cities, heaths.

After the journey of some hours
what do I see in the train:
the wolves are transformed into lambs
and the lambs into wolves.

Believe it or not
all this happened
on our own earth
and that too
in the guise of men.

Surjit Patar

Translated from the Punjabi by the poet

343

कहानी जानवरों की

चली गाड़ी
तो सीटें भर गईं सारी
कि उनमें भेड़िये कुछ और भेड़ें थीं।

वो गाड़ी गुज़री, दरयाओं से, जंगलों, स्टेशनों से
पहाड़ों और मैदानों से, शहरों और गांव खेड़े से,

सफ़र गुज़रा कई घन्टों का जब
तो क्या देखा कि गाड़ी में,
थे जितने भेड़िये, वो बन गये भेड़ें
और थीं जितनी भेड़ें, वो अब भेड़िये थे।

यक़ीन आये न आये
हुआ है ये
हमारी ही ज़मीं पर
और वो भी आदमी के भेस में!

In This Country

In this country,
from top to bottom,
everything should change,
but the chair bearing me
and the bit of earth beneath
had better be where they are.

In this country,
caste, creed and sect,
these have no place
but seats must be reserved
for us,
the forward classes.

In this country,
hero worship or dynastic rule
must come to an end.
But the gift of land
to the family god
must always stand.

In this country,
people should stop talking
and be quiet,
but the words I speak
must be heard always
and greeted with applause.

344

G. S. Shivarudrappa

Translated from the Kannada by G. S. Amur

हमारे देश में...

हमारे देश में
ऊपर से नीचे तक
सभी कुछ अब बदलना चाहिये
मगर कुर्सी, मैं जिस पर हूं
और उसके नीचे का टुकड़ा ज़मीं का
रहे यूं ही तो अच्छा है!

हमारे देश में
सब ज़ात, पात, जाती (sects)
नहीं कोई जगह उनकी
'रेज़ोरेशन' हमारी 'सीटों' की लेकिन
ज़रूरी है
हम ऊंचे वर्ग के हैं!

हमारे देश में
हीरो परसती
और पारिवारिक हुकूमत बंद होनी चाहिये फ़ौरन
मगर तोहफ़े, ज़मीनों और जागीरों के,
'कुल देवता' को देते रहना चाहिये

हमारे देश में
लोगों की बातें बंद होनी चाहिये अब
ख़ामोश रहना चाहिये

मगर अल्फ़ाज़ जो मैं कह रहा हूं
हमेशा सुनते रहना चाहिये
और तालियों से...
स्वागत होना चाहिये उसका!

Abiding Dream

People were walking, carrying the dead body
They chatted about shirt buttons coming off
They talked about getting the lease
While coming back from the graveyard
They gave a thought to buying a toothpaste or a comb

Last night
I dreamed a dream
In the gum between my teeth shone a star
I saw a young woman in the dream
She was doing her hair in the jungle of concrete
Two crescent moons flickered in rhythm
On the parting of her hair

I too have taken part in the funeral procession
I've had a close look on the body
Not a single firefly has flitted from it
Not a single shining star has fallen from its mouth
Not a single crescent moon has called the bier

Again, I'm looking for a dream
In the hope of a shining star every night.

M. Kamaluddin Ahmad

Translated from the Assamese by Nirendra Nath Thakuria

345

एक ख़्वाब

जनाज़ा कन्धों पर लेकर चले जाते थे लोग
क़मीज़ों के खुले बटनों की बातें कर रहे थे
किराये भाड़े की बातें
वो कब्रिस्तानों से जब लौट रहे थे
ख़्याल आया किसी को कंघी और टूथपेस्ट लेने का

गुज़श्ता रात—
मुझे इक ख़्वाब आया
मसूढ़े में मेरे दांतों के—
कोई तारा चमका है
जवां इक औरत देखी ख़्वाब में, मैंने
जो इस सीमेंट के जंगल में पड़ी, जुल्फें बनाती थी
वो आधे चांद थे जो झूलते थे— मांग में उसकी

कभी मैं भी जनाज़ों में गया हूं
बहुत ही पास से देखी हैं लाशें
किसी के जिस्म से जुगनू नहीं निकला
किसी के मुंह से तारा भी नहीं चमका
न आधे चांद ने आवाज़ दी है, अर्थी को!

मुझे इक ख़्वाब का फिर इंतज़ार है
चमकते तारे की उम्मीद है, हर रात आये!

A Poem, That Is...

A poem, that is...
to make a portrait of wind
on the canvas of golden grass
to keep walking on the trail of silence
to keep watching our shadow vanish
in the gyrations of dance
amid the interval of two words
the budding of verdant blossom.

A poem, that is...
to await for hours
the reverberations of rose petals
falling into a yawning abyss.

A poem is a jumping net
that helps us keep leaping and bounding
in the whole universe!

Jayant Parmar

Translated from the Urdu by Riyaz Latif

346

कविता यानी...

कविता यानी...
हवा की इक तस्वीर बनाना पीली घास के कैनवस पर
ख़ामोशी की पगडन्डी पर चलते रहना
अपना साया ये रक़्स की लहरों में गुम होते देखते रहना
दो लफ़्ज़ों के अंतराल में सब्ज़ शगूफ़े का खिलना

कविता यानी...
इन्तज़ार करना घन्टों तक
गहरी घाटी में गुलाब की पत्ती गिरने की बाज़गश्त का!

कविता है इक 'जम्पिंग नेट'
जिसके सहारे उछलते-कूदते रहना
सारी कायनात में!

Original text of the poem written in Urdu

An Old Woman

An old woman grabs
hold of your sleeve
and tags along.

She wants a fifty-paise coin.
She says she will take you
to the horseshoe shrine.

You've seen it already.
She hobbles along anyway
and tightens her grip on your shirt.

She won't let you go
you know how old women are.
They stick to you like a burr.

You turn around and face her
with an air of finality
You want to end the farce.

When you hear her say,
'What else can an old woman do
on hills as wretched as these?'

347

Arun Kolatkar

Translated from Marathi by the poet

एक बुढ़िया

बुढ़िया एक आस्तीन पकड़ के
साथ ही लग जाती है

एक अठन्नी चाहिये उसको
और कहती है तुमको
'घोड़ नाल' के मन्दिर ले जायेगी

देख चुके हो तुम वो, लेकिन
साथ-साथ हुमक्ती हुई
ज़ोर से और क़मीज़ पकड़ लेती है

जाने नहीं देगी वो
जानते हो इन बुढ़ियों को तुम
'फिरकी' (burr) की तरह बस चिपक ही जाती हैं

मुड़ के खड़े हो जाते हो तुम
फ़ैसला कुन अन्दाज़ में कि
नाटक ख़त्म करें

तब सुनते हो, ये कहती हुई:
'इक बुढ़िया और करे भी क्या
ऐसे कमबख़्त पहाड़ों पर?'

Rain

As I was about to go out
to meet you
it rained.
How could I, dripping with water,
meet you? I came back.

It hasn't rained for a long, long time,
but you've moved away.
A drop of water will no longer fall
on this bone-dry body of mine.

Ramakanta Rath

Translated from the Odiya by the poet

348

बारिश

तुम्हें मिलने—
निकलने वाला था, पड़ने लगी बारिश
मैं पानी में निचड़ता किस तरह जाता
तुम्हें मिलने
मैं लौट आया!

बड़ी मुद्दत हुई, बारिश हुये
मगर अब जा चुकीं तुम भी
मेरी इन सूखी हड्डियों में
कभी अब बूंद बारिश की न टपकेगी!

Alibi

Wipe your fingerprints from the air,
rinse out the mug from which you drank
last night's coffee.
Clear the view in the window
with a sweep of plush curtain
that takes cloud, sky and mountain with it.
Cut the photograph from the frame,
grab the red hair-band from the onyx jar,
the spectacles from the desk.

Cover your tracks.
Walk through water.

You were never here.

Ranjit Hoskote

Written originally in English

349

गवाही

मिटाओ उंगलियों के निशां हवा से
वो मग मांजो कि जिसमें रात कॉफ़ी पी थी तुमने
नज़ारा साफ़ कर दो खिड़कियों का
हटा कर मख़मली पर्दा–
जो बादल आस्मां, कोहसार ले जाता है साथ अपने!
तराशो फ़्रेम से फ़ूटो
उठाओ 'हैरबेंड' (hair-band) अब मर्मरी इस मर्तबां से
और ऐनक मेज़ से!

छुपा दो राहें
चलो पानी पे,
कभी थे ही नहीं तुम, यहां पर!

Can the World

Can the world, for a moment,
be condensed into two grains of rice
and offered in the worship of some unknown god?

Can the world, for sometime,
be baked as a bread
and given unnoticed
to a girl hungry for many days?

Can the world,
forgetting everything else,
could become a primeval word
which a young poet
could use in poem for the first time?

Ashok Vajpeyi

Translated from the Hindi by the poet

350

क्या संसार?

क्या संसार पल भर को
सिमटकर चावल के दो दाने हो सकता है
जिसे किसी अज्ञात देवता की पूजा में
सादर रखा जा सके?

क्या संसार कुछ देर को
गोल होकर एक रोटी हो सकता है
जिसे कई दिनों से भूखी बच्ची को
चुपके से बिना उसके जाने
दिया जा सके?

क्या संसार सब कुछ को बिसराकर
एक अपौरुषय शब्द हो सकता है
जिसे कोई युवा कवि
अपनी कविता में पहली बार प्रयोग
कर सके?
क्या संसार...?

Original text of the poem written in Hindi

The Horses Are Raging Like Tigers

1

Not so easy to mate!
One stands on the strength of the other.

Our houses are playing like tigers.

Mind your kings,
or this move is the very last.

2

Cauldrons boil and bubble in the desert—
Run!
Nooses hang from the rubber trees—
Fly!
Spurs of greed
eat into the flesh
at every step.

3

No move is returned.
This our game is played
with the world at stake.
No matter how their pieces stand,
we'll get them in our leap of two and a half.

351

Subhash Mukhopadhyay

Translated from the Bengali by Himani Bannerji

हमारे घोड़े, शेरों की तरह बढ़ रहे हैं

1

हमें, आसान नहीं है मात देना
सभी इक-दूसरे के ज़ोर पर हैं
हमारे घोड़े शेरों की तरह से खेलते हैं
बचाओ बादशाह अपने!
वगर न आख़री है चाल ये!

2

उबलते हैं कढ़ाहों रेगज़ारों में
चलो भागो—
रबड़ के पेड़ों पर टांगी हुई हैं सूलियां
उड़ लो
हिर्स की ऐड़
चुभती है बदन में, हर क़दम पर!

3

नहीं ली जाती कोई चाल वापिस
हमारे खेल में दुनिया की बाज़ी लग गई है
लगे हों जैसे भी अब मुहरे उनके
हम अपने ढाई घर की चाल से मारेंगे उनको!
हमारे घोड़े, शेरों की तरह अब बढ़ रहे हैं!

Ghost Town

The moon had blanched
the colours of the night.
I walked through a town
where only walls were visible.
Roofs had caved in;
only shadows in the streets.
Bodies were absent.

Guide

When night came to the jungle
the eyes of the tiger
blazed into fire brands of such intensity
that I forgot the sensuous delights
of digressing from the way.

Ahmad Nadeem Qasimi

Translated from the Urdu by Daud Kamal

352

ख़्वाब

चांदनी ने रंगे शब जब ज़र्द कर डाला—तो मैं
एक ऐसे शहर से गुज़रा—जहां
सिर्फ़ दीवारें नुमायां थीं
छतें मादुम थीं
और गलियों में फ़क़त सांये रवां थे
जिस्म ग़ायब थे!

रहनुमा

रात जंगलों में आई
तो चीते की आंखों ने
दो मशालें यूं जलायीं
कि मैं रास्ते से भटकने की अय्याशियां भूल बैठा!

Original text of the poem written in Urdu

An Old Story

This is now
but an old story
once I dyed my hair
perfumed it
and speaking softly held
him in my embrace.
He was trapped in love,
we were even happy
briefly for a year or two.

But like all trapped animals,
one day he struggled
to claw his way out.
I opened the door
and quietly let him go.

Kamala Das

Translated from the Malayalam by the poet

353

पुरानी कहानी है

अब सिर्फ़ एक, पुरानी कहानी है
एक दफ़ा— बालों को रंग के
मैंने उन्हें महकाया भी!
और मद्धम-मद्धम बोल के उसको
अपनी बांहों में भर भी लिया
वो फंस ही गया मुहब्बत में
हम ख़ुश भी थे
कुछ एक या दो सालों के लिये

लेकिन फंसे हुये पशुओं की तरह
एक दिन उसने कोशिश की—
पंजे मारे निकल जाने के लिये
मैंने खांचा खोल दिया
और आराम से जाने दिया!
अब सिर्फ़ एक, पुरानी कहानी है!

Bid Me Goodbye

Bid me goodbye
Lord,
Bid me goodbye.
Gift me a warm tear,
Lay separation upon my palm,
And bid me goodbye.

Circle pain around my head,
With the sacred water of tears.
Then distribute this water
To every single lover in the world.
And Lord, if a drop remains,
Gulp it yourself
And bid me goodbye.

Lord, at this time of farewell,
Let us declare the truth.
It is only if we give away pearls
That we receive separation.
Lord, now that this clay is bereft of separation
Set it free,
And bid me goodbye.

354

मुझे विदा करो

विदा करो, मुझे प्रभु,
मुझे विदा करो—
शगुन में कोसा आंसू एक
हथेली बिर्हा दो
मुझे विदा करो—

दर्द वारो सर से और
पानी पाक आंखों का
आशिक़ों में इस जहां के
बूंद-बूंद बांट दो—
बचे जो कोई बूंद तो
पी लो आप ही प्रभु,
मुझे विदा करो—

विदा के वक़्त, ऐ प्रभु,
सच्ची बात बोलिये,
मोतियों का दान दे के
बिर्हा पाइये—
बिर्हा पा चुका ये प्राणी,
मुक्ति दो—
और मुझे विदा करो—

My mother died in my milk-years,
My father during childhood.
My beloved died in the season of youth,
And these songs died
Now, O Lord, I entreat you,
Do not clutch my arm so tightly
Bid me goodbye.
Gift me a warm tear,
Lay separation upon my palm,
And bid me goodbye.

Shiv Kumar Batalvi

Translated from the Punjabi

दूध छूटा भी नहीं था, मां गयी
बचपने में बापू चल बसा
जवानी में सजन मरे
तो गीत मर गये
दुहायी है प्रभु मेरे

बांह न पकड़ो मेरी
मुझे विदायी दो
शगुन में कोसा आंसू एक
हथेली बिर्हा दो
मुझे विदा करो—!

The Sea

The sea? Or the ancient python? Circumscribing the earth
It sleeps.
In the cavity of its open mouth
Darkness. The ocean roars.
This is the path
All living beings enter unwittingly.

On the verge of that forest
You sit with your back against a tree trunk
At the moment of death
Your eyes rest on the glittering eyes of the python
At last
You see it is blind. Its eyes pebbles, shining only
In the light of the moon
You see that roaring current is really
A tongueless note
You see the pit of mouth
Is limitless black—in which a few stars float.

Joy Goswami

Translated from the Bengali by Sampurna Chattarji

355

समन्दर

समन्दर? या क़दीम अज़दहा!
जो कुन्डली मार के धरती को सोता है
खुले मुंह की विथोली में भरी है तारीकी
गरजता है —
यही है रास्ता
जहां हर एक ज़िन्दा शय को जाना है, बिला ताम्मुल
किसी जंगल किनारे
लगा के पीठ, बैठो पेड़ से जब—पल मौत का आये
तुम्हारी आंखें तब उस अज़दहे की,
चमकती आंखों पर जाकर पड़ेगी,

बिलाख़िर—
तो देखोगे, गरजता है तो, मुंह में जीभ नहीं है
हलक़ में सिर्फ़ अन्धेरा भरा है
जिसमें कुछ तारे हैं, बहते हैं!

Progress

There is this poem
that looks at me as if it doesn't know me.
It suffers from a frantic darkness.
It leaves behind a sunset like an abandoned bloodstain.
Its lines make shadowy shapes of human beings
who conduct their own adventures.

It was there, friends, this poem,
its hands folded, eyes shut,
looking down at those three charred corpses
of a father and his two young sons
in the middle of a long journey to nowhere.
What it saw, turned to secret dust.

What it did, plucked the blooms off the chest—
each line of the poem seems to know
so much more than anyone.
Spilt blood looks almost tender.
When progress feels the pull of some awesome awareness,
the poem can merely wonder
if it had not been a cruel, unjustifiable need.

Jayanta Mahapatra

Translated from the Odiya by the poet

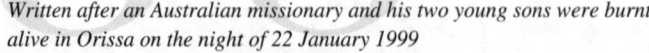

356

Written after an Australian missionary and his two young sons were burnt alive in Orissa on the night of 22 January 1999

विकास

ये नज़्म है ना—
ऐसे देखती है जैसे मुझको जानती नहीं
गहरे अँधेरों का रोग है इसे
ग़रूबे आफ़ताब छोड़ आती है कि जैसे कोई दाग़ है लहू का,
पीछे रह गया
इसकी लाइनों से कुछ, धुंधले-धुंधले
ख़ाके इन्सानों के बनते हैं
अपनी तरह जो अपनी मुहिम को चलाते हैं

वहीं थी, दोस्त, नज़्म ये—
हाथ जोड़ कर खड़ी थी, आंखें बंद थीं
देख रही थी वो तीनों झुलसी हुई लाशों को
एक बाप और उसके छोटे दोनों बेटों को
बीच रास्ते में इक सफ़र के, जो कहीं न जाता था
उसने जो देखा, राख में वो राज़ रहेगा!
उसने क्या-क्या, उखेड़ डाले शाख़ें सीने से
नज़्म, की हर लाइन जानती है
दूसरों से कुछ ज़्यादा ही!
ख़ून जो बिखरा था वो नाज़ुक-सा लगता था

जब 'विकास' पर किसी चेतावनी का ख़ौफ़ पड़े तो
नज़्म सिर्फ़ हैरान होती है
ज़ुल्म गर नहीं—ना-वाजिब ज़रूर था!

357

The Country Without a Post Office

... letters sent
To dearest him that lives alas! away.
—Gerard Manley Hopkins.

1
Again I've returned to this country
where a minaret has been entombed.
Someone soaks the wicks of clay lamps
in mustard oil, each night climbs its steps
to read messages scratched on planets.
His fingerprints cancel blank stamps
in that archive for letters with doomed
addresses, each house buried or empty.

Empty? Because so many fled, ran away,
and became refugees there, in the plains,
where they must now will a final dewfall
to turn the mountains to glass. They'll see
us through them—see us frantically bury
houses to save them from fire that, like a wall,
caves in. The soldiers light it, hone the flames,
burn our world to sudden papier mache

बिना इक डाकख़ाने वाला मुल्क

मैं फिर से लौट कर आया हूं इस मुल्क में
जहां पर एक मीनार को दफ़नाया गया है
जहां मिट्टी के दीये में कोई
बाती को सरसों में डुबो कर
हर इक रात ज़ीना चढ़ के जाता है
कि सय्यारों पे क्या पैग़ाम कुंदा है वो पढ़ ले

मिटा देता है उंगली से निशां, उन सब लिफ़ाफ़ों के
पते जिनके घरों के,
हुये बर्बाद गिर के, या वो ख़ाली हैं
हैं ख़ाली—? क्योंकि कितने थे
जो निकले हैं, फ़रार होकर
बने रफ्यूजी मैदानों में जाकर
वहीं अब आख़री शबनम गिरेगी,
और वो शीशा बना देगी पहाड़ों को
वहीं से देखेंगे हम को वो सारे
कि किस उजलत से घर दफ़नाये हैं उनके,
बचा के आग लगने से
सिपाही तो जला कर, और हवा देते हैं शोलों को
जला कर ख़ाक कर देते हैं काग़ज़ की तरह, अपने जहां को

inlaid with gold, then ash.
When the muezzin
died, the city was robbed of every Call.
The houses were swept about like leaves
for burning. Now every night we bury
our houses—and theirs, the ones left empty.
We are faithful. On their doors we hang wreaths.
More faithful each night fire again is a wall
and we look for the dark as it caves in.

Agha Shahid Ali

Written originally in English

मोज़िन जब मरा था तो
अज़ानें लुट गई थीं शहर वालों की—

मकां ऐसे हटाये थे कि जैसे सुखे
पत्तें हो जलाने के
अब हर इक रात दफ़नाते हैं घर अपने,
और उनके, वो जो ख़ाली हैं!

वफ़ादार हैं मगर हम—
हम उनके बंद दरवाज़ों पर जाकर फूल रखते हैं
ज़्यादा जो वफ़ादार हैं
वो जाकर रात को फिर आग लगाते हैं,
अँधेरे में फिर हम गिरती हुई दीवार देखा करते हैं!

Evening

As if each tree were a temple
Deserted, ruined and lightless
Searching for reasons of loss
In each crevice, and each broken door
The sky is a priest,
Ashen faced with streaks of red in his hair
Sitting eternally with bowed head, in silent
Contemplation
As if behind the evening's grey curtain is a sorcerer
Who has cast a spell on the world
The evening is so entwined with time
It seems to stand still
As if there is no end to it, no darkness will descend
The night will never end
And day will never break.

The sky awaits for this spell to break
The chain of silence to scatter
To free itself from frozen time
Waiting for some worshipper to sing a praise
Some bells to sound
Some idol to awake
Some beauty to unveil!

358

Faiz Ahmad Faiz

Translated from the Urdu by Mahmood Jamal

शाम

इस तरह है कि हर इक पेड़ कोई मन्दिर है
कोई उजड़ा हुआ, बेनूर— पुराना मन्दिर
ढूंढ़ता है जो ख़राबी के बहाने कब से
चाक हर बाम, हर इक दम का दमे आख़िर है

आस्मां कोई पुरोहित है जो हर बाम तले
जिस्म पे राख मले, माथे पे सिंदूर मले
सिरंगों बैठा है चुप चाप न जाने कब से
इस तरह है कि पसे-पर्दा कोई साहिर है

जिसने आफ़ाक़ पे फैलाया है सहर का दाम
दामन वक़्त से पेवस्त है यूं दामने शाम

अब कभी शाम बुझेगी, न अँधेरा होगा
अब कभी रात ढलेगी, न सवेरा होगा

आसमां आस लिये है कि ये जादू टूटे
चुप की ज़ंजीर कटे, वक़्त का दामन छूटे
दे कोई संख दुहाई, कोई पायल बोले
कोई बुत जागे, कोई सांवली घूंघट खोले

Original text of the poem written in Urdu

Poem No. 19

Where can I hide now in this—
Stark nakedness lit by a bare bulb
I have no country, no continent to wear
Travelling without legs or language
Exposed and caged by my own condition
What doors can I open in this fear?
What windows look out?
And will I ever find my own face out there

Among monsters and children?

Inside the walls of this voice, there are no bodies
Everything is as if cleaned out by a bomb
These long chains are only of words
Bearing the weight of no explanation

Will someone please at least tell me the name of my enemy?
And why do these small flowers have this habit of clinging
To the barbed wire and growing all along it?

Dilip Chitre

Translated from the Marathi by the poet

359

Poem No—19

कहां छुपूं ले के अपनी उर्यानी को मैं
कि जिस को इक नंगे बल्ब ने रौशन किया है
पहनने को मुल्क है न कोई ज़मीं का ख़ित्ता
सफ़र में हूं मैं, बग़ैर टांगों के, और ज़बां के
मैं अपनी शर्तों पे हूं बज़ाहिर भी और क़फ़स में
मैं कौन से दर को खोलूं इस ख़ौफ़ में
तो कौन सी खिड़की से झांकूं
मुझे कभी मिल सकेगा क्या, अपना चेहरा बाहर!

राक्षसों और बच्चों में क्या?

मेरी सदाओं में अब नहीं जिस्म क़ैद कोई
किसी ने बम से उड़ा के जैसे सभी कुछ साफ़ कर दिया हो
फ़क़त ये लफ़्ज़ों की लम्बी ज़ंजीरें बची हैं
सफ़ाई देने का बोझ उन पर रह गया है!

बतायेगा क्या, मुझको दुश्मन का नाम कोई?
ये ख़ारदार तारों के साथ ही
छोटे-छोटे जो फूल उगते हैं?
क्यों उन्हीं से लिपटने की आदत पड़ी है?

Calm or Clamour

How strange it is
to sit by one's bed
and watch oneself sleep
in deep slumber.

This is not a light
but my house that's alight.
A long winding street
devours my wounded feet.
My eyes like ferries
cross the dark seas.

This is not a stone
but a piece of my splintered face.
My trunk's pedestal
is buried below it.
My mouth is a sealed vault. Inside me
there is a lost treasure of words. Outside
buried under a heavy rock
like keys in some devil's brain-box
pieces of my slit fingers.

Am I able to open my mouth?
Am I able to say anything?

360

सन्नाटा या शोर

कितना अजीब है
अपने ही सिरहाने बैठ कर
अपने को गहरी नींद में सोते देखना

ये रौशनी नहीं
मेरा घर जल रहा है
मेरे ज़ख़्मी पांव को एक लम्बा रास्ता
निगल रहा है
मेरी आंखें नावों की तरह
एक अँधेरे महासागर को पार कर रही हैं।

ये पत्थर नहीं
मेरी चकनाचूर शक्ल का एक टुकड़ा है
मेरे धड़ का पदस्थल
उसके नीचे गड़ा है
मेरा मुंह एक बन्द तहख़ाना है — मेरे अन्दर
शब्दों का एक गुम ख़ज़ाना है — बाहर
एक भारी पत्थर के नीचे दबे पड़े
किसी बैतालिक अक़्लदान में चाबियों की तरह
मेरी कटी उंगलियों के टुकड़े।

क्या मैं अपना मुंह खोल पा रहा हूं?
क्या मैं कुछ भी बोल पा रहा हूं?

Incessantly whistling in me
is it calm that echoes or clamour?
Behind these signs and stirs
is there a thief or a sympathizer?
Seems there is an abyss between my ears
into which I fall incessantly.

Is my left hand
still to my left?
Is my right hand
still left with me?
Or is my own head
being played like a ball
with thee racquets of my hands?

Whatever I am able to make
is that idea or excreta?
Do I stand on two legs or four?
Am I able to tell between scent and stench?
Is that highest nose mine
in whose straight line
I carry on straight?

Kunwar Narain

Translated from the Hindi by Apurva Narain

लगातार सांय... सांय... मुझमें यह
सन्नाटा गूंजता है कि शोर?

इन आहटों और घबराहटों के पीछे
कोई हमदर्द है कि चोर?
लगता है मेरे कानों के बीच एक पाताल है
जिसमें मैं लगातार गिरता चला जा रहा

मेरे बायीं तरफ़
क्या मेरा बायां हाथ है?
मेरा दाहिना हाथ
क्या मेरे ही साथ है?
या मेरे हाथों के बल्लों से
मेरे ही सर को
गेंद की तरह खेला जा रहा है?

मैं जो कुछ भी कर पा रहा हूं
वो विष्ठा है या विचार?
मैं दो पांव पर खड़ा हूं या चार?
क्या मैं ख़ुशबू और बदबू में फ़र्क़ कर पा रहा हूं?
क्या वो सब से ऊंची नाक, मेरी ही है
जिस की सीध में, मैं सीधा चला जा रहा हूं?

Original text of the poem written in Hindi

Alone, Like a Root

A calm fire residing in his head drives him crazy
He is sitting like a root in a dug-up hole, pensive
Milky white termite, tick and beetles
Are his neighbours, no human colony close by
All humans have gone to temples and to the dais.

He too has a prayer, he too has something to lecture on
The insects do not have temples, mosques or institutions
Irrespective of party line or religious beliefs
they stay in proximity with the lunatic
who is sitting in a dug-up hole like a meditative root
Alone.

Shakti Chattopadhyay

Translated from Bengali by the poet

361

अकेला, जड़ के जैसे

बड़ी ख़ामोश सी इक आग, उसके सर में है,
पगलाये रखती है
वो इक खोदे हुये खड्डे में बैठा है
किसी जड़ की तरह से
सफ़ेद दीमक चिड़चिड़ी, भंवरे, सभी
पड़ोसी हैं उसके
कोई इन्सानों की बस्ती नहीं है आस पास, उसके
सभी इन्सान मन्दिर में गये हैं, और मन्चों पर!

उसे भी प्रार्थना करनी है, और तक़रीर करनी है
मकोड़ों, कीड़ों के मन्दिर नहीं होते, न मस्जिद, न मदरसे!
बिना मज़हब के, या कोई पार्टी नियम के वो सब,
बहुत नज़दीक रहते हैं वो उस पागल के सारे
जो इक खोदे हुये खड्डे में बैठा है,
किसी आसन पे बैठी जड़ के जैसे—
अकेला!

I Will Meet You Yet Again

I will meet you yet again.
How and where
I know not.
Perhaps I will become a
figment of your imagination
and maybe spreading myself
in a mysterious line
on your canvas
I will keep gazing at you.

Perhaps I will become a ray
of sunshine to be
embraced by your colours
I will paint myself on your canvas
I know not how and where—
but I will meet you for sure.

Maybe I will turn into a spring
and rub foaming
drops of water on your body
and rest my coolness on
your burning chest
I know nothing
but that this life
will walk along with me.

362

मिलूंगी फिर से मैं तुझको

मिलूंगी फिर से मैं तुझको
कहां और कब?—
नहीं मालूम!
मैं तेरी सोच का हिस्सा बनूं शायद
या तेरे कैनवस पर एक पुरइसरार
'लाइन' बन के फैलूंगी
या तुझको ग़ौर से देखा करूंगी

किरन बन जाऊं शायद धूप की मैं
गले मिलते हैं जिसको रंग तेरे
मैं ख़ुद को रंग लूंगी तेरे कैनवस पर
नहीं मालूम कब कैसे?
मिलूंगी फिर से मैं तुझको, यक़ीं है!

मैं शायद चश्मा बन जाऊं
और अपनी झाग की बूंदों से मैं तेरा बदन मल दूं
तेरे जलते हुये सीने को ठंडक दूं
नहीं मालूम कुछ भी—
मगर ये ज़िन्दगी तो साथ चलना है

बदन जब ख़त्म होगा
सभी कुछ ख़त्म होगा

When the body perishes
all perishes
but the threads of memory
are woven of enduring atoms
I will pick these particles
weave the threads
and I will meet you yet again.

Amrita Pritam

Translated from the Punjabi by Nirupama Dutt

मगर यादों के धागे
जो ज़र्रों से बने हैं
उन्हीं ज़र्रों को चुन कर
मैं फिर धागे बुनूंगी–
और फिर तुझ से मिलूंगी!

Gandhi and Poetry

One day a lean poem
reached Gandhi's ashram
to have a glimpse of the man.

Gandhi spinning away
his thread towards Ram
took no notice of the poem
waiting at his door
ashamed of not being bhajan.

The poem now cleared his throat
and Gandhi glanced at him sideways
through those glasses that had seen hell.
'Ever pulled a scavenger's cart?
Ever stood the smoke of
an early morning kitchen?
Have you ever starved?'

The poem said: 'I was born in the woods,
in a hunter's mouth.
A fisherman brought me up
in a cottage.
Yet I know no work, I only sing.
First I sang in the courts:
then I was plump and handsome
but I am on the streets now,
half-starved.'

363

गांधी और नज़्म

पतली-दुबली नज़्म थी, इक दिन
गांधी आश्रम जा पहुंची
एक नज़र वो आदमी देखने!

गांधी, चरखा, कात रहे थे
धागा 'राम' से जुड़ा हुआ
नज़्म की कोई ख़बर न ली
दरवाज़े पर ठहरी रही
शर्म आई वो 'भजन' न थी

नज़्म ने तब खंखारा ज़रा
गांधी ने कनखियों से देखा
जिस ऐनक से दोज़ख़ देखा था
'भंगी का ठेला', क्या ठेला है कभी?
सुबह-सुबह चूल्हे के धुएं में
जाकर खड़ी हुई हो कभी?
भूखे पेट रही हो कभी?

नज़्म ने बोलाः 'मैं जंगल में पैदा हुई थी
एक शिकारी के मुंह में!
एक मछेरे ने पाला अपनी कुटिया में
फिर भी कोई काम न सीखा, गा सकती हूं
पहले दरबारों में गाती थी
मोटी पली और सुंदर थी मैं
लेकिन अब सड़कों पर—
अध भूखी फिरती हूं!'

'That's better,' Gandhi said
with a sly smile. 'But you must give up this habit
of speaking in Sanskrit at times.
Go to the fields. Listen to
The peasant's speech.'

The poem turned into a grain
and lay waiting in the fields
for the tiller to come
and upturn the virgin soil
moist with new rain.

K. Satchidanandan

Translated from the Malayalam by the poet

'अच्छा हुआ!' गांधी बोले
होंठ तले मुस्काये भी
लेकिन तुम ये संस्कृत में बोलने की अब आदत छोड़ो
खेतों में जाओ और किसान की बोली सुनो!'

नज़्म वो बीज बनी, और जाकर
खेतों में पड़ गई, इन्तज़ार में,—
आये किसान, और कंवारी मिट्टी गोढ़ के,
नई-नई बरखा से सींचा!

364

Kolkata and I

Kolkata sits on my chest like a hard stone
I will therefore destroy her,
I will seduce her to Haldia port,
I will treat her with coconut candies stuffed with poison,
Kolkata sits like a stone on my chest,
Kolkata duplicates moonlights,
dilutes thorns in kisses and kisses in thorns.
Your tears are like tea forget to add sugar in,
your thighs willing,
your suitors many;
crowned a beauty in Delhi's Supreme Court
can I let you go so easily?
Instead, I can hold your arms in desperation and with
fragrance in my soul take
you for a ride in taxi in the evening…
You can dance and twist in the hotel hiding two cameras
as the anchal of your sari
slips down your breast,
and Jadu, Madhu and Shyam jeer and boo…
with so much music in your body.
You are the halo of light
that reflects back in the mirror,
I can place undiluted poetics, flattery
at your feet from the south of the city
do you want a gold-plated lotus in your hand?
You may get murdered at midnight.
Kolkata, where will you go
leaving my hand,
you can't hide in Canning street,
if you run along the broken streets of Chinatown.
I will trail you
like a tiger,

कोलकता और मैं

मेरे सीने पे पत्थर की तरह रखा है कोलकता
इसे बर्बाद कर दूंगा
इसे मैं वरग़ला कर, 'हलदया बंदर' पे ले जाऊं
खिलाऊं खोपरे की 'कैन्डी' उसमें ज़हर भर के
ये कोलकता, मेरे सीने पे पत्थर की तरह रखा हुआ है

ये जाली चांदनी देता है, कांटे घोलता है बोसों में,
और बोसे कांटों में, ये कोलकता!
तेरे आंसू बिना चीनी की चाय है
बहुत हैं और चाहने वाले, अगर जांघों में लेना चाहो तुम तो
मैं आसानी से कैसे जाने दूं तुझको
तुझे बांह से पकड़ कर,
जकड़ के रूह की ख़ुशबू से
टैक्सी में बिठा कर, शाम को ले जाऊं बाहर...
छुपे, होटल के दो-दो कैमरों में रक़्स करना
और बल देना कमर को,–
तेरा आंचल फिसल जायेगा सीने से
बजायें सीटियां माधव भी, जाधव और श्यामू!
भरी है इस क़दर मौसिक़ी तेरे जिस्म में!

तू हाला रौशनी का
जो शीशों से झांकता है
तेरे क़दमों में रख सकता हूं लाकर मैं
क़सीदे शायरी के
तुझे गर चाहिये तो हाथ पे रख दूं कंवल, सोने में जड़ कर!

तेरा ख़ू भी तो हो सकता है, आधी रात कोलकता?

crossing the traffic lights
of pensive Badabazaar

to Chowringhee Lane
I shall stalk you like
a patient in need of a drug
or a slow sleepwalking ghost,
knee down, a beggar in love…
In revenge, where will you run?
reversing the ships from
the ghats of the Ganga
I will put the search light on
and hold you by the neck at the Maidan,
spreading gun powder in your vitals slowly
I will start my secret mission…
I shall light a match
to your hips and torso,
the buildings in concrete shall
come hurtling down,
the bricks shall collapse,
and with this shall stand destroyed
all lust and the ornamental
famous world of Chitpur.
If you have pushed me down
to death and doom
then who can save you from dying with me either?

Sunil Gangopadhyay

Translated from the Bengali by Rumki Basu

कहां जायेगा तू?

छुड़ा कर हाथ मुझसे?

न छुप सकता है कैनिंग स्ट्रीट में,

जो 'चायना टाऊन' की टूटी हुई गलियों में भागेगा

तो चीते की तरह पीछा करूंगा मैं

गुज़र के ट्रैफ़िक लाइट्स से

'बड़े बाज़ार' से चौरंगी तक की, फ़िक्र में डूबी हुई गलियों तलक!

दबे पांव तेरे पीछे चलूंगा मैं

कि जैसे 'गंजड़ी' गांजे की तलब में

या कोई नींद में चलता हुआ भूत हो,

भिखारी इश्क़ का मारा, पड़ा हो दोनों घुटनों पर!

इस इन्तक़ाम में—

कहां जायेगा लेकर कश्तियां तू, घाट गंगा से

मैं 'सर्च लाइट' लगाकर, तुझको मैदान में पकड़ लूंगा

छिड़क दूंगा तेरे अंगों पे मैं बारूद पाउडर

शुरू कर दूंगा खुफ़िया कारवाई मैं!

जला दूंगा मैं माचिस से

तेरा 'पिछवाड़ा' और जांघें—

गिरेंगी धाड़-धाड़—इमारतें सीमेंट की नीचे

तबाह हो जायेंगी ईंटें

तभी बर्बाद हो ये हवस— रौनक़ भरे चितपूर की दुनिया!

अगर तूने गिराया है मुझे नीचे,

मलामत भी किया और मार डाला भी—

बचायेगा तुझे फिर कौन मेरे साथ मरने से!

On the Way to the Dargah

A leaking sun
Went darkening into
The embrace of night
It was then I was born

On the pavement
In messed up rags
And became an instant urchin
The one who gave birth to me
Went to the Father in heaven

Tired of the harassing ghouls on the pavement
To wash the darkness that soiled her sari
And like a man with his fuse blown

I continued to grow
Upon the shit in the street
Saying, 'Give me five dimes
For five damned curses'
On the way to the dargah.

Namdeo Dhasal

Translated from the Marathi by Dilip Chitre

365

दरगाह की जानिब

पिघल कर एक सूरज
सियाह होते हुये
रात की आग़ोश में डूबा
मैं तब पैदा हुआ था!

सड़क की एक पटरी पर
ग़लीज़ कुछ चिथड़ों में
सड़क का लौंडा इक पैदा हुआ फ़ौरन
मुझे पैदा किया जिसने
गई परलोक में मिलने पिता से!

मैं थक कर मारा-मारी के सभी लफ़ड़ों से पटरी पर
मिटाने उसकी साड़ी पे लगी कालिख,
चला इक शख़्स की मानिंद, ख़लल था सोच में जिसकी

बड़ा होता रहा मैं
गली की गन्दगी में,
यही कहता कि दे-दे पांच पैसे
जो चाहे पांच, उस पर, गालियां दे ले
मैं दरगाह की तरफ़ चलता रहा!

A Few of My Belongings

A few of my belongings
Are still in your possession

A few wet days of monsoon
A night wrapped in a letter
Snuff out that night. . .
Return me what belongs to me …

A few autumns!
The sound of falling leaves
That I had worn in my ears
That autumnal branch is quivering still
Bring that branch down…
Return me what belongs to me…

Once under a single umbrella
When we were both getting half drenched
Both of us half wet and half dry
The dry half of me I had brought along
The wet half, perhaps, is still lying by the bed
Send it across…

A hundred and sixteen moonlit nights
And that lone mole on your shoulder . . .
The aroma of still-moist henna
A few complaints that were forged

366

मेरा कुछ सामान

मेरा कुछ सामान
तुम्हारे पास पड़ा है

सावन के कुछ भीगे भीगे दिन रखे हैं
और मेरे इक ख़त में लिपटी रात पड़ी है
वो रात बुझा दो...
मेरा वो सामान लौटा दो...

पतझड़ हैं कुछ!
पतझड़ में कुछ पत्तों के गिरने की आहट
कानों में इक बार पहन कर लौट आई थी
पतझड़ की वो शाख़ अभी तक कांप रही है
वो शाख़ गिरा दो
मेरा वो सामान लौटा दो...

एक अकेली छतरी में जब
आधे आधे भीग रहे थे
आधे सूखे, आधे गीले
सूखा तो मैं ले आई थी
गीला मन शायद बिस्तर के पास पड़ा हो
वो भिजवा दो...

एक सौ सोला चांद की रातें...
एक तुम्हारे कान्धे का तिल...

A few false promises too
Let me remind you of them all. . .
Send them all back to me
Return to me what is mine . . .

But grant me this one last wish
That when I bury these memories
May I bury myself there too.

Gulzar

Translated from the Urdu by Sunjoy Shekhar

Publisher's Note: We have traversed our journey through the incredible
landscape of Indian poetry written over the past eight decades through 365
select poems – a poem for each day of the year. And yet, the volume seemed
incomplete: for how could a collection of contemporary Indian poetry not
contain one of Gulzar's film lyrics, which are significant contributions to
the history of poetry in India? On the Publisher's behalf, we are therefore
proud to include what is perhaps Gulzar's most memorable film lyric. This
is the 366th poem – a poem perhaps for the extra day in the leap year.

GULZAR

गीली मेहंदी की ख़ुशबू
झूठ मूठ के शिकवे कुछ
झूठ मूठ के वादे भी सब, याद करा दूं
सब भिजवा दो
मेरा वो सामान लौटा दो...

एक इजाज़त दे दो बस,
जब इसको दफ़नाऊंगी
मैं भी वहीं सो जाऊंगी।

Original text of the poem written in Urdu

List of Poets

Nepali

About the Book

A Poem a Day is a volume of Indian poetry like no other, selected and translated by Gulzar, one of India's most renowned and respected poets. This prestigious volume showcases 365 memorable poems – a poem for every day of the year – written over the seven decades since Independence by some of the leading poets of the Indian Subcontinent. Originally written by some 279 poets in 34 Indian languages (including Hindi, Urdu and English), the poems appear in bilingual versions: in English and in Hindustani, as translated by Gulzar himself.

This wonderful selection, personally chosen by Gulzar and featuring the work of poets from the north, south, west and east of India, as well as the North-East, Sri Lanka, Bangladesh, Nepal and Pakistan, presents a kaleidoscopic view of history, human experience and poetic expression since 1947. A true collector's item, *A Poem a Day* belongs on the shelf of any litterateur.

About the Author

Gulzar (b. 1934) is one of India's leading poets; he has published a number of volumes of poetry and fiction (several of which are available in translation) and is also regarded as one of the country's finest writers for children. A greatly respected scriptwriter and film director, he has been one of the most popular lyricists in mainstream Hindi cinema, gaining international fame when he won an Oscar and a Grammy for the song '*Jai ho*'. Gulzar received the Sahitya Akademi Award in 2002, the Padma Bhushan in 2004, and the Dadasaheb Phalke Award in 2014.

He lives and works in Mumbai.